FILHOS

Novas ideias sobre educação

Porque tudo o que pensávamos sobre educação dos filhos está errado

FILHOS

Novas ideias sobre educação

PO BRONSON &
ASHLEY MERRYMAN

Tradução: Elenice Araújo

lua de papel

Diretor Editorial: Pascoal Soto

Editor: Pedro Almeida

Produção Editorial: Talita Camargo

Preparação de Textos: Camile Mendrot

Revisão: Bete Abreu

Projeto gráfico, capa e diagramação: Osmane Garcia Filho

Imagens de capa: © Tetra Images/Corbis/ Latinstock

Dados Internacionais de Catalogação na Publicação (CIP)
(Câmara Brasileira do Livro, SP, Brasil)

Bronson, Po
Filhos : novas idéias sobre educação / Po Bronson & Ashley Merryman ; [tradução Elenice Araújo]. – São Paulo : Testo Editores, 2010.

Título original: NurtureShock : new thinking about children.
ISBN: 978-85-63066-07-7

1. Crianças - Desenvolvimento 2. Crianças - Psicologia 3. Crianças - Criação 4. Pais e filhos I. Merryman, Ashley. II. Título.

10-03843 CDD-305.231

Índice para catálogo sistemático:
1. Crianças : Desenvolvimento : Psicologia social 305.231

2010

TEXTO EDITORES LTDA.
[Uma editora do grupo Leya]

Av. Angélica, 2163 – conj. 175/178
01227-200 – Santa Cecília – São Paulo – SP
www.leya.com
www.leya.com.br/luadepapel
Twitter: @luadepapel_BRA / @EditoraLeya

SUMÁRIO

PREFÁCIO 7
Cary Grant abre a porta

Introdução 11
Por que nossos instintos se enganam tanto em relação aos nossos filhos?

1. O PODER INVERSO DO ELOGIO 17
Sem dúvida, seu filho é especial. Mas, segundo pesquisas recentes, dizer isso à criança pode "estragá-la". Trata-se de uma questão neurobiológica.

2. A HORA PERDIDA 31
Em todo o mundo, as crianças estão dormindo uma hora a menos do que dormiam 20 anos atrás. O preço disso? Menos pontos no QI, comprometimento do bem-estar emocional, déficit de atenção e obesidade.

3. POR QUE OS PAIS NÃO FALAM SOBRE PRECONCEITO? 45
Ensinar as crianças sobre diversidade racial e cor da pele pode ajudar ou atrapalhar?

4. POR QUE AS CRIANÇAS MENTEM? 65
Apesar do valor atribuído à honestidade, as pesquisas são claras. Na verdade, as estratégias clássicas para estimular a sinceridade apenas levam crianças e jovens a mentir melhor.

5. A busca por vida inteligente educação infantil 83
Milhões de crianças competem por vagas em programas para superdotados e em escolas particulares. Os responsáveis pelas matrículas afirmam ser uma arte, mas avanços científicos revelam que eles se enganam em 73% dos casos.

6. A influência dos irmãos 103
Freud estava enganado. Shakespeare, certo. Os irmãos brigam.

7. A ciência da rebeldia adolescente 115
Por que, para os adolescentes, discutir com os adultos é um sinal de respeito e não de desrespeito — e as discussões não são destrutivas para o relacionamento, mas sim construtivas?

8. O autocontrole pode ser ensinado? 135
Os pesquisadores sobre métodos inovadores para a educação infantil estão perdendo a verba de financiamento para realizar suas experiências — as crianças têm se saído tão bem que não representam mais um problema tão grave que justifique estudos aprofundados. Qual é o segredo?

9. Relacionando-se com os outros 155
Por que pais modernos e engajados falharam ao tentar criar uma geração de anjos?

10. Por que Hannah já fala e Alyssa ainda não? 171
Apesar do alerta dos cientistas, os pais continuam a gastar bilhões todos os anos em parafernálias e vídeos na tentativa de apressar o desenvolvimento da fala das crianças. Qual seria a melhor forma para alcançar esse objetivo?

Conclusão 195
O mito das supervirtudes

Agradecimentos 207
Notas 211

Cary Grant* abre a porta

Durante a década de 1960, os visitantes do Magic Castle, um clube noturno privado em Hollywood, Califórnia, dirigido por mágicos profissionais, ficavam impressionados com o fato de o clube ter contratado como porteiro um sósia de Cary Grant. Ao chegar à entrada, a porta era aberta por um belo homem trajando um terno de corte impecável.

— Bem-vindo ao Castle — dizia ele com charme encantador, parecendo saborear seu status de sósia.

Quando entravam no saguão, os clientes sempre comentavam sobre a incrível semelhança do porteiro com o ator famoso. O clube noturno ficava a poucos metros do Teatro Chinês e da Calçada da Fama. E nada melhor para exprimir o verdadeiro espírito hollywoodiano, do que ter a porta aberta por um sósia impecável de Cary Grant.

No entanto, o tal porteiro que se fazia passar por Cary Grant não era um impostor. Era, de fato, o verdadeiro Cary Grant.

Cary era membro fundador do Magic Castle e nutria um grande interesse pela magia desde criança. Uma das coisas que mais atraíam Cary, e muitas outras

* Cary Grant, ator inglês, fez fama em Hollywood estrelando mais de 70 filmes entre as décadas de 1930 e 1960. Seu grande sucesso foi *Tarde demais para esquecer*. Atuou em filmes de Hitchcock e dividiu a cena com Ingrid Bergman, Marilyn Monroe, Grace Kelly e Audrey Hepburn. O personagem 007 foi criado inspirado nele. (N.E.)

celebridades, para o Castle era o fato de o clube ter uma política de privacidade implacável — nada de câmeras, nada de fotografias e nada de repórteres, o que lhes assegurava uma noite tranquila, longe das fofocas e dos tabloides.

Grant gostava de ficar no saguão de entrada na companhia da recepcionista, Joan Lawton. Eles passavam horas falando sobre um tipo de mágica mais intrincada — algo de que Grant gostava ainda mais do que atuar: filhos.

O emprego de Joan no clube era sua ocupação noturna. Durante o dia ela estudava para tentar obter um diploma em desenvolvimento infantil. Cary Grant, que tinha uma filha pequena, estava fascinado com os estudos de Joan. Ele a enchia de perguntas, querendo saber um pouco mais sobre tudo o que ela vinha estudando.

— Ele queria aprender tudo sobre crianças — ela relembra.

Sempre que ele ouvia um carro chegando, corria até a porta. Ele não enganava os clientes de propósito, mas era o que acabava acontecendo. As pessoas que de outra forma o importunariam pedindo autógrafos deixavam-no em paz.

O que explica, então, o fato de as pessoas não reconhecerem sua legitimidade?

O contexto as enganava. Ninguém esperava que Cary Grant em pessoa pudesse assumir o humilde posto de porteiro. E como somente os melhores mágicos se apresentavam no Magic Castle, seus clientes iam até lá esperando serem iludidos. Eles acreditavam que o charmoso porteiro era apenas a primeira ilusão que a noite lhes reservava.

Essa é a questão. Quando tudo está preparado com o intuito de entreter, quando se espera somente magia, surpresa e fascinação, a realidade passa a ser vista como mais um componente a serviço da nossa diversão.

Isso sem dúvida é o que acontece nos domínios da ciência.

O imediatismo do ciclo alucinante de 24 horas, sete dias por semana, com notícias em tempo real — blogs ininterruptos, press releases e e-mails —, leva a crer que nenhum avanço científico passa despercebido. Contudo, as descobertas científicas são usadas como celebridades em busca de estrelato — servem para fazer número quando os verdadeiros geradores de notícias não produzem as manchetes esperadas. Cada uma consegue seus 15 minutinhos de fama, mais a título do nosso divertimento do que por merecimento de fato. No dia seguinte, elas são deixadas de lado, são águas passadas, enquanto a imprensa explora o trabalho científico da vez. Quando são dadas apenas notas sobre as descobertas, torna-se impossível distinguir quais delas merecem mesmo nossa atenção.

A maioria das investigações científicas não sobrevive às exigências e à pressão da mídia. Ao menos na área do desenvolvimento infantil, não temos testemunhado avanços surpreendentes que se enquadrem na definição clássica de descoberta científica. Em lugar de ser fruto do trabalho de um único pesquisador, as novas ideias têm sido concebidas por vários estudiosos, por vezes dezenas deles, que vêm trabalhando em pesquisas sobre o tema espalhados em universidades pelo mundo a fora. Em lugar de novidades produzidas por um único estudo, elas foram obtidas lentamente, ao longo de décadas, refazendo e refinando estudos anteriores. O resultado é que muitos conceitos importantes estavam bem debaixo do nosso nariz, acumulados ao longo da última década. Como sociedade, falhamos coletivamente por nunca termos percebido que eles eram relevantes.

INTRODUÇÃO

Por que nossos instintos se enganam tanto em relação aos nossos filhos?

Minha mulher tem, geralmente, um excelente gosto para arte — com uma exceção. Em nosso quarto de hóspedes há um quadro pintado em tinta acrílica: uma natureza morta que traz um vaso de gerânios vermelhos e um regador ocre, com uma cerca de madeira ao fundo. É feio, mas esse não é seu pior problema. O que me incomoda mesmo é o fato de ele ser uma tela feita a partir de um kit de pintura de reproduções em série. Toda vez que olho para o quadro, tenho vontade de atirá-lo na lixeira da esquina de casa. Minha esposa jamais permitiria isso, pois ele foi pintado em 1961 por sua bisavó. Não me oponho a apegar-se a objetos por questões sentimentais, e nossa casa está cheia de artesanatos de família, só não acho que esse quadro represente ou evoque algum sentimento genuíno. Talvez tenha havido um esboço disso no dia em que a bisavó dela comprou um kit pronto com modelo de pintura em um armarinho — foi um lampejo de uma vida mais criativa, inspirada —, mas, o produto final, em minha opinião, é um insulto a tal anseio. Está mais para demérito do que para tributo à memória da bisavó.

Os kits de pintura que já traziam um modelo de quadro a ser replicado fizeram um sucesso *estrondoso* no início da década de 1950, nos Estados Unidos. Sua popularidade era enorme; foi o iPod da época. Sua estratégia de marketing se baseava no fato de as donas de casa terem ganhado muito tempo livre graças às lava-louças, aos aspiradores e às lavadoras de roupa. Em três anos, a empresa Palmer Paint vendeu mais de 12 milhões de kits. Mas, apesar de ter sido um fenômeno de popularidade, esse tipo de pintura estava cercado de controvérsia. As críticas se dividiam entre o ideal democrático que garantia a livre expressão e o modo robótico e conformista com que essa expressão era de fato exercida.

Um dia desses, eu estava tentando recordar qual era a minha opinião sobre a ciência do desenvolvimento infantil, isso antes de Ashley Merryman e eu começarmos a escrever este livro — e, de repente, aquela pintura do vaso de gerânios voltou a martelar na minha cabeça. Fui obrigado a ir para casa e ficar encarando aquele quadro a noite toda sem nem mesmo entender por que estava fazendo aquilo. Por fim, me dei conta de que: a confusão de sentimentos despertada pelas pinturas pré-desenhadas é semelhante àquela provocada por livros científicos sobre o universo infantil. Isso porque essa literatura sempre teve implícita a conotação de que os pais devem educar segundo "prescrito no manual". Se a ciência diz uma determinada coisa, deve-se fazer exatamente aquilo; da mesma maneira que os artistas amadores são instruídos a usar o amarelo cálido e ocre para pintar o cabo do regador, conforme o quadro-modelo.

Então, se há alguns anos alguém me dissesse: "Você não pode deixar de ler este livro sobre novos estudos do desenvolvimento infantil", eu agradeceria educadamente e ignoraria totalmente aquela recomendação.

Como faz a grande parcela dos pais, minha esposa e eu compramos alguns livros quando nosso filho nasceu. Passado o primeiro ano, eles ficaram esquecidos, até que, três anos depois, com o nascimento de nossa filha, eles voltaram às prateleiras. Isso até nossa filha completar um ano — depois disso, perdemos o interesse pelos livros novamente.

O mesmo aconteceu com grande parte de nossos amigos. Concluímos que não educaríamos pelo livro, não era isso o que desejávamos. Educaríamos segundo nossos instintos. Amávamos profundamente nossos filhos e observávamos com cuidado e atenção suas necessidades e seu desenvolvimento. Isso parecia ser o suficiente.

Ao mesmo tempo, Ashley e eu escrevíamos juntos artigos para a revista *Time*. Morando em Los Angeles, Ashley tinha passado anos coordenando um pequeno programa de auxílio a crianças carentes. Na verdade, ela havia bancado a fada madrinha para cerca de 40 crianças, e foi uma presença constante na vida delas desde a educação infantil até o fim do ensino médio. Guiada por seus instintos, ideias para manter as crianças no programa não eram problema para Ashley. Inspiração era o que não lhe faltava. Ela só sabia que precisava de mais tutores e material escolar.

Nesse sentido, nem eu nem Ashley sabíamos o que estava faltando. Não dissemos um ao outro: "Nossa, preciso estudar mais sobre educação infantil, porque estamos arruinando a formação dessas crianças". Ao contrário, estava correndo tudo bem, tanto que quase que sem querer começamos a escrever este livro.

Nós já pesquisávamos sobre o mecanismo da motivação em jovens e, em um determinado momento, ficamos intrigados com a origem da autoconfiança das crianças. Assim, passamos a investigar essa nova faceta — acabamos por escrever um artigo que foi capa da revista *New York*, em fevereiro de 2007, e deu origem ao primeiro capítulo deste livro. Nossas conclusões eram ao mesmo tempo surpreendentes e desorientadoras. Antes do artigo, nosso instinto nos levava a crer, com convicção, que era importante dizer à criança pequena que ela é inteligente, para estimular sua confiança. Contudo, nos deparamos com um campo da ciência que argumentava de modo convincente, que esse hábito de elogiar a inteligência da criança fazia justamente o contrário: minava a confiança dela.

Depois de pesquisar para escrever o artigo, mudamos nosso comportamento. Mas uma questão permanecia: como nossos instintos podiam estar tão equivocados?

Segundo o senso comum, o instinto materno é inato. Uma característica inerente ao sexo feminino, ainda que se tenha passado a juventude evitando a gravidez, ou que se considere pouco maternal. No momento seguinte ao parto, quando o bebê vai para os braços da mãe pela primeira vez, o instinto maternal surge de maneira mágica, como se tivesse sido ativado simultaneamente com os hormônios. Sendo mãe, você saberá o que fazer e continuará sabendo pelo resto de sua vida. Essa fonte de conhecimento, supostamente, deve vir como parte do pacote de acessórios como o fato de ser mulher.

Graças a esse mito, usamos a palavra "instinto" para nomear a sabedoria coletiva formada intuitivamente por nossa experiência em educar os filhos. Mas essa é uma generalização do termo. Na realidade, o verdadeiro instinto — o ímpeto biológico que se manifesta — é um impulso incondicional de criar e proteger o próprio filho. Os neurocientistas conseguiram, inclusive, localizar no cérebro a rede neural específica que o dispara. Os futuros pais podem confiar no surgimento desse impulso — mas qual é a melhor forma de educar, isso eles ainda terão de descobrir.

Em outras palavras, nossos "instintos" podem nos enganar, pois eles não são instintos de fato.

Hoje, depois de termos passado três anos pesquisando, Ashley e eu percebemos que o que imaginávamos ser nossos "instintos" eram, na verdade, reações inteligentes e bem informadas. Coisa que havíamos compreendido. Ao longo do caminho, também descobrimos que essas reações eram contaminadas por um misto de pensamento positivo, propensões morais, entusiasmo contagiante, histórico pessoal e psicologia ultrapassada (e contestada) — tudo sob o pretexto de senso comum.

A expressão "choque na educação" é uma referência ao pânico — comum entre pais novos — por achar que a mítica fonte de conhecimento não foi magicamente acionada.

Este livro pretende dar um choque semelhante — e, por meio da fascinante e nova ciência sobre a educação infantil, irá mostrar com quais de nossas crenças básicas sobre filhos não podemos mais contar.

A premissa básica deste livro é que muitas das modernas estratégias sobre a educação das crianças estão na verdade dando errado, porque importantes mudanças nessa ciência foram negligenciadas.

As consequentes concepções equivocadas sobre desenvolvimento infantil distorceram os hábitos dos pais, os programas educacionais e as políticas sociais. Elas afetaram o modo como vemos as crianças e, portanto, como interpretamos seu comportamento e como nos comunicamos com elas. A intenção deste livro não é fazer alarde, mas sim nos ensinar a pensar diferente — mais profunda e claramente — a respeito das crianças. Pequenas correções em nosso pensamento atual podem alterar o caráter da sociedade no longo prazo e talvez em algum momento formar um futuro mais cidadão. Os tópicos tratados neste livro são amplos, variados e dedicados tanto ao âmbito cerebral quanto ao moral. Eles se aplicam a crianças de todas as idades, desde a primeira infância até a adolescência — algo totalmente diferente de um esquema de quadros pré-desenhados. De modo mais específico, há capítulos dedicados a tópicos como: confiança, sono, mentira, comportamento racial, inteligência, disputa entre irmãos, revolta adolescente, autocontrole, agressão, gratidão e desenvolvimento da linguagem. Todo esse texto foi elaborado a quatro mãos.

Ao longo do livro, iremos forçá-lo a repensar muitos preceitos sagrados — numerosos demais para serem explicitados aqui —, entre eles: autoestima; Noam Chomsky; aulas de direção em autoescolas; noção de que a criança é naturalmente alheia ao conceito racial; inteligência emocional; ensinar a criança a não delatar; quadrinhos educacionais; identificação precoce de superdotados; ideia da televisão como responsável pela obesidade infantil; e alertar que resistir à pressão dos colegas é algo positivo.

Escolhemos esses tópicos por nos surpreendermos com as pesquisas — elas desafiaram de modo direto o ponto de vista convencional sobre a educação das crianças. Apesar de que, depois de analisarmos a ciência e revisarmos as provas, o novo conceito sobre as crianças tornou-se evidente e lógico, para não dizer óbvio. Não nos deu a impressão de estarmos educando nossos filhos segundo um "manual". Pareceu muito natural, como uma volta ao senso comum. Os velhos pressupostos passaram a ser vistos como uma mera projeção de nossos anseios. E uma vez superado o choque inicial, nos vimos conectados à infância de uma maneira completamente nova.

UM

O poder inverso do elogio

Sem dúvida, seu filho é especial. Mas, segundo pesquisas recentes, dizer isso à criança pode "estragá-la". Trata-se de uma questão neurobiológica.

O que pensar de um garoto chamado Thomas?

Thomas — assim o chamaremos aqui — está no 5º ano da disputada Anderson School na rua 84 W, na cidade de Nova York. Magro e alto, ele recentemente cortou os longos cabelos loiros, para ficar mais parecido com o último James Bond (ele levou uma foto do ator Daniel Craig ao barbeiro). Mas, ao contrário de Bond, ele prefere usar calça tipo cargo e camiseta estampada com a fotografia de um de seus heróis: o músico Frank Zappa. Thomas anda na companhia de cinco colegas da Anderson School. São todas "crianças muito inteligentes". Thomas é um deles, e lhe agrada estar entre os iguais.

Desde que aprendeu a andar, Thomas ouve que é muito inteligente. Não apenas de seus pais, mas de todos que já tiveram contato com esse garoto precioso. Quando tentou uma vaga na educação infantil da Anderson School, sua inteligência foi estatisticamente confirmada. A escola está à altura de apenas 1% dos candidatos e exige teste de QI. Thomas não ficou apenas entre o 1% de escolhidos. Ele se classificou entre o melhor 1% do seleto 1% dos melhores.

Mas, conforme Thomas evoluía na escola, o reconhecimento de sua própria inteligência nem sempre se traduziu em confiança plena ao realizar sua lição de casa. Na verdade, seu pai notou justamente o contrário.

— Thomas evita experimentar coisas em que não pode se destacar — explica o pai. — Muitas coisas ele entende rapidinho, mas quando não é o caso, ele desiste quase de imediato e conclui: "Não sou bom nisso".

Bastava um olhar de relance e Thomas já dividia o mundo em dois — coisas em que se saía naturalmente bem e coisas em que não era bem-sucedido. Por exemplo, durante sua alfabetização, ele não se saía bem em ortografia, por isso se negava a soletrar em voz alta. E quando teve seu primeiro contato com frações, ele se esquivou. A maior dificuldade surgiu quando deveria abandonar a letra bastão (de forma) e passar a escrever em letra cursiva. Ele recusou-se a tentar por semanas. A professora já estava exigindo a lição feita em letra cursiva; mas, em lugar de apressar-se em praticar a escrita, Thomas teimou na recusa. Seu pai tentou convencê-lo:

— Veja: ser inteligente não significa que você não precisa se esforçar.

Por fim, ele dominou a escrita cursiva, mas só com muita insistência do pai. Por que, então, esse menino, classificado no topo das listas, não demonstra confiança em sua capacidade de enfrentar os desafios da rotina escolar?

Thomas não está sozinho. Já faz algumas décadas que tem ficado claro que uma boa porcentagem de estudantes mais capazes (os que se classificam entre os 10% mais bem-sucedidos nos testes de aptidão) subestima muito sua própria capacidade. E aqueles afetados por essa descrença em suas habilidades adotam um padrão inferior de expectativas para si. Eles subestimam a importância do esforço e supervalorizam o tanto de ajuda que necessitam dos pais.

Quando os pais elogiam a inteligência dos filhos, eles acreditam estar contribuindo para a solução desse problema. Segundo uma pesquisa conduzida pela Universidade de Colúmbia, nos Estados Unidos, 85% dos pais norte-americanos consideram importante dizer aos filhos que eles são inteligentes. E de acordo com um levantamento — assumidamente leigo — feito por mim, na cidade e nos arredores de Nova York o número pode chegar a 100%. *Todo mundo* elogia com frequência. "Como você é inteligente!", simplesmente escapa da boca

"Desde cedo e sempre", gabou-se uma mãe, sobre a frequência de seus elogios. Um pai afirma não perder a chance de elogiar. Fiquei sabendo, inclusive, que pais colocam bilhetinhos de encorajamento nas lancheiras dos filhos. E há casas com quadros fixados na geladeira para pregar estrelinhas que recebem como prêmio. Meninos ganham figurinhas de astros do esporte por limparem o prato depois do jantar e meninas ganham uma ida à manicure por fazerem a lição de casa. Essas crianças recebem uma avalanche de mensagens elogiando seu desempenho — dizendo que elas são ótimas, naturalmente fantásticas. Assim, elas têm tudo o que precisam para agir como Thomas.

Parte-se do pressuposto de que se a criança acredita na própria inteligência (tendo ouvido isso repetidamente), por isso ela não se intimidará diante de novos desafios acadêmicos. O elogio constante deveria funcionar como um anjo companheiro, assegurando que a criança não menosprezasse seu talento.

Porém, um número crescente de pesquisas — e um novo estudo realizado nas bases do sistema escolar público nova-iorquino — indica com veemência justamente o contrário. Tachar a criança como "inteligente" não evita seu fraco desempenho. Pode, na verdade, ser o responsável por ele.

Carol Dweck, que recentemente se juntou ao corpo docente da Universidade de Stanford, morou boa parte de sua vida em Nova York. Ela cresceu no Brooklyn, graduou-se pela Faculdade Barnard e lecionou na Universidade de Colúmbia por décadas. Essa nova californiana relutante acabou de tirar sua primeira habilitação — aos 60 anos. Seus colegas professores em Stanford brincam dizendo que em breve ela começará a vestir roupas mais coloridas, mas por enquanto Dweck mantém-se fiel ao preto de Nova York — botas de camurça pretas, saia preta e um elegante casaco preto. Tudo isso combina bem com seu cabelo e com suas grandes sobrancelhas pretas — uma das quais está sempre erguida, como que em sinal de descrença. Pequena como um pássaro, ela faz gestos elaborados com as mãos, como se segurasse uma ideia a sua frente, rodando-a fisicamente em um espaço tridimensional. Seu discurso, porém, não é aquele de cadência impaciente da maioria dos nova-iorquinos. Ela fala como se estivesse lendo uma história de ninar, pontuando de maneira suave os momentos dramáticos.

Nos últimos dez anos, Carol e sua equipe na Colúmbia estudaram o efeito do elogio em estudantes das escolas de Nova York. Seu trabalho mais significativo — uma série de experiências com 400 crianças do 5° ano — ilustra a questão com clareza. Antes dessa pesquisa, havia-se estabelecido que o elogio à inteligência estimulava a confiança da criança. Mas Carol suspeitava que isso pudesse surtir o feito contrário na primeira oportunidade em que a criança falhasse ou enfrentasse dificuldades.

Carol enviou quatro assistentes de pesquisa a classes de alunos nova-iorquinos de 5° ano. As pesquisadoras retiravam os alunos da sala, um a um, para fazer um teste de QI não verbal, que incluía uma série de quebra-cabeças — jogos que todos os alunos conseguiriam montar com facilidade. Quando o aluno terminava o teste, as pesquisadoras lhe informavam sua nota e lhe dirigiam uma frase de elogio. Divididos em grupos aleatórios, alguns eram elogiados por sua *inteligência*. Eles ouviam: "Como você é bom nisso!". Os demais alunos eram elogiados por seu *esforço*: "Você deve ter se esforçado bastante".

Por que uma única frase de estímulo?

— Queríamos medir a sensibilidade de cada criança — explica Carol. — Tínhamos um palpite de que uma única frase poderia surtir efeito.

A seguir, os alunos podiam escolher qual teste fariam na segunda rodada. Uma das opções era bem mais difícil que o jogo anterior, mas as pesquisadoras diziam às crianças que elas aprenderiam muito ao tentar montar o quebra-cabeça. A outra opção, segundo a equipe de Carol, era um jogo fácil, semelhante ao primeiro. Dos alunos que tiveram seu esforço elogiado, 90% escolheram o quebra-cabeça *mais* complexo. Entre os que tiveram a inteligência elogiada, a maioria preferiu o teste *fácil*. As crianças "inteligentes" preferiam não se comprometer.

O porquê disso? "Ao elogiarmos a inteligência de uma criança", a pesquisadora escreveu na conclusão de seu estudo, "estamos dizendo a ela que a vida funciona assim: pareça inteligente, não se arrisque a cometer erros". E foi o que os alunos de 5º ano fizeram. Eles preferiram parecer inteligentes e evitaram o risco de se envergonhar.

Na terceira rodada, os alunos não puderam escolher. O teste era difícil, indicado para alunos que estudavam dois anos adiante. Como era esperado, todos falharam. Mas, novamente, os dois grupos de crianças, divididos aleatoriamente no início da experiência, responderam de modo diverso. Os integrantes do grupo cujo esforço foi elogiado na primeira etapa concluíram que não haviam se empenhado o bastante no último teste.

— Eles se envolveram bastante, dispostos a esgotar todas as alternativas de solução para o quebra-cabeça — relembrou Carol. — Muitos comentaram, sem serem estimulados, que aquele havia sido o desafio preferido deles.

O mesmo não ocorreu com os integrantes do grupo elogiado por sua inteligência. Eles concluíram que seu fracasso provava, enfim, que não eram inteligentes.

— A tensão era visível. Eles suavam e pareciam terem sido derrotados — contou a pesquisadora.

Após induzir artificialmente uma rodada de fracasso, as pesquisadoras de Carol por fim aplicaram a todos os alunos do 5º ano uma rodada final, com testes concebidos para serem tão fáceis quanto os da primeira etapa. Os que tiveram seu esforço elogiado melhoraram significativamente seu desempenho em cerca de 30%. Já os que ouviram que eram inteligentes tiveram desempenho 20% inferior ao resultado do primeiro teste.

Carol suspeitava que o elogio fosse prejudicial, mas mesmo ela se surpreendeu com a magnitude do resultado.

— Enfatizar o esforço dá à criança uma variável que ela pode controlar — explica ela. — Ela entende que pode controlar seu sucesso. Ao passo que enfatizar a inteligência inata retira o controle da criança, sem lhe orientar sobre como reagir ao fracasso.

Em pesquisas posteriores, Carol constatou que as pessoas que consideram a inteligência inata uma chave para o sucesso passam a desconsiderar a importância do esforço. O raciocínio da criança segue da mesma forma: *Eu sou inteligente, não preciso me esforçar.* Fazer esforço torna-se um estigma — uma demonstração pública de que apenas os atributos naturais não são suficientes.

Ao repetir a experiência, Carol descobriu que esse efeito do elogio sobre o desempenho se repetiu entre estudantes de todas as classes socioeconômicas. Ele afeta ambos os sexos, porém, em especial, atinge as garotas mais brilhantes — elas apresentaram a maior queda de desempenho. Nem mesmo as crianças menores de cinco anos mostraram-se imunes ao poder inverso do elogio.

Jill Abraham, mãe de três filhos, vive na cidade de Scarsdale e tem o mesmo ponto de vista das outras pessoas que participaram do levantamento que fiz. Contei a ela sobre a pesquisa da Dra. Carol a respeito do elogio e ela não demonstrou qualquer interesse nos testes rápidos sem acompanhamento no longo prazo. Jill faz parte dos 85% que consideram importante elogiar a inteligência dos filhos.

Ela explica que sua família vive em uma sociedade extremamente competitiva — uma competição já evidente quando as crianças completam um ano e meio e são entrevistadas para uma vaga na creche:

— Crianças que não acreditam em si mesmas são colocadas de lado com veemência; não apenas no parquinho, mas também na classe.

Logo, Jill quer reforçar a confiança dos filhos em suas habilidades inatas e, para isso, ela os elogia indiscriminadamente.

— Não me importa o que dizem os especialistas — desafia Jill. — Vivo a minha realidade.

Jill não foi a única a desdenhar assim dos pretensos especialistas. O consenso era que experiências curtas em um ambiente controlado não se comparam à sabedoria dos pais ao educar seus filhos no dia a dia.

Mesmo os que acataram a nova pesquisa sobre elogio têm dificuldade para colocá-la em prática. Sue Needleman tem dois filhos e é professora do ensino fundamental há 11 anos. No ano passado, lecionava no 4º ano da escola Ridge

Ranch Elementary, em Paramus, New Jersey. Ela nunca tinha ouvido falar de Carol Dweck, mas o teor da pesquisa chegou até sua escola e Sue passou a dizer: "Estou contente ao ver como você tem se esforçado". Ela procura fazer elogios específicos, em vez de generalizados, para que a criança saiba exatamente por que está sendo elogiada — e assim possa conquistar mais. Ela às vezes elogia dizendo: "Você é bom em matemática", mas jamais diria a um aluno que ele não é bom em matemática.

Mas isso na escola, como professora. Em casa, é difícil abandonar o hábito. A filha dela de oito anos e o filho de 5 são bastante inteligentes e às vezes ela se pega dizendo: "Você é demais! Você conseguiu! Você é um gênio!". Insisto em confrontá-la sobre isso e Sue responde que o que vem dos bancos acadêmicos costuma soar artificial.

— Quando leio essas lorotas, logo me vem à mente: "Ah, por favor. Que batido".

Os professores do ensino médio do Life Sciences Secondary School, no East Harlem, não têm esse tipo de preocupação, pois já viram as teorias de Carol aplicadas em seus alunos adolescentes. Carol Dweck e sua discípula, Lisa Blackwell, publicaram um artigo no jornal acadêmico *Child Development* sobre o efeito de uma intervenção feita ao longo de um semestre com o objetivo de melhorar as notas de matemática dos alunos.

O Life Sciences é um colégio voltado para as áreas de ciências e saúde e tem aspirações elevadas; porém, seus 700 alunos são marcados principalmente por virem de uma classe minoritária da sociedade e por terem baixo aproveitamento. Lisa dividiu sua turma em dois grupos para um workshop de oito aulas. O grupo de controle teve aulas de métodos de estudo, e os demais, no grupo de teste, tiveram aula de métodos de estudo e um módulo especial para demonstrar que a inteligência não é inata. Esses estudantes se revezaram lendo uma redação em voz alta sobre como o cérebro produz novos neurônios quando é desafiado. Eles viram slides *do* cérebro e encenaram esquetes.

— Mesmo ao ensinar esses conceitos — comentou Lisa —, eu podia ouvir os alunos fazendo gracinha, xingando-se entre eles de burro e estúpido.

Depois de concluído o módulo, Lisa analisou as notas dos alunos, para ver se havia surtido efeito.

Não demorou. Os professores — que ignoravam a informação sobre de qual *workshop* cada aluno tinha participado — conseguiam apontar os alunos que tinham aprendido que é possível desenvolver a inteligência. Eles melhoraram seus hábitos e seu desempenho escolar. Em um único semestre, Lisa reverteu a antiga tendência da piora gradual das notas de matemática dos estudantes.

A única diferença entre o grupo de controle e o grupo de teste eram duas aulas, um total de 50 minutos gastos ensinando não matemática, mas um único conceito: que o cérebro é um músculo. Quanto mais exercício puxado você der a ele, mais inteligente você ficará. Bastou isso para melhorar as notas deles em matemática.

— Esses resultados são muito convincentes — afirma a Dra. Geraldine Downey, especialista em sensibilidade infantil à rejeição, da Universidade de Colúmbia. — Eles provam que é possível seguir uma determinada teoria e elaborar um programa que funcione.

A opinião da Dra. Geraldine coincide com o que dizem outros estudiosos da área. A Dra. Mahzarin Banaji, uma psicóloga de Harvard que atua na área social e é especialista em estereótipos, comentou comigo:

— Carol Dweck é um gênio absoluto. Torço para que sua pesquisa seja levada a sério. As pessoas ficam assustadas ao ver os resultados.

Desde a publicação, em 1969, de *A psicologia da autoestima*, em que Nathaniel Branden afirma que a autoestima é a faceta mais importante do indivíduo, a crença na importância de se conquistar uma autoestima positiva tornou-se um movimento com amplos efeitos sociais.

Em 1984, parlamentares da Califórnia criaram uma força-tarefa oficial em prol da autoestima, convencidos de que a melhora na autoestima dos cidadãos traria bons resultados, desde a diminuição da dependência previdenciária à redução da gravidez na adolescência. Esses argumentos transformaram a autoestima em um trem desgovernado, em especial no tocante às crianças. Toda e qualquer ameaça em potencial à autoestima das crianças foi banida. As competições passaram a ser rejeitadas. Treinadores de futebol deixaram de computar o número de gols e passaram a dar troféus a todos. Os professores se livraram das canetas vermelhas. A crítica deu lugar ao elogio indiscriminado e por vezes não merecido. (Existe inclusive uma escola de Massachusetts em cuja aula de educação física os alunos "pulam corda" sem a corda — tudo para evitar o constrangimento de tropeçar.)

O trabalho da Dra. Carol e de Lisa é parte de um desafio acadêmico para um dos princípios fundamentais do movimento da autoestima: de que elogio, autoestima e desempenho caminham juntos, tanto para o auge quanto para a queda. De 1970 a 2000, foram escritos mais de 15.000 artigos catedráticos sobre a autoestima e sua relação com tudo — do sexo ao sucesso na carreira. Mas os resultados foram todos contraditórios ou inconclusivos. Assim, em 2003, a

Associação para o Avanço da Psicologia pediu ao Dr. Roy Baumeister, então um dos principais defensores da autoestima, para revisar sua literatura. A equipe dele concluiu que a autoestima estava contaminada com uma ciência falha. A maioria dos 15.000 estudos pedia às pessoas que atribuíssem um valor a sua autoestima e depois que avaliassem sua inteligência, seu sucesso na carreira, sua capacidade de se relacionar etc. Essas autoavaliações não eram nada confiáveis, já que pessoas com elevada autoestima têm uma percepção enaltecida de suas habilidades. Apenas 200 entre todos os estudos empregaram ferramentas de avaliação aptas a medir a autoestima e suas implicações.

Depois de revisar esses 200 estudos, Baumeister concluiu que ter elevada autoestima não melhora as notas nem garante o progresso da carreira. Ela não reduz o consumo de álcool e, principalmente, não diminui de forma alguma a violência. (Pessoas extremamente agressivas têm um conceito elevado de si mesmas, desmistificando a teoria de que a agressividade é uma forma de compensar a baixa autoestima.)

Na época, o Dr. Baumeister chegou a afirmar que suas descobertas representavam o maior desgosto da carreira dele. Ele passou a concordar com os argumentos da Dra. Carol e seu trabalho seguiu na mesma direção.

Recentemente ele publicou um artigo mostrando que, para universitários fadados a repetir o ano, o elogio que promoveria a elevação de sua autoestima leva suas notas a piorar mais ainda. O Dr. Baumeister acredita, agora, que o apelo contínuo à autoestima está amplamente ligado ao orgulho dos pais pelas conquistas do filho:

— É tão forte, que o elogio aos filhos não se distancia muito do elogio a si próprio.

Em linhas gerais, a literatura sobre elogio mostra que ele pode ser eficaz — uma força positiva e inovadora. Em um estudo, pesquisadores da Universidade de Notre Dame testaram a eficácia do elogio em uma equipe universitária de hóquei que havia perdido uma partida. O experimento funcionou: o time se classificou para as finais. Mas nem todo o elogio é igual e, como a Dra. Carol demonstrou, os efeitos do elogio podem variar significativamente, dependendo do elogio feito. Estudiosos descobriram que, para ser efetivo, o elogio precisa ser específico. (Os jogadores de hóquei foram especificamente cumprimentados pelo número de vezes que neutralizaram um adversário.)

A sinceridade de um elogio também é vital. Segundo a Dra. Carol, o maior erro dos pais é acreditar que as crianças não são perspicazes o bastante para reconhecer e sentir as intenções genuínas. Assim como podemos farejar o verdadeiro significado de um falso elogio ou de uma desculpa esfarrapada, as crianças também analisam o elogio com segundas intenções. Somente as pequenas — com menos de 7 anos — aceitam todo elogio como verdadeiro, já as crianças mais velhas são desconfiadas como os adultos.

O psicólogo Wulf-Uwe Meyer, um pioneiro da área, conduziu uma série de estudos em que crianças observavam outros alunos serem elogiados. Segundo as descobertas de Meyer, por volta dos 12 anos de idade, as crianças creem que ser elogiado por um professor não é um sinal de bom desempenho, e sim um sinal de que você não tem capacidade suficiente e precisa de um estímulo extra. Eles estabeleceram um padrão: crianças que estão atrasadas são inundadas de elogios. Meyer constatou que os adolescentes desconsideram tanto os elogios, a ponto de acharem que a crítica de um professor — mais que um elogio — é que demonstra o quanto ele acredita na aptidão do aluno.

Para o cientista cognitivo Daniel T. Willingham, ao elogiar uma criança, o professor, sem saber, pode estar mandando uma mensagem de que o aluno atingiu o limite de sua habilidade inata; enquanto o professor que critica o aluno leva-o a crer que ele pode melhorar ainda mais seu desempenho.

Judith Brook, professora de psiquiatria da Universidade de Nova York, explica que é uma questão de credibilidade:

— Elogiar é importante, mas não com um elogio vazio. Deve-se baseá-lo em algo concreto, em algum talento ou habilidade que realmente tenham.

Quando a criança recebe um elogio que acha que não merece, ela dispensa não só o elogio falso, como também o elogio sincero.

O elogio desmedido também deturpa a motivação da criança; ela passa a fazer as coisas apenas para ser elogiada, deixando de lado a satisfação que a ação em si lhe traria. Estudiosos do Reed College e de Stanford revisaram mais de 150 pesquisas sobre o elogio. A meta-análise revelou que os alunos elogiados passam a evitar os riscos e lhes falta autonomia para discernir. Eles ainda conseguiram estabelecer correlações consistentes entre o uso gratuito do elogio e a persistência menor dos alunos para cumprir tarefas, um maior contato ocular com o professor em busca de aprovação, e a modulação da voz, a ponto de as respostas terem entonação de pergunta. Quando entram na faculdade, alunos que foram muito elogiados anteriormente costumam desistir de disciplinas para evitar notas baixas e têm maior dificuldade para se decidir por uma especialidade — têm medo de se comprometer com algo em que possam falhar.

Uma professora de gramática de uma escola de ensino médio de New Jersey me contou que consegue identificar os garotos e garotas que são muito elogiados em casa. Os pais *acham* que estão demonstrando apoio, mas os alunos entendem como um reflexo da elevada expectativa dos pais e se sentem tão pressionados que têm dificuldade de se concentrar na matéria, apenas conseguindo pensar na nota que irão tirar.

— Certa vez, uma mãe de aluno me disse: "Você está destruindo a autoestima do meu filho", porque dei uma nota C para ele. Minha resposta foi: "Seu filho pode ter um desempenho melhor. Meu papel não é fazê-lo *sentir-se* bem, mas fazê-lo *sair-se* bem" — argumentou a professora.

Embora possamos imaginar que crianças elogiadas em excesso se tornem adultos sentimentais e desmotivados, segundo pesquisadores a consequência é inversa. A Dra. Carol e outros descobriram que crianças acostumadas a elogios constantes se tornam mais competitivas e mais interessadas em derrotar os outros. Sua preocupação básica passa a ser a manutenção da imagem. Uma profusão de estudos alarmantes — novamente da Dra. Carol — ilustram isso.

No primeiro, os alunos receberam dois testes de raciocínio. Entre o primeiro e o segundo, eles puderam escolher entre aprender uma nova estratégia de raciocínio útil para o segundo teste ou ficar sabendo do seu desempenho no primeiro teste comparado aos demais alunos: eles dispunham de tempo apenas para uma das duas opções. Os alunos normalmente elogiados por sua inteligência preferiram saber sobre sua classificação em relação à classe, em vez de aproveitar o tempo para se preparar.

No segundo teste, os alunos deveriam preencher uma ficha de autoavaliação e foram informados que os formulários seriam enviados para alunos de outra escola — sendo que eles não encontrariam esses alunos e nem teriam acesso aos nomes deles. Dos alunos elogiados por sua inteligência, 40% mentiram, melhorando seus resultados. Já entre os jovens elogiados por seu esforço, poucos mentiram.

Quando os alunos passam para o ensino médio, alguns daqueles com bom desempenho no ensino fundamental acabam invariavelmente encontrando mais dificuldades no novo ambiente, maior e mais exigente. Os que equacionam seu sucesso anterior com sua capacidade natural acabam achando que sempre foram burros. Suas notas nunca melhoram porque a solução principal para sua recuperação — esforçar-se mais — é encarada por eles como mais uma prova de seu fracasso. Ao serem indagados, muitos confessam que pensariam seriamente em colar.

Os alunos recorrem à cola por não terem montado uma estratégia para driblar o fracasso. O problema se agrava quando o pai ou a mãe ignora o mau desempenho do filho e insiste que ele irá melhorar na próxima vez. A especialista da Universidade de Michigan, Jennifer Crocker, que estuda justamente esse cenário, explica que a criança pode passar a pensar que o mau desempenho é algo tão terrível que a família não pode sequer admitir sua existência. Uma criança que não tem oportunidade de discutir sobre suas dificuldades não consegue aprender com elas.

Ignorar o fracasso e manter o positivismo não é regra no mundo todo. Uma jovem estudiosa da Universidade de Illinois, Florrie Ng, reproduziu o modelo da Dra. Carol com alunos de 5º ano, em Illinois, e também em Hong Kong. Mas Florrie acrescentou uma dimensão interessante à experiência. Em vez de aplicar o rápido teste de QI na escola das crianças, estas foram trazidas pelas mães até o escritório dos pesquisadores nos campi (em Champaign-Urbana e na Universidade de Hong Kong). Enquanto as mães aguardavam na sala de espera, metade das crianças foi escolhida aleatoriamente para responder a um difícil teste, o qual, provavelmente, elas só conseguiram acertar em parte — sendo induzidas à sensação de fracasso. Na sequência, as crianças tiveram direito a um intervalo de cinco minutos antes do segundo teste e foi permitido que as mães entrassem na sala de testes e falassem com os filhos. Ao entrar, a mãe era informada da nota tirada pelo filho, mas também lhe falavam uma mentira, que aquele resultado estava abaixo da média. Câmeras ocultas gravaram os cinco minutos de contato entre mães e filhos.

As mães americanas tomavam o cuidado de não fazer comentários negativos. Elas se mantinham otimistas e espirituosas com os filhos. Boa parte do tempo foi gasta falando de outros assuntos que não o teste em questão, por exemplo, o que gostariam de comer no jantar. Já das mães chinesas foi comum ouvir: "Você não prestou atenção ao responder" ou "Vamos dar uma olhada no seu teste". A maior parte do tempo foi gasta para falar sobre o teste e sua importância.

Após o intervalo, os alunos chineses tiveram uma melhora de 33% no novo teste, mais que o dobro da melhora do desempenho das crianças americanas.

Analisando essa diferença, poderia parecer que as mães chinesas tiveram um comportamento duro e até cruel — mas esse estereótipo parece não refletir mais a educação moderna em Hong Kong. E também não foi o que Florrie viu nas gravações. Embora usassem palavras firmes, as chinesas sorriram e abraçaram os filhos tantas vezes quanto as americanas — e não tendiam a fechar o semblante mais vezes ou a elevar o tom de voz com mais frequência.

Meu filho Luke está no 1º ano. Ele parece ser extremamente sensível ao possível julgamento dos colegas. Ele mesmo se justifica dizendo que é tímido. Mas ele não é tímido. Ele não aparenta medo ao visitar cidades desconhecidas, nem ao falar com estranhos, e já cantou para plateias lotadas. Para mim, ele é orgulhoso e autocrítico. Seu uniforme da escola é simples (camiseta e calça azul-marinho) e ele parece satisfeito por não poder ser ridicularizado pelo modo de vestir, ou, então, "os outros estariam rindo deles mesmos".

Depois de ler a pesquisa da Dra. Carol, comecei a mudar o modo como o elogio, mas não totalmente. Imagino que minha hesitação se deva ao fato de que a postura que a Dra. Carol espera incutir nos alunos — acreditar que a saída para se recuperar do fracasso é esforçar-se mais — seja um velho clichê: tente, continue tentando.

Mas enfim, a capacidade de reagir repetidas vezes ao fracasso impondo um empenho maior, em lugar de desistir puramente, é um traço estudado a fundo pela psicologia. As pessoas com essa característica — a persistência — se recuperam bem e conseguem manter a motivação por longos intervalos sem receber gratificação. Essa pesquisa ainda me mostrou que a persistência, na verdade, é muito mais do que um ato consciente da vontade; é também uma resposta inconsciente, conduzida por um circuito cerebral. O Dr. Robert Cloninger, da Universidade de Washington, em Saint Louis, localizou essa rede neural que passa pelo córtex pré-frontal e pelo corpo estriado ventral. Esse circuito monitora o centro de recompensa do cérebro e, tal qual um interruptor, ele intervém na ausência de recompensa imediata. Quando acionado, ele diz ao restante do cérebro: "Não desista, siga tentando. Vem dopamina [a recompensa química do cérebro pelo sucesso] por aí". Ao examinar pacientes por ressonância magnética, o Dr. Cloninger detectou que esse "interruptor" era frequentemente acionado em alguns e raramente ativado em outros.

O que determina a ativação do circuito em algumas pessoas?

Cloninger treinou ratos e camundongos em labirintos para desenvolver a persistência, tomando o cuidado de não recompensá-los ao acharem a saída. Segundo o professor, o segredo é o estímulo contínuo. O cérebro tem de aprender que períodos de frustração podem ser superados. "O indivíduo que cresce sendo frequentemente recompensado não desenvolve a persistência, pois desiste ao receber a recompensa", explica ele.

Isso me convenceu. Pensei comigo: "elogio vazio" não passa de uma palavra sem sentido — e me ocorreu que eu talvez estivesse condicionando o cérebro do meu filho a depender quimicamente da recompensa constante.

Mas o que significa parar de elogiar nossos filhos a toda hora? Bem, se eu sirvo de exemplo, a mudança se dá em estágios, todos eles sutis. No primeiro estágio, eu quebrava a abstinência perto de outros pais acostumados a elogiar os filhos a toda hora. Eu não queria que Luke se sentisse excluído. Eu me comparava a um ex-alcoólatra que continua bebendo socialmente. Tornei-me um "elogista social".

Então, passei a tentar fazer o tipo específico de elogio recomendado pela Dra. Carol. Continuei fazendo elogios a Luke, mas agora exaltava seu "processo de desenvolvimento". Isso é mais fácil na teoria que na prática. Mas quais processos passam pela cabeça de um garoto de 5 anos? Imagino que 80% do cérebro dele se ocupem em processar cenários detalhados para as aventuras de seus bonecos.

No entanto, todas as noites ele tem lição de matemática e precisa praticar leitura em voz alta. Concentrado, ele levaria cinco minutinhos para acabar cada tarefa, mas ele tende a se distrair com facilidade. Assim, eu o elogio por se concentrar, sem ficar implorando por uma pausa. E também o elogio por prestar atenção às instruções. Depois de uma partida de futebol, eu o cumprimento por ter ficado atento aos passes, em vez de dizer: "Você jogou muito bem" — e o esforço para ficar com a posse de bola também merece meu elogio.

Como a pesquisa sugere, esses elogios direcionados contribuem para que ele reconheça que estratégias usar no dia seguinte. E é impressionante como essa nova forma de elogiar dá certo.

Para ser sincero, meu filho estava se dando muito bem com essa nova categoria de elogios, eu é quem estava sofrendo com isso. Afinal, na família, eu é quem tinha a mania de elogiar à toa. Louvá-lo apenas por uma determinada habilidade ou atitude específica me dava a impressão de estar ignorando e subestimando as outras qualidades dele. Reconheço que dizer: "Você é o máximo!" ou "Você me dá o maior orgulho!" era uma forma que eu usava para expressar meu amor incondicional.

Fazer um elogio se transformou em uma espécie de remédio para as ansiedades da educação familiar moderna. Ausentes nas vidas de nossos filhos do café da manhã ao jantar exageramos um pouco ao voltar para casa. Nas poucas horas passadas juntos, queremos que eles ouçam tudo o que não foi dito ao longo do dia: "*Estamos sempre por perto. Podem contar com a gente. Acreditamos em vocês*".

Da mesma maneira, sujeitamos nossos filhos a um clima de alta pressão, buscando as melhores escolas que pudermos encontrar. Depois, recorremos ao uso do elogio frequente para reduzir a intensidade dessa pressão. Esperamos muito deles, mas disfarçamos nossas expectativas elogiando o tempo todo. A ambiguidade se torna evidente.

Por fim, no meu estágio final para parar de elogiar, compreendi que não dizendo ao meu filho que ele é inteligente, permito que ele mesmo tire conclusões quanto a sua própria inteligência. Antecipar-me, fazendo um elogio, é como contar a ele a resposta de um exercício da lição de casa — isso roubaria dele a chance de deduzir sozinho.

Mas... e se ele chegar à conclusão errada?

Será que posso deixar por conta dele, nessa idade?

Continuo a ser um pai ansioso. Esta manhã, eu o testei no caminho para a escola:

— O que acontece mesmo com seu cérebro, quando você pensa bastante em uma coisa?

— Ele cresce, como um músculo — respondeu, já tendo acertado essa pergunta antes.

DOIS

A hora perdida

Em todo o mundo, as crianças estão dormindo uma hora a menos do que dormiam 20 anos atrás. O preço disso? Menos pontos no QI, comprometimento do bem-estar emocional, déficit de atenção e obesidade.

Morgan Fichter, de 10 anos, é aluna do 5º ano em Roxbury, New Jersey. Ela é miúda, tem a pele clara, os cabelos castanhos e o rosto cheio de sardas. Bill, seu pai, é sargento de polícia e trabalha até às três da manhã. A mãe, Heather, trabalha meio período e vive correndo para todo lado levando Morgan e o irmão para os compromissos deles. Morgan joga futebol — Heather é a técnica do time —, mas é apaixonada mesmo por competições de natação e o treinamento contínuo ao longo do ano a deixou com ombros largos. Ela também é violinista da orquestra da escola e, não bastassem dois ensaios e uma aula particular, pratica sozinha mais cinco noites por semana. Toda noite, Heather acompanha a lição de casa de Morgan e depois elas assistem a programas de decoração na TV.

Morgan sempre se comportou como uma criança entusiasmada e bem equilibrada, até cair na turma de uma professora muito exigente e não conseguir mais relaxar à noite. Embora fosse para cama em um horário adequado, às 21h30, ela ficava agarrada a um travesseiro de oncinha, mas, frustrada, não conseguia pegar no sono antes das 23h30, às vezes até meia-noite. As paredes lilases de seu quarto estavam repletas de fichinhas pregadas com fita adesiva, cada qual com uma palavra que Morgan tinha dificuldade. Sem conseguir dormir, ela aproveitava para estudar, empenhada em manter as boas notas. Contudo, acabou tendo uma crise emocional. Durante o dia, ficava irritada e chorava por qualquer coisa. Às vezes, dormia em plena aula.

Terminado o semestre, Morgan deixou a turma da tal professora, mas a falta de sono continuou. A mãe, então, começou a se preocupar pelo fato de a filha não dormir. Seria por estresse ou algum distúrbio hormonal? Heather proibiu os refrigerantes cafeinados depois do almoço, ao notar que um refrigerante de cola na parte da tarde poderia manter a filha acordada até às duas da manhã. Morgan tentou se controlar ao máximo, mas duas vezes por mês ela tinha uma estafa emocional, uma espécie de choro incontido, comum apenas em crianças de 3 anos de idade que não tiraram uma soneca.

— Fico triste por ela — lamentou-se Heather. — Não desejo isso para ninguém. Deve ser um problema para o resto da vida.

Preocupada com o bem-estar da filha, Heather conversou com o pediatra sobre o sono de Morgan. "Ele quase não me deu atenção e não deu importância ao fato", contou ela. Ele disse: "Ela só fica cansada às vezes, quando crescer passa".

A opinião do pediatra de Heather é comum. Segundo estudos da Fundação Americana do Sono, 90% dos pais norte-americanos consideram que os filhos dormem o suficiente.

As crianças, no entanto, atestam o contrário. Cerca de 60% dos alunos do ensino médio relatam sentir sonolência durante o dia. Um quarto admite que suas notas baixaram em função disso. E, dependendo da pesquisa que servir de base, de 20% a 33% dizem que cochilam na sala de aula semanalmente.

Os números confirmam. Metade dos adolescentes dorme menos de sete horas por noite durante a semana. Segundo dados obtidos por Frederick Danner, da Universidade do Kentucky, os alunos do último ano do ensino médio costumam dormir pouco mais de seis horas e meia por noite. Apenas 5% deles dormem em média oito horas. Claro que também ficávamos cansados nos tempos do colégio, mas não como os jovens de hoje.

Tem passado despercebido o fato de alunos do ensino fundamental e médio dormirem, atualmente, uma hora a menos por noite do que se dormia 30 anos atrás. E, embora os pais modernos sejam muito atentos em relação ao sono dos bebês, após a educação infantil essa preocupação deixa de ser prioridade. Já no primeiro ano da escola, as crianças de hoje dormem 30 minutos menos que no passado.

Existem tantas justificativas para essa hora de sono perdida quanto o número de diferentes tipos de família. Excesso de atividades, muita lição de casa, horário de dormir liberado, televisões e celulares no quarto — tudo contribui. Assim como o sentimento de culpa: pais e mães que chegam do trabalho tarde da noite querem passar um tempo com os filhos e um prefere deixar para o outro a tarefa de colocá-los na cama. Uma pesquisa realizada no estado americano de Rhode Island revelou que 94% dos adolescentes do ensino médio não têm horário estabelecido para dormir. Todas essas causas têm um ponto em comum: devem-se convenientemente à falta de informação — até hoje, não se sabia o quanto essa hora perdida era prejudicial às crianças.

Com a ajuda de novas ferramentas estatísticas e tecnológicas, recentemente, cientistas que pesquisam o sono conseguiram isolar e medir o impacto dessa única hora perdida. Como o cérebro se desenvolve até os 21 anos de idade, e porque muito desse processo ocorre durante o sono, essa hora perdida aparentemente tem um impacto exponencial em crianças e jovens, o que não ocorre com um adulto.

O surpreendente não é só que o sono *é importante*, mas o quanto ele é importante, comprovadamente, não apenas para o desempenho acadêmico e a estabilidade emocional, mas também para fenômenos que se julgava não terem nenhuma relação, como a epidemia mundial de obesidade e o aumento de casos de transtorno do déficit de atenção.

Uns poucos cientistas sugeriam que os distúrbios do sono durante os anos de desenvolvimento podiam desencadear alterações permanentes na estrutura do cérebro da criança — danos que, diferentemente de uma ressaca, não passam com uma boa soneca. É possível, inclusive, que muitas das características próprias da pré-adolescência e da adolescência — variação de humor, depressão e mesmo comer em excesso — sejam, na verdade, somente sintomas da falta crônica de sono.

O Dr. Avi Sadeh, da Universidade de Tel Aviv, é uma das dezenas de autoridades na área e colaborador frequente de pesquisas de estudiosos do sono da Universidade Brown. Há alguns anos, o Dr. Sadeh enviou para a casa de 77 alunos de 4º e 6º ano instruções por escrito, distribuídas aleatoriamente: durante três noites, alguns deveriam ir mais cedo para a cama enquanto outros deveriam permanecer acordados até mais tarde. Cada aluno recebeu um actígrafo — um aparelho semelhante a um relógio de pulso que equivale a um sismógrafo para registrar a atividade do sono —, que permite aos pesquisadores verificar quanto de fato a criança dormiu enquanto esteve na cama. Por meio do dispositivo, a equipe de Sadeh constatou que o primeiro grupo dormiu 30 minutos a mais por noite. Em compensação, o segundo grupo dormiu 31 minutos a menos.

Após a terceira noite de sono, um pesquisador foi à escola pela manhã para aplicar um teste de funcionamento neurobiológico nos alunos. O teste é uma versão computadorizada de partes da Escala de Inteligência Wechsler para Crianças, que estimou com precisão os resultados do teste em questão e também como os professores avaliavam a capacidade do aluno de manter a atenção na aula.

Sadeh sabia dos riscos por trás desse estudo:

— Nem por um instante eu gostaria de comunicar aos meus patrocinadores algo como: "Bem, deixei os voluntários do meu estudo sem dormir por uma hora, mas não houve efeito visível, sinto muito. Falando nisso, conto com vocês para financiar outras pesquisas, pode ser?".

A preocupação de Sadeh era infundada. Os efeitos podiam ser efetivamente avaliados e medidos. A disparidade de rendimento causada por uma hora a menos de sono era maior que a diferença de desempenho de um aluno mediano de 4º ano se comparada com um aluno mediano de 6º. Em outras palavras, o desempenho escolar de um aluno de 6º ano um pouco sonolento equivale ao de um aluno de 4º ano. "Uma hora de sono a menos tem o mesmo efeito que a perda de dois anos de amadurecimento e desenvolvimento cognitivo", explicou Sadeh.

— O trabalho de Sadeh foi uma enorme contribuição — opina o Dr. Douglas Teti, professor de Estudos do Desenvolvimento Humano e Familiar da Universidade Penn State.

A Dra. Mary Carskadon, da Universidade Brown, uma autoridade em mecanismos biológicos que regulam o sono, concorda com essa opinião e completa:

— A pesquisa de Sadeh é um lembrete importante a respeito da fragilidade de crianças e adolescentes.

As descobertas do Dr. Sadeh confirmam diversos outros trabalhos de pesquisa que apontam unanimemente para o severo comprometimento acadêmico decorrente das pequenas diferenças de sono. A Dra. Monique LeBourgeois, também da Universidade Brown, pesquisa como o sono afeta crianças com 5 anos ou menos. Praticamente toda a criança pequena tem permissão para ficar acordada até mais tarde nos fins de semana. Elas não dormem menos, nem ficam sonolentas — elas simplesmente dormem mais tarde nas noites de sexta-feira e de sábado. Ainda assim, ela constatou que a simples mudança de horário pode afetar o desempenho das crianças em um teste padrão de QI. Os alunos perderam sete pontos no teste por cada hora de sono adiada. O Dr. Paul Suratt, da Universidade da Virgínia, estudou o impacto dos problemas do sono em testes de vocabulário aplicados a alunos do ensino fundamental. Ele também encontrou uma redução de sete pontos nos resultados, que na opinião dele são bem significativos:

— Os distúrbios do sono podem afetar o quociente de inteligência infantil tanto quanto a exposição ao chumbo.

Se essas descobertas estiverem corretas, então, isso pode ser acumulativo no longo prazo: é possível, portanto, prever a correlação entre o sono e as notas escolares. Todos os estudos realizados indicam essa ligação: desde uma pesquisa com alunos de 2° e 3° anos de uma cidade pequena de Nova York até uma pesquisa com alunos de 8° ano de Chicago.

Essas correlações, na verdade, se intensificam no ensino médio, pois é nessa fase que se verifica a queda mais acentuada no número de horas de sono dos adolescentes. A Dra. Kyla Wahlstrom, da Universidade de Minnesota, catalogou mais de 7 mil alunos de Minnesota, registrando suas notas e hábitos de sono. Os adolescentes que receberam nota A dormiam em média 15 minutos a mais que os que tiraram nota B; esses, por sua vez, dormiam em média 15 minutos a mais que os que tiraram C e por aí em diante. Os dados obtidos pela Dra. Kyla refletem praticamente os mesmos resultados de um estudo anterior, com mais de 3 mil estudantes do ensino médio realizado pela Dra. Carskadon, da Universidade Brown. Sem dúvida, estamos falando em médias, mas a consistência dos dois estudos é indiscutível. Cada 15 minutos faz diferença.

Auxiliados por imagens de ressonância magnética, os pesquisadores agora começam a entender como a falta de sono afeta exatamente o cérebro dos jovens. Crianças cansadas não conseguem se lembrar do que acabaram de aprender, por exemplo, pois os neurônios perdem sua plasticidade, tornando-se incapazes de estabelecer novas conexões sinápticas, encarregadas de reter a memória.

Um mecanismo diferente leva a criança a ficar desatenta durante a aula. A falta de sono prejudica a capacidade do organismo de retirar glicose da corrente sanguínea. Sem esse fluxo de energia básica, uma parte do cérebro sofre em especial — o córtex pré-frontal, que é responsável pela chamada função executiva. Dentre as muitas funções executivas, inclui-se o encadeamento de pensamentos para atingir um objetivo, a previsão de resultados e a percepção das consequências das ações. Portanto, pessoas cansadas têm dificuldade para controlar seus impulsos, e seus objetivos abstratos, como estudar, são preteridos em nome de divertimentos mais agradáveis. O cérebro cansado emperra — fica preso a uma resposta incorreta, sem conseguir produzir uma solução mais criativa, voltando repetidamente à mesma resposta que já sabe estar errada.

Ambos os mecanismos debilitam a capacidade de aprendizagem da criança durante o dia. Contudo, a parte mais excitante da ciência estuda o que o cérebro faz quando uma criança dorme durante a noite. O Dr. Matthew Walker, da Universidade de Berkeley, explica que, durante o sono, o cérebro organiza o que aprendeu naquele dia em suas regiões de armazenamento mais eficientes. Cada fase do sono tem um papel importante na aquisição de memória. Por exemplo, estudar outro idioma implica adquirir novo vocabulário, desenvolver a memória auditiva dos diferentes sons e ter habilidade motora para pronunciar corretamente os termos aprendidos. O vocabulário é sintetizado pelo hipocampo no início da noite, enquanto ocorre o "sono de ondas lentas", um sono profundo e sem sonhos. A capacidade motora da pronúncia é processada na segunda fase do sono N-REM e a memória auditiva é codificada ao longo de todas as fases. As lembranças carregadas de significado emocional são processadas no sono REM. Quanto mais se aprende durante o dia, maior a necessidade de dormir à noite.

Para consolidar essas memórias, determinados genes parecem se autorregular durante o sono — eles literalmente se ligam, tornam-se ativos. Um desses genes é essencial para a plasticidade sináptica, a vitalização das conexões neurais. O cérebro também sintetiza memória durante o dia, mas elas são aprimoradas e fixadas à noite, quando são elaboradas novas inferências e associações, que dão origem a novos insights no dia seguinte.

O sono de uma criança é qualitativamente diferente do sono de um adulto, porque ela permanece mais de 40% do tempo em que dorme na fase de ondas lentas — dez vezes mais do que o tempo despendido por um adulto. É por isso que uma boa noite de sono é vital para uma aprendizagem que fixará na memória para o resto da vida dados como novo vocabulário, tabelas de multiplicação, datas históricas e todas as outras informações minuciosas.

Talvez o mais interessante é que o contexto emocional da memória altera *onde* ela será processada. Os estímulos negativos são processados pela amídala; as memórias neutras e positivas são processadas pelo hipocampo. A falta de sono afeta com mais intensidade o hipocampo do que a amídala. O resultado é que as pessoas que não dormem o suficiente não conseguem lembrar-se de fatos agradáveis; contudo, recordam-se de fatos ruins sem nenhuma dificuldade.

Em outro estudo conduzido por Walker, universitários que dormem pouco tentaram memorizar uma lista de palavras. Eles conseguiram se lembrar de 81% das palavras com significado negativo, como "câncer". Mas só se lembraram de 31% das palavras com significado positivo ou neutro, como "Sol" e "cesta".

"A situação atual é alarmante", observou Walker, "embora o processo de aprendizagem desses jovens tenha se intensificado muito, a quantidade de tempo que eles dormem para processar o que aprenderam é muito menor. Se essa tendência se mantiver, não demorará muito para o problema explodir".

Embora todas as crianças sejam afetadas pela falta de sono, para os adolescentes, dormir é um desafio em particular.

Mary Carskadon, da Universidade Brown, demonstrou que durante a puberdade o ciclo circadiano — o relógio biológico — passa por uma fase de transformação que faz com que os adolescentes fiquem acordados até mais tarde. O cérebro dos pré-adolescentes e dos adultos, quando anoitece, produz melatonina, que nos dá sonolência. Mas o cérebro do adolescente demora mais 90 minutos para começar a liberar melatonina. Assim, mesmo que se deitem às 22h (o que não acontece), eles ficam acordados, olhando o teto.

Quando o despertador toca de manhã cedinho, o cérebro do adolescente ainda está liberando melatonina. Isso faz com que eles voltem a pegar no sono, seja nas primeiras aulas do dia ou, o que pode ser ainda mais perigoso dependendo do caso, dirigindo a caminho da escola. Nos Estados Unidos, onde se tem permissão para dirigir a partir dos 16 anos, os adolescentes são responsáveis por mais da metade dos cem mil acidentes provocados por se dormir ao volante.

Persuadidas por essa pesquisa, escolas de algumas cidades norte-americanas resolveram alterar o horário das aulas no período da manhã, para que elas iniciassem mais tarde.

O exemplo mais conhecido ocorreu em Edina, uma próspera cidade nos arredores de Minneapolis, em Minnesota, que mudou o início das aulas do ensino médio de 7h25 para 8h30. Os resultados foram surpreendentes e surtiram efeito principalmente sobre os alunos mais brilhantes.

No ano anterior à troca de horário, no SAT (equivalente ao ENEM, no Brasil), a média das notas de matemática e gramática de 10% dos alunos melhor colocados entre os 1.600 participantes da cidade foi de 683/605. Um ano mais tarde, depois da alteração do horário das aulas, a média dos 10% dos melhores alunos foi de 739/761. Caso você esteja muito sonolento para fazer os cálculos, vamos ajudar: ganhar uma hora de sono a mais elevou a nota média de matemática dos alunos mais brilhantes da cidade no SAT em 56 pontos; no teste de gramática, foram impressionantes 155 pontos.

Brian O'Reilly, diretor executivo do conselho universitário para questões referentes ao SAT, confessou ter ficado surpreso com o resultado. Além disso, os alunos disseram estar se sentindo mais motivados e menos deprimidos. Em suma, uma hora de sono a mais melhorou efetivamente a qualidade de vida dos alunos.

Particularmente, isso é algo que merece atenção, pois a maioria dos jovens dorme menos durante o ensino médio e sua qualidade de vida piora: o professor Danner, da Universidade do Kentucky, estudou em âmbito nacional (nos Estados Unidos) a taxa de redução de horas dormidas ano a ano, ao longo do ensino médio. No primeiro ano, 60% dos jovens dormem pelo menos oito horas, em média. No segundo ano, isso acontece com apenas 30%. A saúde psicológica dos jovens acompanhou esse declínio; dormir menos de 8 horas por noite dobrou os casos de depressão de *nível clínico*. Mais de um oitavo dos alunos se enquadrou nessa categoria, o que nos leva a imaginar quantos outros não sofrem de melancolia em menor grau.

Outra cidade pioneira é Lexington, no Kentucky, que também retardou em uma hora o início das aulas. Danner analisou a equação antes/depois. A constatação que mais chama a atenção nos dados é que após a mudança de horário, o número de acidentes de carro na cidade caiu 25%, quando comparado ao resto do estado.

Embora as evidências sejam convincentes, poucas cidades seguiram a iniciativa. Ao contrário, 85% das aulas em escolas públicas de ensino médio começam antes das 8h15, sendo que 35% começam às 7h30, ou antes disso.

São muitas as objeções contra a alteração do horário. A questão do transporte escolar, por exemplo: com horários diferentes, os estudantes mais velhos são os primeiros a ir para escola e, em uma segunda leva, vão as crianças menores. Se os horários coincidirem isso significa dobrar a frota escolar, para que os ônibus circulem em um único horário de pico. Os professores também preferem chegar mais cedo, para evitar os congestionamentos. Os técnicos temem que os alunos que representam os colégios em campeonatos esportivos possam perder o início de partidas que coincidam com as últimas aulas. Muitos não se deixam convencer pelos argumentos científicos. Quando as escolas do condado de Westchester recusaram a proposta de retardar o horário do início das aulas do ensino médio, sua superintendente, à época, a Dra. Karen McCarthy justificou dizendo que ainda não tinha uma opinião formada sobre a questão.

O Dr. Mark Mahowald já ouviu todos esses argumentos. Como diretor da Hennepin Sleep Clinic, em Minnesota, ele tem estado no meio de muitas discussões sobre o horário escolar. Mas de todos os argumentos que ele já ouviu, nenhum deles alega que os alunos *aprendem mais* às 7h15 do que às 8h30. Ao contrário, ele argumenta com veemência, o horário escolar segue a conveniência dos adultos e não existe uma justificativa pedagógica para as aulas começarem tão cedo, como acontece. "Se as escolas se destinam à educação, então deveríamos facilitar a aprendizagem e não atrapalhá-la", provocou ele.

— Consideramos as evidências estarrecedoras — lembra Carole Young-Kleinfeld, uma mãe da cidade de Wilton, em Connecticut, 30 minutos ao norte de Nova York.

A cidade de Wilton também adotava o início das aulas às 7h35, para economizar com um sistema de transporte escolar em dois turnos. Até que, há poucos anos, Carole estava em um encontro do comitê eleitoral feminino local, e Kevin Sullivan, então senador do estado, citou o estudo de Carskadon e de outros pesquisadores, comentando como iniciar as aulas do ensino médio em um horário mais razoável poderia ser a solução.

Mãe um adolescente temperamental, ao visitar uma escola de ensino médio para cadastrar eleitores jovens, Carole notou alunos dormindo por toda a parte, nos corredores e nas salas de aula. Foi quando uma ideia lhe ocorreu: ela organizou um comitê para se informar mais sobre o assunto e acabou convencendo a cidade a alterar o início das aulas do ensino médio para 8h20.

Para Carole, a mudança "foi uma bênção".

Seu filho Zach foi uma criança muito alegre até chegar ao ensino médio e se tornar um verdadeiro protótipo de adolescente desinteressado que não se submetia a nada. Ele era tão negativo, tão arredio, que Carole julgava tê-lo perdido de vez. Segundo ela, eles haviam perdido o elo.

Porém, depois da mudança no período das aulas, Carole mal pôde acreditar. "Recuperamos nosso filho." Zack passou a descer as escadas pela manhã sorrindo, ansioso para compartilhar uma passagem engraçada que havia lido. Além disso, suas notas nos exames também melhoraram.

Diversos estudiosos apontaram que muitas das características marcantes da adolescência moderna — mau humor, impulsividade, desinteresse — também são sintomas da falta crônica de sono. Será que toda a nossa percepção cultural do que significa ser um adolescente não foi involuntariamente distorcida pelo fato de que eles não dormem o suficiente?

Ronald Dahl, da Universidade de Pittsburgh, concorda e observa: "Não sabemos se a falta de sono piora a situação em 1% ou 60%, mas com certeza ela é um agravante".

Vamos analisar o papel oculto do sono na epidemia de obesidade.

Alardeia-se muito que nas últimas décadas a obesidade infantil triplicou. Metade das crianças apresenta ao menos risco de terem excesso de peso, com um IMC muito próximo da obesidade.

O governo federal norte-americano gasta mais de um bilhão de dólares por ano em programas de educação alimentar em suas escolas. Uma análise recente feita pela Universidade McMaster, em 57 desses programas, revelou que 53 deles não representavam qualquer impacto — e os resultados dos quatro melhores eram tão discretos que dispensavam qualquer menção.

Por muito tempo apontou-se um responsável pela derrota dos esforços realizados — a televisão. Em vez de percorrer a vizinhança brincando, como se fazia no passado, as crianças de hoje passam, em média, 3,3 horas por dia sentadas em frente à TV. A correlação com a obesidade parecia tão óbvia, e fora repetida tantas vezes, que nem se pensava ser necessário comprová-la cientificamente.

A Dra. Elizabeth Vandewater, da Universidade do Texas, em Austin, cansou de ver os colegas catedráticos apontarem a televisão como única culpada, com base em dados inconclusos. Segundo ela, eles davam o fato como definitivo sem qualquer embasamento científico. Ela, então, se dedicou a analisar o maior levantamento de dados disponível nos Estados Unidos — o Panel Study of Income Dynamics, que entrevistou 8 mil famílias desde 1968 — e descobriu que as crianças obesas não passam mais tempo assistindo televisão que as não obesas. As crianças magras também gastam um tempo enorme diante da TV. Não existe correlação estatística entre obesidade e videoentretenimento, e ponto final. "Não é o bicho-papão que imaginávamos", comentou ela.

Elizabeth examinou os relatórios de atividades das crianças e compreendeu por que as pesquisas anteriores se enganaram. As crianças não trocam o tempo gasto com televisão por atividades físicas. "As crianças trocam atividades funcionalmente equivalentes. Se a TV está desligada, elas não vão jogar futebol, elas procuram outra ocupação sedentária."

Na verdade, embora a obesidade tenha crescido exponencialmente desde 1970, as crianças agora assistem apenas sete minutos de TV a mais por dia. E apesar de, hoje, jogarem videogame e navegarem pela internet por outros 30 minutos, o salto nos casos de obesidade começou em 1980, bem antes dos videogames domésticos e da invenção do navegador da web. Isso obviamente não significa que assistir televisão afina a silhueta, mas que alguma outra coisa — que não a televisão — está levando as crianças a engordar.

"Faz cem anos que concentramos nossos estudos em dieta e exercícios; parece que não tivemos bons resultados. É hora de procurarmos por novas causas", anunciou o Dr. Richard Atkinson, coeditor chefe do *International Journal of Obesity.*

Cinco anos atrás, já ciente da associação entre apneia do sono e diabetes, a Dra. Eve Van Cauter descobriu o "fio da meada neuroendócrina" que relaciona o sono à obesidade. A falta de sono aumenta o hormônio grelina, que sinaliza a fome, e reduz seu contrário metabólico, a leptina, que inibe o apetite. A falta de sono também eleva o hormônio do estresse, o cortisol. Ele é lipogênico, ou seja, o cortisol estimula o organismo a produzir gordura. O hormônio do crescimento também é afetado. Secretado normalmente em um único grande fluxo no início do sono, o hormônio do crescimento é fundamental para a quebra da gordura.

Fomos convencidos de que precisamos ser mais ativos para perder peso, portanto, é estarrecedor ouvir que a chave para nos mantermos magros é passar mais tempo fazendo a atividade mais sedentária que existe. Mas é exatamente o que os cientistas estão constatando. Inspirados pelas descobertas da Dra. Eve Van Cauter, pesquisadores do sono conduziram diversas análises de uma grande quantidade de dados sobre crianças. Todos os estudos apontam na mesma direção — em média, as crianças que dormem menos são mais gordas que as que dormem mais. E isso não acontece somente nos Estados Unidos — especialistas de todas as partes vêm estudando essa hipótese, pois as crianças de todo o mundo vêm tanto ganhando peso quanto dormindo menos.

Três desses estudos tiveram resultados incrivelmente semelhantes. Um deles analisou alunos japoneses que estão no 1° ano; o outro, meninos de uma escola de educação infantil canadense; e o último, garotos australianos que cursavam o 3° ano. Eles mostraram que as crianças que dormem menos de oito horas por noite têm uma taxa de obesidade em torno de 300% maior do que as que têm dez boas horas de sono. Segundo estudiosos japoneses, durante essa janela de duas horas, existe uma correlação dose–resposta.

Uma pesquisa com escolas públicas de Houston revelou que isso não está engordando apenas as crianças pequenas. Entre os alunos do ensino fundamental e do ensino médio pesquisados, a propensão à obesidade aumenta 80% para cada hora de sono perdida.

Em estudos subsequentes, a Dra. Eve descobriu que a fase do sono de ondas lentas é fundamental para se ter adequada sensibilidade à insulina e tolerância à glicose. Quando ela deixava que os indivíduos dormissem, e então os incomodava batendo de leve na porta, apenas o suficiente para impedir que entrassem na fase de ondas lentas (sem na verdade acordá-los), seus níveis hormonais respondiam de forma similar ao ganho de peso de 9 a 13 quilos. Como citado anteriormente, as crianças passam cerca de 40% do tempo adormecido nessa fase de ondas lentas, enquanto os mais velhos permanecem nessa fase apenas 3%–4% da noite. Isso explica por que a relação entre dormir pouco e obesidade é mais intensa em crianças do que em adultos.

Como o sono impacta na produção dos hormônios é uma maneira completamente diferente de explicar o que determina alguém ser gordo ou magro — em geral, imaginamos que o ganho de peso tem, exclusivamente, relação direta com a equação entre calorias ingeridas e calorias gastas. Mas pensando bem, mesmo levando em consideração essa familiar equação, a relação entre sono e peso faz sentido. Embora ficar deitado sob os lençóis consuma poucas calorias, pelo menos a criança não come enquanto está dormindo. Além disso, quem dorme pouco tem menos disposição para se exercitar — ficou comprovado que quanto menos a criança dorme, menos ativa ela fica durante o dia. Logo, a queima calórica, após uma boa noite de sono, é maior.

Em um artigo em 2005, nos *Archives of Internal Medicine*, o Dr. Fred Turek confrontou pesquisadores tradicionais da obesidade por ignorarem o efeito do sono sobre o organismo. Turek é diretor do Centro Médico para a Biologia Circadiana e Medicina da Universidade Northwestern. Ele percebeu que um manual de referência para médicos sobre obesidade infantil não fazia qualquer menção aos efeitos da falta de sono, em nenhuma de suas 269 páginas.

O Dr. Atkinson acredita que as pesquisas que viu sobre a falta de sono e a obesidade em crianças são realmente alarmantes. E ele lamenta que a maioria dos especialistas em obesidade ainda não tenha atentado para isso.

Em 2007, tanto o Departamento de Agricultura quanto o Centro para Controle de Doenças dos Estados Unidos nos informaram que não haviam feito nenhuma pesquisa independente sobre a questão. Eles sequer quiseram opinar sobre os estudos já realizados, apesar de gastarem anualmente centenas de milhões de dólares em programas de controle e pesquisas sobre obesidade. Porém, um ano depois, os dados se tornaram fortes demais para serem ignorados. O Centro para Controle de Doenças passou a recomendar agora que escolas de ensino médio considerem adotar um novo horário para que as aulas iniciassem mais tarde: seus representantes argumentam que a mudança no horário das aulas pode mudar vidas.

Apesar de esses dados científicos serem muito convincentes, de certa forma parece que ainda falta um enorme voto de confiança para devolvermos uma hora de sono na vida das nossas crianças. As relações estatísticas são prova suficiente para pesquisadores, mas nós, os pais, precisamos de mais — queremos controle.

A Dra. Judith Owens dirige uma clínica do sono, na cidade de Providence, afiliada à Universidade Brown. Recentemente, ela recebeu um pai com sua filha de 15 anos que se queixava de fortes dores de cabeça. Ao entrevistar a paciente, a Dra. Judith logo descobriu que sua rotina diária era massacrante: depois das aulas de flauta, de fagote, de dança, e a lição de casa do programa para alunos superdotados, ela só conseguia dormir cinco horas por noite, pois tinha de levantar todos os dias às 4h30 para ir à academia. O pai queria saber se a falta de sono poderia ser responsável por suas dores de cabeça. Judith lhe respondeu que era provável e recomendou que a menina eliminasse parte de seus compromissos.

O termo "provável" fez o pai hesitar. Ele a deixaria diminuir o ritmo, apenas se antes Judith pudesse *provar* que sacrificar uma das atividades eliminaria as dores de cabeça. Ele obviamente sabia da importância do sono, mas será que era mais importante que francês avançado? Mais importante do que ingressar em uma faculdade conceituada?

Judith usou seu argumento padrão. "Você deixa sua filha andar de carro sem cinto de segurança? Você precisa encarar o sono da mesma maneira."

Mas os apelos de Judith não o dissuadiram. Na cabeça do pai, ele enxergava a situação do modo inverso — reduzir as atividades é o que exporia sua filha ao risco. E se as dores de cabeça não parassem e ela tivesse aberto mão de uma de suas paixões, como a dança, sem motivo?

Mesmo antes de os adolescentes ficarem sobrecarregados na corrida para entrar na faculdade, os pais — guardiões do sono dos filhos — começam a sacrificar o sono deles por outras de suas necessidades. Isso é ainda mais visível na última hora do dia da criança, um período que chamaremos aqui de a "hora da manha". A hora da manha ocorre entre a hora de ir para a cama e a vontade de aproveitar um pouquinho mais; é um momento em que espremermos o nosso reservatório de energia para ver se conseguimos umas gotinhas a mais de disposição. Na hora da manha, as crianças já *deveriam* estar na cama, mas elas insistem em fazer outras atividades, enquanto lutam contra o sono. Assim, o sono é encarado com uma filosofia popular que de certa forma não respeita sua devida importância: o que é uma horinha a mais para quem já ficou acordado até agora? Todo mundo sobrevive a isso, as crianças também sobreviverão.

O sono é uma necessidade biológica comum a todas as espécies. Nós, humanos, simplesmente tentamos resistir ao seu impulso. Em vez de enxergarmos o sono como uma necessidade física, o encaramos como um traço de caráter. Admitir o cansaço é considerado um sinal de fraqueza e recusar-se a sucumbir ao sono indica força. Dormir é coisa de preguiçoso.

Mas talvez não percebemos o alto preço que isso nos custa. David Dinges, da Universidade da Pensilvânia, fez uma experiência restringindo o sono de adultos a seis horas por noite. Passadas duas semanas, eles relataram que estavam se sentindo bem. Mas uma bateria de exames mostrou que foram afetados da mesma forma como se tivessem ficado acordados por 24 horas ininterruptas.

O objetivo de Dinges ao realizar a experiência era mostrar que a falta de sono é cumulativa, e com que facilidade nosso julgamento pode se enganar. Ainda assim, tendemos a ver os resultados dessa experiência e pensar: "Eu sofreria, mas não seria *tanto*. Eu seria a exceção". Há anos enfrentamos o fato de dormir pouco e temos superado isso. Isso não é nenhuma novidade para nós.

Mas, quando colocamos em jogo o desenvolvimento do cérebro de uma criança, será que estamos dispostos a enfrentar esses riscos com o mesmo atrevimento?

TRÊS

Por que os pais não falam sobre preconceito

Ensinar as crianças sobre diversidade racial e cor da pele pode ajudar ou atrapalhar?

O Laboratório de Pesquisa Infantil da Universidade do Texas mantém um banco de dados com o cadastro de milhares de famílias da região de Austin, que são voluntárias para participar de pesquisas científicas. Em 2006, a então doutoranda Birgitte Vittrup recrutou 99 famílias cadastradas, todas de caucasianos com filhos entre 5 e 7 anos. O projeto seria sua tese de Ph.D. O objetivo do estudo de Birgitte era analisar se vídeos infantis comuns, com histórias multiculturais e raciais, surtiam mesmo um efeito benéfico sobre o comportamento infantil em relação à discriminação de raças.

Ela começou aplicando um teste às crianças, e também a seus pais, com um questionário de avaliação de comportamento discriminatório desenvolvido por uma de suas orientadoras na universidade, a Dra. Rebecca Bigler. Com base nessa avaliação, Birgitte fez uma série de perguntas às crianças, como:

"Quantas pessoas brancas são bacanas?"
(Quase todas) (Muitas) (Algumas) (Não muitas) (Nenhuma)
"Quantas pessoas negras são bacanas?"
(Quase todas) (Muitas) (Algumas) (Não muitas) (Nenhuma)

No decorrer do teste, o adjetivo descritivo "bacana" foi substituído por mais de 20 outros adjetivos, como "desonesto," "bonito", "curioso" e "esnobe." As crianças mais tímidas podiam apontar uma figura que correspondesse a cada uma das respostas possíveis.

Das 99 famílias, Birgitte enviou para 33 delas vídeos de programas de variedades populares, para que assistissem em casa por uma semana. Eram programas como um episódio de *Vila Sésamo* em que os personagens visitam a casa de uma família de origem negra, e um episódio de *Little Bill,* * no qual a vizinhança se reúne para limpar um parque da cidade.

Na verdade, Birgitte não esperava que o comportamento discriminatório das crianças pudesse mudar muito em função de assistir aos vídeos. Pesquisas anteriores conduzidas pela Dra. Rebecca haviam revelado que o currículo escolar multicultural tem um impacto muito menor do que o esperado — principalmente porque a mensagem implícita "somos todos iguais" é vaga demais para que a criança entenda sua referência à cor da pele.

Mas Birgitte imaginou que se os vídeos educacionais fossem associados a diálogos abertos com os pais, poderia haver um impacto importante. Assim, um segundo grupo de 33 famílias recebeu, além dos vídeos, a orientação para que os pais aproveitassem os programas como pretexto para iniciar uma discussão sobre amizade inter-racial. E deu aos pais uma lista com tópicos a serem conversados para corroborar o tema abordado pelas histórias. "Eu acreditava de fato que daria certo", lembrou Birgitte. Afinal, a conclusão de seu doutorado dependia disso.

O último grupo de 33 famílias também recebeu uma lista com tópicos, mas nenhum vídeo. Eles deveriam abordar o tema da igualdade racial por cinco noites consecutivas. E isso não seria tarefa fácil, principalmente para pais que nunca haviam comentado sobre diferença racial com as crianças. Os pais começariam a conversa falando coisas como:

> "Algumas pessoas na TV ou na escola têm cor de pele diferente da nossa. Apesar de terem origens diferentes, crianças brancas, negras e de outras raças gostam das mesmas coisas. Elas também são boas pessoas e vocês podem ser grandes amigos. Você gostaria de ter amizade com uma criança de pele de cor diferente da sua que morasse em nossa vizinhança?"

Nessa fase, aconteceram algumas coisas interessantes. Quatro das famílias do terceiro grupo abandonaram a pesquisa repentinamente. Duas delas foram francas

* *Little Bill* é um desenho animado da Nickelodeon, baseado nos livros do comediante americano Bill Cosby para crianças. O programa traz histórias de uma grande família negra, e as tramas giram em torno do caçula da família, o pequeno Bill; elas sempre trazem uma lição ou moral ao final.

com Birgitte e disseram que não queriam ter esse tipo de diálogo com os filhos e que preferiam não chamar a atenção das crianças para a cor da pele das pessoas. Birgitte ficou surpresa, já que essas famílias haviam se voluntariado cientes de se tratar de uma pesquisa sobre o comportamento infantil em relação à discriminação de raças. Mesmo assim, desistiram ao tomarem conhecimento que teriam de falar abertamente sobre etnias. E as outras duas famílias se recusaram a dizer por que haviam desistido, mas seu silêncio levou Birgitte a crer que o motivo fosse o mesmo.

Birgitte também constatou a mesma recusa em falar sobre etnias em seu teste inicial sobre o comportamento dos pais em relação à discriminação de raças. Seria normal que, em uma cidade liberal como Austin, os pais se identificassem com o multiculturalismo e fossem abertos à diversidade. Mas Birgitte havia notado também, já nas primeiras pesquisas, que pouquíssimos pais já haviam falado abertamente com seus filhos sobre raças. Eles podiam até ter estabelecido em suas casas princípios generalizados como "Todos são iguais", "Deus criou a todos", "Por baixo da pele, não há diferenças", mas eles raramente haviam chamado atenção para as diferenças raciais.

Por eles, os filhos cresceriam alheios à questão das diferenças de cor da pele. Mas ficou claro para Birgitte, em seu primeiro teste com as crianças, que elas não eram exatamente alheias às diferenças de cor da pele. Indagadas sobre quantas pessoas brancas são más, as crianças em geral assinalaram "quase nenhuma". Ao responderem quantas pessoas negras são más, muitas delas assinalaram "algumas" ou "muitas". Mesmo algumas crianças que frequentavam escolas com alunos de raças e origens variadas responderam dessa forma.

E houve uma situação mais agravante. Birgitte também perguntou diretamente a todas as 99 crianças: "Seus pais gostam de pessoas negras?". Se os pais de origem branca não costumavam falar explicitamente sobre raças, como as crianças saberiam se eles gostavam ou não de pessoas negras?

Aparentemente, os pais não falavam disso com as crianças: sem rodeios, 14% delas responderam: "Não, meus pais não gostam de pessoas negras"; e 38% das crianças responderam: "Não sei". Nesse suposto vácuo criado pelos pais, em que o assunto "raça" ficava de fora das conversas da família, as crianças acabaram por improvisar suas próprias conclusões — muitas delas terríveis para os pais.

Birgitte esperava que as demais 62 famílias instruídas por ela para falar sobre diferença racial fossem até o fim.

Depois de assistir aos vídeos, as famílias voltaram ao Laboratório de Pesquisa Infantil para um novo teste. Como Birgitte pressupunha, entre as 33 famílias em que as crianças haviam visto os vídeos sem nenhum reforço e nem diálogo por parte dos pais, não houve alteração nos resultados da semana anterior. A mensagem de harmonia multicultural — supostamente evidente nos episódios — não foi absorvida pelas crianças.

Porém, depois de apurar os números, a pesquisadora se surpreendeu ao constatar que nenhum dos outros dois grupos de crianças (cujos pais conversaram sobre amizade inter-racial) havia modificado seu comportamento discriminatório sobre raças. À primeira vista, a pesquisa fracassou. Ela viu sua carreira promissora escapando por entre os dedos. Ela havia sonhado com os artigos que publicaria em uma conceituada revista científica — no entanto, agora ela só se perguntava se conseguiria defender sua tese e conseguir seu título de doutora.

Confusa, Birgitte consultou os orientadores de sua tese e por fim recorreu à Dra. Rebecca.

"Ainda que a pesquisa não tenha dado certo, alguma coisa você pode concluir com ela", comentou a Dra. Rebecca. "Talvez o mais interessante seja justamente por que ela não apresentou resultado."

Comparando os relatórios de pesquisa dos pais, Birgitte notou uma disparidade. Ao entregar a eles a lista de tópicos sobre raça a serem discutidos com seus filhos, ela solicitou que eles também registrassem o grau de interação que o assunto gerou e como a conversa se desenvolveu. Os pais teriam apenas mencionado os itens da lista ou teriam se estendido sobre o tópico? O tema teria dado origem a uma discussão?

Quase todos os pais confessaram ter mencionado os itens da lista apenas de maneira superficial. Muitos simplesmente não conseguiam falar sobre as diferenças de cor da pele e logo retomaram o velho discurso do "todos somos iguais".

Das 66 famílias designadas para falar abertamente sobre amizade inter-racial, apenas seis conseguiram fazê-lo. E todas essas seis crianças melhoraram seu comportamento em relação à discriminação de diferentes raças.

Birgitte terminou seu doutorado e atualmente é professora assistente na Universidade Feminina do Texas, em Dallas. Ao refletir sobre a pesquisa, Birgitte entendeu como havia sido difícil para as famílias: "Muitos dos pais admitiram para mim, mais tarde, que não sabiam o que dizer aos filhos e que não queriam que as crianças falassem algo inapropriado".

Todos desejam que as crianças não se sintam intimidadas pelas diferenças e que detenham certa desenvoltura social para se integrarem em uma sociedade tão diversificada. A questão então é: chamar a atenção sobre as diferentes raças é benéfico ou prejudicial?

Obviamente que vimos observando certas mudanças e marcos em relação a uma nova era no relacionamento racial em todo o mundo, como a eleição do presidente Barack Obama nos Estados Unidos, mas isso não responde a questão se devemos ou não conversar com a criança sobre raça. No mínimo, esse fato colocou o assunto em destaque. Muitos pais ressaltaram explicitamente para seus filhos o fato de Obama ser negro, na tentativa de reforçar a mensagem de que qualquer um pode ser um líder, e todos — seja qual for a cor da pele — podem ter amigos, ser amado e admirado.

Mas muitos ainda acreditam que é melhor não comentar sobre a raça nem a etnia de Obama, pois ao dizer algo sobre o assunto, invariavelmente ensinariam sobre estratificação racial à criança. Eles temem que mesmo um comentário positivo — "É fantástico um negro se tornar presidente" — possa levar a criança a enxergar divisões na sociedade. Para eles, o melhor a fazer é deixar que a criança aprenda pelo exemplo, pois, na verdade, a criança considera normal o que está ao seu redor. Eles consideram que, ao menos durante seus anos de formação, deve-se permitir que as crianças vivam um período em que a cor da pele não faz diferença.

Um estudo de 2007, publicado no *Journal of Marriage and Family*, revelou que de 17 mil famílias com crianças pequenas, 45% afirmaram que nunca ou raramente conversam sobre temas ligados a raça com os filhos. Essa porcentagem engloba os pais de todas as etnias. Contudo, apenas 25% dos pais brancos conversam sobre raça com as crianças; ao passo que 75% de pais de outras raças perceberam essa necessidade e já conversaram sobre o assunto com seus filhos.

Durante décadas, pensou-se que as crianças só enxergavam as diferenças de raças quando a sociedade apontava para elas. Essa abordagem foi compartilhada por boa parte da comunidade científica — o panorama era que a raça era uma questão social, que deveria ficar restrita a discussões de sociólogos e demógrafos. Mesmo assim, pesquisadores da educação infantil começaram a questionar cada vez mais esse posicionamento. Segundo eles, para a criança as diferenças raciais se parecem com a diferença entre o rosa e o azul — mas nós ensinamos às crianças que rosa é para meninas e azul é para meninos; enquanto branco e negro são mistérios que deixamos para eles desvendarem sozinhos.

A criança facilmente desenvolve preferências dentro de um grupo depois de visualizar que há uma diferença. A Dra. Rebecca Bigler, a orientadora de Birgitte, coordenou um estudo em três classes de educação infantil, em que alunos de 4 e 5 anos formaram uma fila e receberam camisetas. Metade das crianças recebeu camisas azuis e metade, vermelhas. As crianças vestiram as camisas por três semanas. Durante esse tempo, os professores não mencionaram aquelas cores e nunca mais separaram as crianças em grupos por cor. Os professores nunca se referiam como os azuis e os vermelhos. A Dra. Rebecca queria ver o que naturalmente aconteceria com as crianças depois que os grupos fossem formados.

As crianças não tinham um comportamento discriminatório. Elas brincavam entre si livremente nos intervalos. Mas quando indagadas a que cor de time era melhor pertencer, ou que time venceria uma corrida, elas escolhiam a própria cor. Elas gostavam mais dos colegas do próprio grupo e acreditavam que eles eram mais inteligentes que os da outra cor.

"Os vermelhos nunca demonstraram ódio pelos azuis. Eles diziam algo como: 'Os azuis são legais, mas não tão bons como nós'", constatou Rebecca. Quando indagavam aos vermelhos quantos vermelhos eram legais, eles respondiam: "Todos". Mas quando perguntavam quantos azuis eram legais, eles respondiam: "Alguns". Alguns azuis eram maus, outros azuis eram burros — mas os vermelhos, não.

A pesquisa coordenada pela Dra. Rebecca aparentemente mostra como as crianças usam qualquer artifício que damos a elas para criar divisões — o que confirma que a raça só se torna um problema se fizermos dela um problema. Então, por que a pesquisadora julga importante falar às crianças sobre raça logo cedo, por volta dos 3 anos de idade?

Segundo ela, as crianças, em seu *desenvolvimento*, são propensas a favorecer seu próprio grupo; elas formam sozinhas essas preferências. As crianças pequenas categorizam tudo, de alimentos a brinquedos, inclusive pessoas. Porém, só com o passar dos anos sua capacidade cognitiva lhes permite usar efetivamente mais de um atributo para categorizar seja lá o que for. Nesse meio tempo, elas adotam como critério a característica mais evidente.

A Dra. Rebecca afirma que quando a criança identifica alguém como sendo a que mais se parece consigo, ela passa a gostar mais dessa pessoa. E a criança estende essa semelhança na aparência para muito além — acreditando que todos que se parecem com ela gostam das mesmas coisas que ela gosta. De forma inversa, tudo o que ela não gosta pertence aos que não se parecem nada com ela. A tendência natural de presumir que seu grupo partilha características comuns — como simpatia, inteligência — recebe o nome de *essencialismo*. Para as crianças, os grupos nunca são aleatórios.

Podemos pensar que estamos criando um ambiente alheio à cor para elas, mas as diferenças de cor de pele, cabelo, peso são como as diferenças de gênero — totalmente evidentes. Não precisamos rotulá-las apara que fiquem salientes. Mesmo que nenhum pai ou professor fale sobre raças, as crianças iram usar as diferenças de cor da pele por conta própria, da mesma forma como usaram as cores das camisetas.

Na última década, psicólogos desenvolvimentalistas iniciaram diversos estudos longitudinais para determinar com exatidão quando as crianças desenvolvem o preconceito, partindo do pressuposto de que quanto mais cedo o preconceito aparece, fica mais evidente que ele é impulsionado pelos processos do desenvolvimento.

A Dra. Phyllis Katz, então professora da Universidade do Colorado, conduziu uma dessas pesquisas — acompanhando cem crianças negras e cem crianças brancas durante os primeiros seis anos de vida. Nesse período, ela testou as crianças e seus pais por nove vezes, sendo que o primeiro teste aconteceu quando elas ainda tinham seis meses.

Como testar um bebê de seis meses? Na realidade, esse é um teste de rotina na pesquisa desenvolvimental. São mostradas fotografias de rostos aos bebês, para medir por quanto tempo eles ficam atentos às fotos. Passar mais tempo olhando para uma foto não é sinal de preferência por aquela foto, nem por aquele rosto. Observar por mais tempo mostra que o cérebro da criança achou aquele rosto extraordinário. Ela o observa por mais tempo em uma tentativa de analisá-lo. Dessa forma, rostos conhecidos, na verdade, recebem menos atenção. A criança passa um tempo visivelmente maior observando fotos de rostos de uma etnia diferente da de seus pais. A raça por si só não tem significado étnico, mas o cérebro da criança nota a diferença de cor da pele e tenta compreender seu significado.

Quando as crianças completaram 3 anos, a Dra. Phyllis mostrou a elas fotografias de outras crianças e pediu para escolher de quais elas queriam ser amigas: 86% das crianças escolheram crianças da mesma raça. Quando as crianças tinham por volta dos 6 anos, a pesquisadora deu a eles um pequeno baralho com figuras de pessoas. Phylis disse às crianças para dividirem as cartas em dois montes como quisessem. Dentre todas as crianças, 16% usaram o critério do sexo para fazer a divisão. Outros 16% usaram diversos outros fatores, como a idade ou o humor mostrado pelos indivíduos. Mas 68% das crianças dividiram as cartas por raça, sem que isso tivesse sido solicitado.

Ao relatar suas descobertas, Phyllis concluiu: "Acho que se pode dizer que em nenhum momento da pesquisa as crianças demonstraram serem alheias à cor da pele, como proposto pela perspectiva rousseauniana, e que muitos adultos esperavam". Phyllis enfatizou que esse período da vida de nossos filhos em que achamos que é melhor *não* comentarmos sobre a questão racial é justamente a fase do desenvolvimento em que o cérebro da criança forma suas primeiras conclusões sobre raça.

Diversos estudos apontam para a possibilidade de janelas de desenvolvimento — estágios em que o comportamento da criança está mais aberto a mudanças. Durante um estudo, professores dividiram seus alunos em grupos de seis crianças, de forma que cada uma delas pertencesse a um grupo étnico diferente. Os grupos se reuniram duas vezes por semana, durante oito semanas. Cada criança do grupo deveria aprender uma parte de alguma matéria e, então, ensinar aos outros cinco colegas. Os grupos receberam notas coletivas. Logo depois, os pesquisadores observaram as crianças no recreio, para verificar se a formação dos grupos teria estimulado o contato inter-racial. Cada vez que uma criança brincava com outra no intervalo, era feito o registro da raça dessa outra criança.

Os pesquisadores constataram uma mudança impressionante nas crianças do 1º ano. A participação nos grupos de estudos inter-raciais estimulou o número de brincadeiras entre crianças de raças diferentes. Contudo, não surtiu efeito nos alunos do 3º ano. É possível que lá pelo 3º ano, quando os pais passam a considerar seguro falar com os filhos sobre a questão racial, a janela de desenvolvimento já tenha se fechado.

Outro conceito arraigado nos pais modernos é o que Ashley e eu passamos a chamar de Teoria do Ambiente Multirracial. Quando uma criança é criada com um grau de exposição razoável a pessoas de outras raças e culturas, o ambiente se torna a própria mensagem. Não há necessidade de falar sobre raça — na verdade, é melhor *não* falar sobre raça. Basta expor a criança a ambientes diversificados e ela passará a encarar tudo com a maior naturalidade.

Essa perspectiva me é familiar, pois foi exatamente essa a postura que minha esposa e eu adotamos quando nosso filho Luke nasceu. Quando ele tinha quatro meses, nós o matriculamos em uma escola localizada em um bairro eclético da cidade de San Francisco. Um dos muitos benefícios dessa escola era a grande diversidade racial. Durante anos ele nunca comentou sobre a cor da pele de ninguém — nem na escola, nem na televisão. Nós também sequer mencionamos algo sobre cor da pele. E achávamos que tudo corria muitíssimo bem.

Até que houve a comemoração do feriado de Martin Luther King na escola, dois meses antes de ele completar 5 anos. Luke saiu da escola, naquela sexta-feira, e começou a apontar para todo mundo na rua; ele anunciava, todo orgulhoso: "Aquele ali veio da África. E ela também veio da África!". O tom de voz dele era de uma altura desconcertante. Com certeza haviam lhe ensinado sobre como categorizar a cor da pele, e ele estava deslumbrado com seus novos conhecimentos. "As pessoas de pele marrom vieram da África", ele repetia. Luke não tinha aprendido os nomes das raças — ele não havia escutado a palavra "negro" e se referia a nós como pessoas de pele branca rosada. Ele enunciou bem alto o nome de todo os alunos de "pele marrom" da classe dele — o que era praticamente metade da turma.

Senti-me incomodado pelo fato de a escola não nos ter avisado a respeito da aula sobre as raças. Mas o entusiasmo do meu filho foi revelador. Ficou claro que ele estava intrigado com a questão há algum tempo e pareceu aliviado por ter finalmente desvendado a questão. A cor da pele era um sinal das raízes ancestrais.

No ano seguinte, ouvimos um dos coleguinhas brancos dele falando sobre a cor de sua pele. Como eles não sabiam como se referir à própria cor, usavam a frase "pele como a nossa". Por fim, esse conceito *nossa* x *deles* começou a adquirir sentido próprio. A cor da pele havia ganhado destaque na busca por sua identidade. Pouco depois, ouvi o mesmo garoto branco dizer para meu filho: "Os pais não gostam que a gente fale sobre a cor da pele, então não fale na frente deles".

Mesmo assim, nosso filho tocou no assunto. Assistindo a um jogo de basquete conosco ele disse: "Aquele cara é o meu favorito", e apontou com o dedo para a TV, completando: "Aquele com a pele igual a nossa". Eu o cobri de perguntas e finalmente consegui entender o que estava acontecendo. Meu garotinho havia se dado conta de seu cabelo castanho-claro encaracolado. O cabelo dele nunca seria igual ao dos jogadores negros. Já o jogador branco do Golden State Warriors, natural da Letônia, tinha um cabelo bonito da mesma cor do cabelo do meu filho. Aquele era o cara com quem ele achava dividir raízes. Meu filho estava em busca de sua identidade e procurando por modelos a seguir. Raça e tipo de cabelo haviam se tornado parte da fórmula da identidade. Fazer cestas de três pontos e enganar a defesa fechada, não.

Continuo a me surpreender. Como pai, procuro lidar com essas situações sem rodeios; assim, expliquei a ele que é errado escolher um amigo, ou eleger alguém como seu favorito, com base apenas na cor da pele ou do corte de cabelo. Mostramos a ele que alguns dos nossos amigos não fariam parte da nossa vida se tivéssemos escolhido nossas amizades pela cor da pele. Ele entendeu a mensagem e, com o tempo, não só aceitou, como acabou incorporando a lição. Agora ele fala abertamente sobre igualdade e sobre o equívoco que é a discriminação.

Não foi fácil compreender os impulsos iniciais do meu filho naquela época, sem o conhecimento que tenho agora. Eu achava que o racismo era ensinado. Como uma criança que cresceu em um ambiente não racista podia demonstrar espontaneamente preferências de raça? Quando o ambiente do qual tanto nos orgulhávamos deixou de ser a referência dele?

A Teoria do Ambiente Multirracial é o princípio que serve de base para o fim da segregação, atualmente. Tal qual a maioria das pessoas, presumi que, após 30 anos de não segregação na escola, deveria existir inúmeros registros de pesquisas científicas comprovando que a Teoria do Ambiente Multirracial funcionava. Assim, Ashley e eu entramos em contato com os estudiosos que tabularam essas pesquisas.

Por exemplo, o Dr. Gary Orfield coordena o Projeto de Direitos Humanos, um grupo de pensadores que durante anos pertenceu à Universidade de Harvard e que se transferiu para a UCLA. Em meados de 2007, Orfield e uma dezena de estudiosos redigiram um parecer para a Suprema Corte dos Estados Unidos apoiando o fim da discriminação em Louisville (Kentucky) e em Seattle (Washington). Depois de concluído o documento de 86 páginas, Orfield enviou-o por e-mail para todos os cientistas sociais de sua lista de contatos e recebeu 533 assinaturas de apoio. Nenhum renomado escritório de direito deu sua chancela. E Orfiled ficou satisfeito por ser resultado do trabalho de cientistas e não de advogados; assim, sua integridade e sua imparcialidade estavam preservadas. "Foi a legítima voz das ciências sociais", lembrou.

Mas, no fundo, Orfield sentiu certa frustração, para não dizer raiva. Ele admitiu que o embasamento científico da proposição feita estava longe de ser o que ele esperava. Apesar das mais de mil pesquisas a sua disposição sobre os efeitos do fim da discriminação, ele se confessou surpreso por nenhuma delas ser longitudinal. Elas têm um efeito considerável, mas devem ser conduzidas da forma correta. Simplesmente jogar crianças de raças distintas juntas em uma escola não é a forma ideal, pois elas podem se autodiscriminar dentro da escola. O pesquisador lamentou a falta de verba para treinar professores. "Fiquei deprimido por ver que tão pouco dinheiro foi investido para descobrir os benefícios da integração", relembrou Orfield ao analisar os dados científicos que embasam a questão.

Essa ambiguidade fica clara no texto do parecer. Cientistas evitam exagerar o caso. Portanto, os benefícios do fim da segregação são qualificados por expressões como "pode levar" e "pode melhorar". "Uma simples integração escolar não é uma solução milagrosa", concluiu o artigo.

A Dra. Rebecca, da Universidade do Texas, foi uma das colaboradoras do relatório e esteve muito empenhada em sua elaboração. Sua avaliação sobre o que foi constatado é mais direta que a de Orfield. "No final, fiquei desapontada com a quantidade de provas que a psicologia social recolheu", disse ela. "Frequentar escolas mistas oferece tantas oportunidades para desenvolver estereótipos quanto para eliminá-los."

Chamar a atenção para isso é quase um tabu. A Dra. Rebecca é uma firme defensora do fim da segregação em escolas, por razões morais. "Aumentar a segregação seria um enorme retrocesso", ela explica. Mas é importante que os pais saibam que apenas colocar seus filhos em uma escola multirracial não garante que seu comportamento discriminatório será melhor do que o dos alunos de escolas unirraciais.

A questão da raça parece ser ainda mais complexa quando comparada a outros fatores de preconceito e discriminação. O Dr. Thomas Pettigrew, da Universidade da Califórnia, em Santa Cruz, analisou mais de 500 pesquisas, todos os exemplos de como a exposição ao outro poderia reduzir o preconceito. Os estudos mais bem-sucedidos não foram aqueles sobre preconceito racial, mas sim sobre o preconceito contra os portadores de deficiências, idosos e gays. Os estudos de outros países apresentaram sucesso, como a diminuição do preconceito entre judeus e palestinos, ou negros e brancos na África do Sul. No que diz respeito à raça nos Estados Unidos, os estudos só mostraram benefícios modestos e consistentes entre universitários. Em escolas de ensino fundamental e médio, a história é outra.

Recentemente o Projeto de Direitos Humanos analisou alunos de 1º ano do ensino médio de seis cidades dos Estados Unidos. Uma delas foi Louisville, onde aparentemente a luta contra o preconceito apresentou os benefícios esperados. Um levantamento com alunos no início do ensino médio revelou que mais de 80% dos alunos (de todas as raças) consideram que sua experiência escolar contribuiu para sua integração e bom relacionamento com pessoas de outras raças e grupos étnicos. Para mais de 85%, a diversidade em sua escola os preparou para trabalhar em ambientes de trabalho diversificados.

Porém, em outras cidades, o panorama não se revelou tão promissor. Localizada 16 quilômetros ao norte de Boston, em Massachusetts, Lynn costuma ser considerada um exemplo de diversidade racial e um modelo bem-sucedido do fim da segregação. Quando seus alunos do 1º ano do ensino médio responderam a um levantamento sobre se preferiam viver em uma vizinhança multirracial quando adultos, mais de 70% dos alunos de raças diversas (exceto caucasianos) afirmaram que sim, enquanto apenas 35% dos brancos responderam a mesma coisa.

Walter Stephan, professor emérito da Universidade Estadual do Novo México, dedicou a vida a estudar o comportamento discriminatório dos alunos após estudarem um ano em escolas multirraciais. Ele constatou que em 16% das escolas multirraciais examinadas, o comportamento dos brancos em relação aos negros melhorou. Em 36% das escolas, não houve diferença. Em 48% das escolas, o comportamento de alunos brancos em relação aos negros *piorou*. Walter não é segregacionista — ele também assinou o parecer para a Suprema Corte dos Estados Unidos e é um dos mais respeitados estudiosos na área.

O aspecto negativo das escolas nas quais há diversidade é que elas não necessariamente estimulam mais amizades inter-raciais. Com frequência é o contrário.

James Moody, da Universidade Duke, um especialista sobre como adolescentes formam e mantêm redes sociais, analisou os dados de 90 mil adolescentes de 112 escolas diferentes de todas as regiões dos Estados Unidos. Foi solicitado aos alunos listar seus cinco melhores amigos e suas cinco melhores amigas. James relacionou a etnia do aluno com a raça de cada um dos amigos indicados e então comparou o número de relacionamentos inter-raciais de cada aluno proporcionalmente à diversidade geral da escola.

Moody constatou que quanto maior a diversidade racial na escola, mais os alunos se autossegregavam por raça e etnia no ambiente escolar e, assim, a probabilidade de que duas crianças de diferentes raças se tornassem amigas *diminuía*.

Como consequência, os alunos de 7º a 9º anos do ensino fundamental e os alunos do ensino médio experimentam duas circunstâncias sociais completamente antagônicas diariamente. A primeira circunstância é inspiradora — em que muitos alunos têm um amigo de outra raça. A segunda circunstância é trágica — em que *a maioria* dos jovens prefere se relacionar com seus pares. É essa dinâmica escolar que vem se tornando mais e mais visível com o aumento da convivência multirracial. Conforme o adolescente circula pela escola, ele encontra mais grupos para os quais se julga desqualificado por causa de sua raça, há mais mesas na cantina em que não se sente à vontade para se sentar e existem mais linhas imaginárias que é um tabu poder cruzá-las. E não há como fugir disso, mesmo que ele tenha amigos de outras raças.

É verdade que, em cada atividade extracurricular que um aluno faz, em uma turma com colegas de outras raças, a probabilidade de que eles se tornem amigos aumenta. Contudo, o que é mais surpreendente na análise de Moody é o fato de ele ter levado isso em consideração. Moody incluiu controles estatísticos sobre atividades, esportes, registros acadêmicos e outras condições estruturais da escola que costumam contribuir para diminuir, ou aumentar, a segregação dos alunos dentro da escola. E a regra se confirmou: maior diversidade se traduz em maior divisão entre os alunos.

Depois de analisar as redes de amizades de adolescentes, uma equipe da Universidade da Carolina do Norte confirmou a avaliação de Moody. "As escolas com maior diversidade supostamente proporcionam um maior contato inter-racial e, por isso, haveria uma maior chance de se formarem possíveis grupos de amigos inter-raciais", explicaram. Mas essa oportunidade vinha sendo desperdiçada: "A probabilidade de grupos inter-raciais efetivamente se tornarem amigos diminui em escolas com maior diversidade".

Esse maior número de oportunidade de interação representa, efetivamente, *também* um maior número de oportunidade de rejeição. E é isso que vem acontecendo.

"Tem havido uma nova onda de segregação entre jovens no ensino fundamental, no médio e nos campi de universidades", escreveu Brendesha Tynes, da Universidade de Illinois, em Urbana-Champaign. E ela conclui: "Mesmo em escolas multirraciais, há poucas relações inter-raciais entre os jovens fora da sala de aula, pois o desejo de ficar com o próprio grupo étnico frequentemente desestimula a interação entre os alunos".

Exposto isso, a chance de o melhor amigo de um aluno branco do ensino médio norte-americano ser de raça diferente da dele é de apenas 8%. Essa tendência praticamente não melhora em relação ao segundo "melhor amigo", nem ao terceiro, e nem ao quarto "melhor amigo". No caso dos negros, as coisas não são diferentes: o melhor amigo de 85% dos adolescentes negros também é negro. Normalmente, os amigos de raças distintas tendem a compartilhar uma única atividade, em vez de múltiplas atividades; como resultado, essas amizades estão mais sujeitas a se desfazer ao longo do tempo, conforme a criança passa do ensino fundamental para o ensino médio.

É tentador assumir que, em virtude de a sua geração ser tão diversificada, as crianças e os jovens de hoje crescem sabendo como se relacionar bem com pessoas de todas as raças. No entanto, diversos estudos sugerem que, na verdade, isso é mais mito do que fato.

Talvez isso não sirva de nada, mas não posso deixar de questionar: será que a trajetória da luta contra a segregação seria complicada se os pais a defendessem, em lugar de se calar?

* * *

Será mesmo tão difícil conversar com os filhos sobre a questão racial quando eles são pequenos? O que mais impressionou Phyllis Katz em sua pesquisa com 200 crianças negras e brancas foi o fato de os pais se sentirem à vontade para falar com os filhos sobre gênero, e de se esforçarem bastante para evitar que o estereótipo menino–menina se estabeleça. Esse deveria ser nosso modelo para falar sobre raça. Da mesma forma que dizemos às nossas filhas que mães podem estudar medicina tanto quanto os pais, devemos dizer a todas as crianças que pode haver médicos de todas as raças. Não é complicado saber *o que dizer*. É apenas uma questão de com que frequência se deve reafirmar a mensagem.

Ralhar com a criança por ter feito um comentário indiscreto é um reflexo instintivo, mas é certamente a atitude errada. Inclinado a categorizar, é impossível para o cérebro da criança não tentar generalizar as regras dos exemplos que vê. É mais do que embaraçoso quando uma criança, inocentemente, faz comentários discriminatórios em relação à cor da pele, como: "Só as crianças de 'pele marrom' podem tomar o café da manhã na escola", ou "Você não pode jogar futebol, você é branco, então deve jogar vôlei". Mas mandá-la ficar quieta apenas reforça que esse é um assunto proibido, tornando a raça um tema ainda mais grave e intimidador.

Crianças pequenas tiram conclusões de dar arrepio nos pais, mesmo que já tenham visto exemplos que contradigam esses pensamentos. As crianças não absorvem passivamente o conhecimento; pelo contrário, elas são construtoras ativas de conceitos. A Dra. Rebecca viu muitos casos em que as crianças distorcem suas lembranças dos fatos para se enquadrarem em categorias previamente formadas em sua mente. A necessidade do cérebro de encaixar tudo perfeitamente em categorias é ainda maior aos 7 anos de idade do que aos 5; assim, ao defender suas categorias, um aluno de 2º ano pode fazer mais distorções do que um aluno da educação infantil. Para os pais, pode parecer que o filho está regredindo na capacidade de compreender um mundo cheio de diversidade, em vez de progredir.

As pesquisas revelaram que para os diálogos sobre raça serem efetivos, eles precisam ser explícitos e usar termos claros que as crianças compreendam. Uma amiga minha dizia incessantemente para o filho de 5 anos:

— Lembre-se: somos todos semelhantes.

Ela achava que estava se saindo bem ao passar a mensagem, mas depois de sete meses ouvindo isso, o garoto finalmente perguntou:

— Mamãe, o que quer dizer semelhante?

A Dra. Rebecca conduziu uma pesquisa em que crianças leram biografias curtas de personagens históricos negros. Por exemplo, pela biografia de Jackie Robinson, elas souberam que ele havia sido o primeiro jogador negro a entrar para a liga principal do beisebol. Mas apenas metade do grupo ficou sabendo que, anteriormente, ele havia sido relegado às ligas de negros e era insultado pelos torcedores brancos. Esses fatos haviam sido omitidos na versão da biografia apresentada a outra metade das crianças.

Depois de duas semanas de aulas de história, foi realizado um levantamento sobre o comportamento discriminatório das crianças. As crianças brancas que tiveram acesso à biografia sem cortes ficaram cientes dos fatos sobre a discriminação racial histórica e demonstraram uma melhora visível no trato com os colegas negros. A informação é poderosa. Segundo a pesquisadora, ela contribuiu ainda com um pequeno sentimento de culpa, fazendo cair por terra a visão sublimada dos indivíduos brancos. Foi impossível justificar a superioridade do seu grupo racial.

A Dra. Rebecca teve o cuidado de não aprofundar demais as conclusões de sua pesquisa sobre o atleta Jackie Robinson. Ela observa que as biografias eram explicitas em relação à discriminação *histórica*; e que se os alunos tivessem lido histórias de discriminação contemporânea nos jornais atuais, é bem possível que os brancos tivessem ficado na defensiva e que os negros só tivessem se revoltado mais contra os alunos brancos.

Outra estudiosa se aproximou bastante de uma resposta para esse fato. April Harris-Britt, psicóloga e professora assistente da Universidade da Carolina do Norte, em Chapel Hill, pesquisa de que maneira pais de uma minoria ajudam seus filhos a desenvolver sua identidade racial quando pequenos. Todos os pais de um grupo minoritário, em algum ponto, alertam os filhos sobre a existência da discriminação e não permitem que isso os detenham. Mas esses diálogos não nascem de comentários feitos pelas crianças, e sim porque o pai é vítima de um episódio de discriminação que o leva a concluir que é hora de preparar o filho para a realidade.

Se isso é bom para eles? April concluiu que o alerta sobre o preconceito foi benéfico para as crianças, e era necessário — 94% dos alunos de 8º ano revelaram à April que haviam sofrido algum tipo de discriminação nos três meses anteriores. Mas, se as crianças fossem prevenidas sobre o preconceito com frequência, em vez de só ocasionalmente, elas não estariam propensas a atribuir seu sucesso ao esforço, mas sim inclinadas a relacionar seus fracassos aos professores, que eram acusados de ter preconceito contra as crianças.

April observa que, por ironia, previsões frequentes de discriminação se tornam tão maléficas quanto as discriminações propriamente vividas e, segundo ela, o destaque exagerado a esse tipo de acontecimento reforça para as crianças e os jovens a mensagem de que o mundo será hostil, que eles não serão valorizados, e que a vida é assim mesm

Mas prevenir sobre o preconceito não é a única abordagem existente para falar aos filhos sobre raça. Segundo April, outro grande trunfo para o diálogo é o orgulho étnico. Desde muito pequenas, as crianças de grupos minoritários são preparadas para sentir orgulho de sua herança étnica. Ela constatou que isso fortalecia muito a autoconfiança das crianças — em uma pesquisa, observou que crianças negras que haviam ouvido mensagens sobre orgulho étnico se dedicavam mais aos estudos e eram mais propensas a creditar seu sucesso a seu esforço e sua capacidade.

Isso nos leva à pergunta que ocorre a todos, mas poucos ousam fazer: se o "orgulho negro" é benéfico para as crianças afrodescendentes, como ficam as crianças brancas nesse contexto? É terrível imaginar crianças sentindo orgulho por serem brancas, mas diversos estudiosos afirmam que é exatamente o que o cérebro delas já anda pensando. Assim como as crianças negras sabem que pertencem a um grupo étnico minoritário, que historicamente enfrentou diversos impasses em virtude da cor da pele, mas que sempre lutou muito para melhorar sua posição na sociedade e adquirir o respeito dos outros cidadãos, e sentem orgulho por esse passado engajado que reflete em conquistas hoje, grande parte das crianças brancas passou a perceber que, ao longo da história das sociedades, seu grupo sempre teve muito poder e riqueza, detendo por diversas vezes o controle de outros grupos raciais, o que lhes dá segurança, para não dizer confiança. Logo, aos olhos delas, a ideia de orgulho não seria apenas detestável — seria redundante.

O trato com os adolescentes fica mais fácil se levarmos em consideração que a tendência de formar grupos e "panelinhas" é um aspecto cultural. Atualmente, em uma sociedade ocidental, a individualidade é muito estimulada. As crianças têm abertura para firmar suas preferências e definir sua personalidade segundo o que lhes agrada ou não. Elas aprendem a enxergar as diferenças. E embora o objetivo final seja descobrir a própria identidade, durante o ensino médio essa busca se manifesta por meio da formação e adesão a subgrupos distintos. Assim, por ironia, quanto mais a cultura enfatiza o individualismo, mais os adolescentes se refugiam em seus pares. Já os orientais dão mais importância à harmonia social que ao individualismo, desestimulando suas crianças a mostrar suas preferências pessoais. Assim, são raros os grupinhos e panelinhas na escola orientais.

Pertencer a um grupo dá uma segurança mais concreta, ao menos para os adolescentes. Queira ou não, as características que definem essa associação são vitais para essa fase do desenvolvimento. Os pesquisadores da Universidade de Michigan investigaram o poder da necessidade de pertencimento e de que maneira ela afeta um adolescente.

Em prol da pesquisa, cem alunos negros do ensino médio de Detroit compareceram para uma entrevista. Cada adolescente teve de avaliar a tonalidade da própria pele e classificar se era pardo ou negro. A seguir, os pesquisadores perguntaram sobre o grau de confiança nos círculos sociais e na escola. As escolas haviam fornecido as médias dos estudantes. No caso dos garotos, em especial, os que informaram ser negros tinham as melhores notas, além de apresentarem as maiores taxas de aceitação social e confiança acadêmica. Os garotos que se consideravam pardos eram menos seguros socialmente e no desempenho escolar.

Em seguida, a pesquisa foi repetida com alunos de outras origens étnicas.

Os pesquisadores concluíram que o bom desempenho escolar poderia levar um jovem de um grupo minoritário a ser acusado de "agir como a elite". Os adolescentes se autodenominavam negros e se reconheciam claramente como fazendo parte daquela minoria comunitária, se mostravam mais protegidos contra esse insulto e tinham segurança para agir diferente do estereótipo da minoria. Mas os que se consideravam apenas pardos — nem brancos, nem negros — se mostravam mais vulneráveis dentro do grupo. Por isso tentavam reforçar seu status de pertencimento ao grupo, agindo segundo um modelo de identidade pré-estipulado, ainda que estereotipado.

Ao longo de nossa pesquisa, ouvimos muitas histórias sobre a dificuldade das pessoas — de pais a professores — em abordar a questão racial com as crianças. Para alguns, a conversa surgia com um comentário embaraçoso da criança em público. Outros alegaram terem sido obrigados a tratar da questão por conta de um casamento inter-racial ou uma adoção de uma criança de outra etnia. E havia ainda os que queriam apenas expor os filhos a um ambiente multirracial, se questionando se o momento certo era aquele.

Mas a história que mais nos tocou foi a de uma cidadezinha rural de Ohio. Duas professoras do 1º ano, Joy Bowman e Angela Johnson, permitiram que Jeane Copenhaver-Johnson, uma professora da Universidade do Estado de Ohio, assistisse às suas aulas durante o ano letivo. Das 33 crianças, cerca de dois terços se identificaram como "brancos" ou até mesmo "caipiras", e o restante era composto de negros ou mestiços.

Em dezembro, após um mês do início do estudo de Jeane, as professoras decidiram dar continuidade às histórias natalinas que já haviam lido para suas turmas; assim, apresentaram o conto *A véspera do Natal*, uma versão de Melodye Rosales da história clássica de Clement Moore.

Com a sala já enfeitada para o Natal, a professora Angela reuniu todos os alunos da sua turma do 1º ano em círculo no carpete, para a hora da leitura. Com o início da historinha, as crianças ficaram animadas com a narração sobre uma família que aguardava a chegada do Papai Noel. Algumas crianças começaram a contar sobre os enfeites de Natal que fizeram e a expectativa da chegada do Papai Noel em suas casas. Mas algumas outras crianças estavam inquietas. Elas se mostravam intrigadas com a novidade da história: a família aconchegada em suas camas era negra.

A seguir, houve o famoso barulho no telhado. Quando a professora virou a página, as crianças se inclinaram para ver o Papai Noel e seu trenó.

E viram que o Papai Noel era negro.

— Ele é negro! — uma garota loirinha exclamou.

E um outro garoto loiro completou:

— Pensei que ele fosse branco!

Na mesma hora, as crianças se puseram a conversar sobre a grande novidade.

Mesmo aos 6 anos, as crianças ainda estavam convictas de que Papai Noel realmente existia. Sobre isso não havia dúvida. Mas, de repente, surgiu um enorme ponto de interrogação: será que o Papai Noel era negro? E se fosse, o que isso significava?

Embora algumas das crianças negras da classe estivessem satisfeitas com essa possibilidade, outras estavam ressabiadas. Algumas das crianças brancas a princípio descartaram a ideia — um Papai Noel negro seria irreal. Entretanto, até mesmo a garotinha mais convicta de que o Papai Noel verdadeiro só podia ser branco aceitava a hipótese de um substituto negro, caso o de verdade estivesse doente. E ela acompanhou animada a frase final do Papai Noel negro: "Feliz Natal para todos vocês! Durmam bem!". Uma outra loirinha que o rejeitara no começo acabou admitindo que ele poderia ser um "ajudante do Papai Noel". E, ao final da história, ela se perguntava se esse Papai Noel não seria um primo ou irmão do Papai Noel branco que eles conheciam. Ela continuava precisando acreditar que um Papai Noel branco iria à casa dela, mas as concessões feitas, sem dúvida, eram surpreendentes após apenas dez páginas de leitura.

Jeane retornou ainda naquela semana, para assistir ao mesmo exercício em outra turma. Os argumentos levantados foram similares. Algumas crianças aventaram a possibilidade de que o Papai Noel fosse uma mistura de branco e negro — talvez ele fosse algo intermediário, como um índio. Um garoto sugeriu que houvesse dois papais noéis, que seriam amigos e se revezariam para entregar os presentes. Quando Joy, a professora, aparentemente cometeu a gafe de dizer que ela nunca havia visto o Papai Noel, as crianças a corrigiram imediatamente: elas sabiam que todo mundo já havia visto o Papai Noel no shopping center. Mas não que isso pudesse explicar o impasse.

Nas duas salas, o debate se estendeu acalorado por uma semana, até a festa da escola. O Papai Noel era esperado, e eles tinham certeza de que seria o verdadeiro.

Eis que o Papai Noel compareceu à festa — e ele era negro. Exatamente como o livro ilustrado.

As crianças negras ficaram exultantes, pois estava provado que Papai Noel era negro. Algumas das crianças brancas argumentaram que ele era magro demais e que o Papai Noel verdadeiro era o branco e gorducho de uma loja próxima à escola. Mas uma das garotinhas brancas afirmou que ela tinha encontrado com ele e que, com certeza, o Papai Noel era negro.

Amy, uma das crianças brancas que propôs a teoria do Papai Noel mestiço, desistiu da ideia depois de conhecer o Papai Noel negro. Mas lhe ocorreu que o negro visitava as casas de famílias negras, enquanto o Papai Noel branco entregava os presentes das crianças brancas. Então, um garoto negro ficou intrigado se aquele Papai Noel iria se encarregar das crianças brancas também, ou se ele iria passar os pedidos de brinquedos deles para o Papai Noel branco — que devia estar escondido por aí.

Outro menino negro, Brent, continuava encafifado. Ele queria muito que o Papai Noel negro fosse o verdadeiro, mas não tinha certeza. Então foi corajosamente tirar a dúvida com ele:

— Não existem papais noéis negros! — Brent insistiu.

— Filho, de que cor você está vendo que eu sou? — perguntou o Papai Noel.

— Negro, mas debaixo das suas meias pode não ser!

— Dá uma olhada — Papai Noel levantou a perna da calça, para Brent ver sua pele.

Alegre, o menino se convenceu.

— O Papai Noel é negro! — exclamou. — Ele tem pele escura e suas botas são pretas, iguais às do Papai Noel branco.

Um conto sobre um Papai Noel negro não foi suficiente para mudar as convicções das crianças. Não acabou de vez com os estereótipos. Quando a professora pediu que desenhassem um papai noel, mesmo as crianças negras, em êxtase com o Papai Noel igual a elas, desenharam um velhinho de pele alva, tão branca quanto sua barba.

Mas a surpresa foi que o livro sobre o Papai Noel estimulou as crianças a discutir sobre a diversidade de raças sob uma perspectiva totalmente nova. Sendo que suas dúvidas renderam um ano inteiro de debates sobre a questão racial.

No final do ano letivo, as professoras já haviam incorporado aos estudos livros que discutiam abertamente o racismo. Alunos negros e brancos trabalhavam em conjunto em projetos sobre Martin Luther King Jr., e ao lerem um livro sobre o movimento dos direitos civis, tanto um aluno negro quanto um branco perceberam que o livro não fazia menção a pessoas brancas e, incomodados, decidiram procurar quando, ao longo da históra, surgiu a divisão entre brancos e negros.

QUATRO

Por que as crianças mentem?

Apesar do valor atribuído à honestidade, as pesquisas são claras. Na verdade, as estratégias clássicas para estimular a sinceridade apenas levam crianças e jovens a mentir melhor.

Ashley e eu fomos a Montreal visitar o laboratório de pesquisas da Dra. Victoria Talwar, uma das maiores especialistas em comportamento mentiroso infantil. Victoria é uma jovem de cabelos negros, com um sotaque incomum resultante da mistura de suas origens irlandesa e indiana, educada na Inglaterra, e com estágios em instituições nos Estados Unidos, Escócia e Canadá. Seu laboratório fica em um casarão em estilo gótico, de frente para o campus principal da Universidade McGill.

Victoria não perdeu tempo e nos recrutou para um de seus estudos em andamento. Fomos para uma saleta com duas de suas alunas, Simone Muir e Sarah-Jane Renaud, incumbidas de mostrar a mim e a Ashley oito vídeos de crianças relatando um episódio de humilhação a que foram submetidas. Nosso papel era apontar quais crianças estavam dizendo a verdade e quais haviam inventado a história, além de quantificar o quanto estávamos seguros de que nossa avaliação estaria correta.

As crianças tinham de sete a 11 anos de idade. Cada vídeo começava com uma entrevistadora adulta fazendo uma pergunta à criança, para dar início ao relato, como: "Conte-me: o que aconteceu quando você foi ao Burger King?". A seguir, a criança tinha 2,5 minutos para contar a passagem, sendo eventualmente instigada pela entrevistadora a contar os detalhes. Aqueles mais de dois minutos eram tempo demais para as crianças, uma oportunidade para que elas incluíssem detalhes incoerentes e sinais que poderiam revelar sua mentira.

Esse formato foi planejado para reproduzir as condições de crianças que testemunham em casos no tribunal, que foi onde os estudos da ciência moderna sobre as mentiras das crianças tiveram início. Mais de cem mil crianças testemunham nos tribunais norte-americanos todos os anos, geralmente, em casos de disputa de custódia ou violência.

Nesses casos, muitas vezes as crianças são orientadas por alguém que molda a versão delas. Da mesma forma, as crianças do estudo de Victoria também receberam uma rápida orientação dos pais, na noite anterior. Para fazer os vídeos, cada criança ensaiou uma passagem verídica e uma história inventada, sendo que ambas foram contadas para a entrevistadora durante a gravação. A própria entrevistadora não sabia qual das histórias era a verdadeira. Na sequência, apenas uma das histórias de cada criança foi incluída na fita final. A escolha foi totalmente aleatória, sem qualquer ligação com o desempenho da criança ao mentir.

A adorável garotinha do caso do Burger King contou como um rapaz havia lhe provocado por ela ser chinesa, e que ele, inclusive, jogou batata frita no cabelo dela. Gelei — será que um estranho atiraria batata frita no cabelo de uma garotinha? Ela era tão novinha! Mesmo assim, a história veio repleta de detalhes, completa. Seria ensaiada? Por um palpite, marquei essa como sendo inventada, mas anotei que minha segurança era zero. E minha segurança em opinar sobre as histórias das duas crianças seguintes não aumentou.

— Isto é *difícil* — comentei, surpreso por não chegar a uma conclusão imediata. Cheguei mais perto do monitor de vídeo e aumentei o volume ao máximo.

Outra garota contou que sofreu provocações e foi rechaçada por seu grupinho de amigos depois de tirar a nota máxima em uma prova de matemática. A história dela precisou de bastante interferência da entrevistadora para sair e me pareceu verdadeira, infantil.

Depois do teste, Ashley e eu conferimos os resultados; para meu espanto, acertei apenas quatro; Ashley, apenas três.

Nossos resultados não destoaram da maioria. Victoria submeteu centenas de pessoas a esse teste e, de forma geral, seus resultados não foram muito melhores que isso. As pessoas simplesmente não sabem discernir quando as crianças estão mentindo. E os resultados também se mostraram tendenciosos — acredita-se que as meninas são mais sinceras que os meninos, quando, na verdade, eles não mentem mais do que elas. Acredita-se também que as crianças menores são mais propensas a mentir, quando na verdade é o contrário. E, por fim, acredita-se que os introvertidos são menos sinceros, mas eles raramente mentem, por não terem o traquejo social necessário para convencer com uma mentira.

Muitos detectores de mentira existentes foram desenvolvidos a partir dos padrões verbais e não verbais das mentiras dos adultos, mas eles têm apenas um aproveitamento estatístico. Tom de voz, dilatação da pupila, movimento do olho, falta de detalhes sensoriais e narrativa cronológica são algumas das indicações de mentira em adultos. No entanto, ao se deparar com um inesperado desvio padrão desses comportamentos em crianças, seguir esses indicadores, na maioria das vezes, é tão seguro quanto tentar a sorte.

Da mesma forma, os policiais se saem pior do que se tivessem chutado uma resposta ao acaso — acertam somente cerca de 45%. Já os agentes de imigração são treinados para entrevistar crianças durante o processamento de entrada de estrangeiros e rapidamente identificar se a criança foi levada de seus pais. Ainda assim, o desempenho deles no teste de Victoria também não foi melhor do que se tivessem dado respostas aleatórias.

Simone e Sarah-Jane, as alunas de Victoria, já exibiram diversas versões da experiência a pais e professores. E, segundo Simone, os professores têm um índice de acerto de 60%, um resultado superior ao que obteriam se tivessem arriscado uma resposta sem analisar os vídeos. Mas eles ficam muito contrariados por não terem acertado 100% e afirmam que se sairiam melhor com seus próprios alunos.

Do mesmo modo, o primeiro argumento de defesa usado pelos pais com relação à tendência de mentir do filho é: "Sei muito bem dizer quando ele está mentindo". Mas a Dra. Victoria provou que isso é um mito.

Alguém pode alegar que as histórias desses vídeos sobre *bullying* não são como as mentiras de verdade, que são inventadas sob pressão. Elas foram conduzidas e as crianças não estavam tentando se livrar de nada.

Porém, a Dra. Victoria tem diversas experiências em que ela instiga as crianças a trapacear no jogo, uma posição que lhes permite mentir de verdade para encobrir sua trapaça. Isso tudo também foi gravado e mostrado aos pais da criança em questão, que, ao responderem se o filho estaria dizendo a verdade ou não, tiveram um índice de acerto um pouco superior do que a probabilidade aleatória.

E eles também não encaram esse resultado numa boa. Sarah-Jane conta que ao telefone, durante o agendamento da experiência, os pais estavam certos de que o filho não iria mentir. Victoria explicou que inúmeros pais chegam a seu laboratório com a intenção deliberada de usar o 1desempenho do filho para provar a um especialista que eles são pais maravilhosos.

O preconceito em relação ao fato real torna difícil a aceitação do resultado. No dia seguinte, pudemos comprovar isso.

— Meu filho não mente — insistiu Steve, um pai na faixa dos 30 anos, com aparência cansada, ao observar o filho Nick, um garoto ávido de 6 anos, entretido jogando bolinhas de gude com uma aluna da Universidade McGill.

Steve tinha muito orgulho do filho, que descrevia como simpático e muito sociável. Ele fez Nick proferir uma incrível série de somas aritméticas que sabia de cor, como se isso fosse prova da sinceridade do filho.

Então, Steve amenizou um pouco sua negação categórica. "Bem, eu nunca o ouvi mentir." Mas, talvez, isso ainda fosse um pouco taxativo. "Com certeza ele deve contar alguma mentirinha, mas eu ficaria surpreso ao ouvir." Ele havia levado o filho até lá depois de ver um anúncio da Dra. Victoria em uma revista sobre criação de filhos, que dizia: "Seu filho sabe distinguir a verdade da mentira?". Mas na verdade, Steve parecia arrasado. Ele tinha curiosidade em saber se Nick mentiria, mas não tinha certeza se queria ou não ouvir a resposta. A hipótese de que seu filho estava sendo desonesto com ele era perturbadora demais.

A semana de Steve seria agitada, pois a Dra. Victoria acabava de lhe pedir para registrar cada mentira que seu filho contasse, durante os sete dias seguintes. E eu tinha certeza de que o filho dele mentia, pois o havia visto mentindo.

Nick achou que passaria uma hora se divertindo com uma porção de jogos e duas moças simpáticas. Depois de brincar de bolinha de gude no animado salão de jogos, ele disputou diversos desafios contra as pesquisadoras, uma de cada vez. Ele não tinha a menor pressa de ir embora do laboratório, com suas paredes amarelas decoradas com dezenas de desenhos de crianças e prateleiras repletas de brinquedos. Todos o elogiaram bastante e ele ainda havia ganhado dois presentes: um carrinho bem bacana e uma coleção de dinossauros de plástico.

O que o garoto do 1º ano não sabia era que, mesmo divertidos, aqueles jogos na realidade eram uma bateria de testes psicológicos, e que as duas moças eram pesquisadoras treinadas da equipe de Victoria, doutorandas em psicologia infantil. Outro fato crucial ignorado por Nick era que, enquanto ele jogava em dupla, cada palavra e gesto seu tinham sido gravados por uma câmera oculta. Ashley e eu acompanhamos tudo por um monitor, em uma sala ao lado.

Nick trapaceou, mentiu uma vez, mentiu duas vezes, depois tornou a mentir. E o fez sem hesitar, sem o menor pingo de remorso. Ao contrário: ficou exultante quando todos o cumprimentaram pela vitória nos jogos e me contou que mal podia esperar para voltar na semana seguinte e jogar novamente. Se eu não soubesse o que estava acontecendo, teria achado que se tratava de um pequeno sociopata em formação. Continuo me perguntando se não seria esse o caso, apesar de Victoria ter garantido que não.

Um dos estudos de Victoria, uma variação de uma experiência clássica conhecida como paradigma da tentação, é conhecido no laboratório como o "jogo de espiar". Como cortesia da câmera escondida, pudemos assistir Nick jogar com Cindy Arruda, outra aluna de Victoria. Ela levou Nick para uma pequena saleta reservada e disse ao garoto que eles iriam fazer um jogo de adivinhação. Nick deveria virar sua cadeira para a parede, enquanto Cindy pegava um brinquedo que fizesse algum som. Nick teria de adivinhar o brinquedo baseado no som que ele fizesse, e a cada três acertos, ele ganharia um prêmio.

O primeiro brinquedo foi fácil. Nick pulou de alegria na cadeira ao adivinhar que aquela sirene era de um carrinho de polícia. O segundo som era de choro de bebê, e Nick especulou um pouco, antes de responder que se tratava de uma boneca, parecendo aliviado por acertar.

— Vai ficar mais difícil? — ele perguntou, preocupado, ao apertar a barriga da boneca para ouvir o choro novamente.

— Ah, não — murmurou Cindy, mesmo sabendo que a dificuldade iria aumentar para o garoto.

Nick se virou para a parede, à espera do último brinquedo. O corpinho franzino se encolheu na cadeira, ansioso, como se estivesse brincando de esconde-esconde.

Cindy pegou uma bola de futebol de pano e colocou em cima de um cartão musical. Ela, então, abriu ligeiramente o cartão acionando o mecanismo que tocava a música *Für Elise,* de Beethoven.

Nick, obviamente, ficou confuso.

Antes que ele pudesse dar um palpite, Cindy disse que se lembrara de algo e que precisava deixar a sala por um instante, mas que retornaria logo. Ela preveniu ao garoto para que não olhasse o brinquedo na ausência dela.

Passados cinco segundos, Nick já relutava para não olhar. Ele começou a se agitar, mas se controlou e olhou novamente para a parede antes que pudesse ver algo. Ele aguentou outros oito segundos, mais a tentação era grande demais. Depois de 13 segundos sozinho, ele sucumbiu e se virou; viu a bola de futebol e na mesma hora voltou à posição inicial de esconde-esconde.

Ao retornar, Cindy mal passou pela porta e Nick, sem tirar os olhos da parede, foi logo anunciando que o brinquedo era uma bola de futebol. Era evidente o tom de triunfo na voz dele, quando Cindy o interrompeu dizendo que ele deveria esperar até que ela tivesse reassumido sua posição.

Em fração de segundos Nick concluiu que seria melhor parecer inseguro sobre sua resposta, para ela não perceber que ele havia olhado. Assim, pôs fim ao entusiasmo e repetiu hesitante, como se estivesse chutando:

— Uma bola de futebol?

Quando ele se virou para Cindy, para ver o brinquedo, ela disse que ele tinha acertado, e ele demonstrou sua satisfação.

Cindy, então, perguntou a Nick se ele havia aproveitado para espiar enquanto ela esteve fora.

— Não — ele disse depressa, impassível.

Porém, logo depois, não conseguiu conter um largo sorriso.

Sem desafiá-lo e sem qualquer tom de desconfiança, Cindy lhe perguntou como ele havia chegado à conclusão de que se tratava de uma bola de futebol?

Nick se encolheu na cadeira por um segundo, segurando o queixo. Ele sabia que precisava de uma resposta convincente, mas sua primeira tentativa não foi das melhores e ele disse com cara deslavada:

— A música lembrava uma bola — e como não conseguiu pensar em nada melhor, emendou — e o som da bola parecia branco e preto.

A expressão no rosto dele não transpareceu se ele sabia que aquilo não fazia sentido, mas ele continuou falando, como se previsse que precisava de uma justificativa melhor. Por fim, Nick disse que o som da música lembrava o som das bolas de futebol com que ele brincava na escola: elas ruidavam como uma canção. Ele assentiu com a cabeça — essa versão poderia emplacar — e completou explicando que a música lembrava o som que ele ouvia quando chutava a bola. Para dar mais ênfase ao argumento escolhido, e fechar com chave de ouro, ele esfregou a mão na lateral da bola de brinquedo, mostrando o ruído feito quando se chuta uma bola.

Essa experiência não era um teste para mostrar que, frente a uma tentação, a criança trapaceia e mente. Seu objetivo era testar a capacidade da criança de ampliar a mentira, inventando explicações plausíveis e evitando o que os cientistas chamam de "vazamento", ou seja, as inconsistências que revelam a mentira por trás da versão dada. As tentativas de Nick para encobrir suas mentiras seriam avaliadas mais tarde por analistas que assistiriam à gravação. Assim, Cindy aceitou sem questionar o argumento de que ao serem chutadas, as bolas de futebol tocam Beethoven, e deu o prêmio a Nick, que ficou muito contente.

Nos últimos anos, diversos estudiosos usaram variações do paradigma da tentação para testar milhares de crianças, e os resultados constatados causaram uma reviravolta nas teorias tradicionais.

O primeiro fato constatado é que as crianças aprendem a mentir muito mais cedo que se pensava. No jogo de espiar da Dra. Victoria, apenas 33% das crianças de 3 anos espiaram e, ao serem indagadas se haviam olhado, boa parte delas confirmou. Em comparação, cerca de 80% das crianças de 4 anos olharam e, dentre elas, mais de 80% mentiram ao serem questionadas, negando ter espiado. Por volta do 4º aniversário, a maioria das crianças passa a experimentar a mentira. E as crianças com irmãos mais velhos parecem aprender ainda mais cedo.

Os pais costumam falhar ao lidar com a mentira durante a primeira infância, por julgar que são mentiras inocentes. Eles consideram os filhos novos demais para discernir uma mentira, ou para saber que mentir é errado, e acreditam que quando os filhos crescerem e aprenderem a fazer essas distinções, eles irão parar de mentir. O que, segundo Victoria Talwar, é um ledo engano. Quanto maior clareza a criança adquirir para distinguir a mentira da verdade, maior a sua predisposição para mentir, se tiver uma oportunidade. Pesquisadores testam crianças expondo a elas contos refinados e perguntam: “Suzy mentiu ou disse a verdade?”. As crianças que conhecem a diferença também são as mais propensas a mentir. Alheios a esse conhecimento, muitos websites e livros sobre educação de filhos aconselham os pais a não darem importância para as mentiras — ao crescer as crianças irão parar de mentir. E a verdade é que as crianças crescem e passam a mentir ainda mais.

Nos estudos que as observam em suas casas, as crianças de 4 anos mentem uma vez a cada duas horas, enquanto uma de 6 anos mente, em média, uma vez por hora. Poucas crianças são exceções, considerando que do total de crianças avaliadas nesses estudos, 96% disseram mentiras.

A maioria das mentiras é dita aos pais para acobertar transgressões. Primeiro, a criança faz algo que não deveria; então, para se livrar das consequências, ela nega o que fez. E essa negação é tão esperada e tão comum, que os pais em geral deixam passar. Ainda nos estudos de observação, pesquisadores relatam que em menos de 1% dos casos um dos pais aproveita a oportunidade para ensinar que não se deve mentir. Em geral, o pai ou a mãe censura a falta cometida, mas não o fato de o filho tentar acobertá-la. Do ponto de vista da criança, sua tentativa de mentir não implica nada.

Ao mesmo tempo em que aprendem a compor e a manter uma mentira, a criança também aprende o que é a mentira quando mentem para ela. E se engana quem pensa que ela começa achando que as mentiras não são um problema, e ao poucos descobrem que mentir é errado. Na verdade, acontece o oposto — a princípio ela acha que todo e qualquer tipo de enganação é ruim, e aos poucos descobre que alguns tipos são toleráveis.

Em um estudo que se tornou um clássico, conduzido por Candida Peterson, da Universidade de Queensland, adultos e crianças de diferentes idades assistiram a dez gravações de mentiras em contextos diferentes — de inocentes mentiras brancas a armações manipuladoras. Crianças são muito mais críticas em relação a mentiras e mentirosos que os adultos; elas são mais propensas a pensar que o mentiroso é uma má pessoa e que mentir é moralmente errado.

Para as crianças, o caráter da intenção talvez seja a variável mais difícil de entender. Elas sequer acreditam que nem mesmo um engano seja uma desculpa aceitável. A única coisa que interessa é que a informação está errada.

O Dr. Paul Ekman, da Universidade da Califórnia, um pioneiro das pesquisas sobre mentira, oferece um exemplo bem ilustrativo. Ao sair da escola, no caminho de volta para casa, em uma terça-feira, um pai promete ao filho de 5 anos de idade que irá levá-lo a um jogo de basquete no sábado à tarde. Ao chegarem em casa, a mãe informa o pai que mais cedo, naquele mesmo dia, ela havia marcado uma aula de natação para a tarde de sábado e que não poderia remarcá-la. Quando contam ao filho, ele fica muito aborrecido e a situação é das piores. Mas por que a criança se aborreceu tanto? O pai não sabia sobre a aula de natação. Do ponto de vista adulto, o pai não mentiu; mas, na visão da criança, o pai mentiu, sim. Toda afirmação falsa é uma mentira, seja qual for a intenção ou a razão. Portanto, mesmo sem saber, o pai deu a entender ao filho que aceita a mentira.

A segunda lição é que, enquanto achamos que a honestidade é virtude primordial da criança, na verdade, sua habilidade mais evoluída é a mentira. A criança que se prepara para mentir deve reconhecer a verdade, conceber logicamente uma realidade alternativa e estar apta a convencer outra pessoa sobre a nova realidade. Logo, a mentira requer um desenvolvimento cognitivo e uma capacidade de socialização avançados que a honestidade dispensa. Segundo concluiu Victoria Talwar, trata-se de um marco em seu desenvolvimento.

De fato, as crianças que começam a mentir por volta dos 2 ou 3 anos de idade, ou as que conseguem conter os "vazamentos" verbais aos 4 ou 5 anos, têm um desempenho melhor em outros testes de aptidão acadêmica. Victoria confirma a relação da mentira com a inteligência, mas afirma que ainda assim precisamos coibi-la.

As crianças começam a mentir, primeiramente, para evitar serem penalizadas e, portanto, mentem indiscriminadamente sempre que estiverem sujeitas à punição. Uma criança de 3 anos de idade afirmaria que não bateu na irmã, mesmo que um dos pais tenha presenciado a cena entre as duas. Já aos 6 anos, a criança não cometeria esse erro e mentiria apenas sobre um soco que tivesse ocorrido quando nenhum dos pais estivesse na sala.

Ao atingir a idade escolar, a criança elabora mentiras mais complexas. A punição é um catalisador primário da mentira, mas conforme as crianças se desenvolvem e tomam ciência das relações sociais, passam a levar os outros em consideração ao mentir. Elas podem mentir para poupar os sentimentos de um amigo. A pesquisadora explica que na escola guardar segredos se torna uma parte importante da amizade — e a mentira naturalmente pode fazer parte disso.

A mentira também se torna uma forma de aumentar o poder e a sensação de controle da criança, por exemplo, ao manipular amigos com provocações, ao vangloriar-se para valorizar o próprio status e ao perceber que podem enganar os pais.

Ao ingressar no ensino fundamental, muitas crianças começam a mentir para os colegas como mecanismo de defesa, uma forma de aliviar a frustração ou de chamar a atenção. Pode ser um modo de compensação, por se sentirem diminuídas em relação aos colegas. Qualquer surto repentino de mentira, ou um aumento vertiginoso nas mentiras, indica que houve uma mudança na vida da criança que a está perturbando. A Dra. Victoria explica que, em geral, a mentira é um sintoma de um problema mais grave de comportamento. É uma estratégia para se manter no centro das atenções.

Estudos longitudinais mostram que uma criança de 6 anos que mente com frequência pode simplesmente crescer e parar de mentir. Mas, se a mentira se tornou uma estratégia de sucesso para enfrentar o convívio social, ela seguirá com esse comportamento. Cerca de um terço das crianças faz isso, e as que persistem mentindo até os 7 anos são mais propensas a continuar. Elas já estão habituadas.

No jogo de espiar de Victoria, por vezes a pesquisadora interrompe a sequência e diz:

— Quero lhe fazer uma pergunta, mas antes disso, você promete dizer a verdade?

— Sim — responde a criança.

— Certo. Você olhou o brinquedo enquanto eu saí da sala?

A promessa de dizer a verdade reduz em 25% as mentiras.

Em outras situações, a assistente de Victoria lê um pequeno livro de histórias para a criança, antes de perguntar sobre a espiada no brinquedo. Uma das histórias lida em voz alta é a fábula *O pastor e o lobo* — a versão em que tanto o menino quanto a ovelha acabam sendo devorados por conta das mentiras sucessivas do garoto. Ou então, era lido o conto *George Washington e a cerejeira*, em que o jovem George confessa ao pai que derrubou a estimada árvore com seu machado novo — a história termina com o pai dizendo que, no final das contas, ficou feliz que o filho tivesse cortado a árvore, pois ouvi-lo contar a verdade valia mais do que ter mil cerejeiras.

Se você pudesse opinar, qual das duas histórias teve mais impacto no número de mentiras? Fizemos uma pesquisa por meio de nosso website e recebemos mais de mil respostas. *O pastor e o lobo* teve 75% dos votos dos participantes. No entanto, a fábula famosa, conhecida no mundo todo, não teve qualquer efeito sobre as mentiras contadas nas experiências de Victoria. Na verdade, depois de escutar a fábula, as crianças mentiram ainda mais que o normal. Já ouvir *George Washington e a cerejeira* levou a uma fantástica redução no índice de mentiras de 75% entre os meninos e 50% entre as meninas.

Alguns podem pensar que a história foi eficiente porque a pesquisa provavelmente foi feita nos Estados Unidos, George Washington é um ícone norte-americano e as crianças desde cedo aprendem a admirar a honestidade do fundador da nação. Mas as crianças que participaram da pesquisa da Dra. Victoria são canadenses, e os mais novos sequer já haviam ouvido falar de George Washington. E para verificar se a fama de George Washington influenciava as crianças mais velhas, a pesquisadora repetiu a experiência substituindo o nome do ex-presidente norte-americano por um personagem anônimo, mas sem alterar a trama. A versão genérica obteve o mesmo resultado.

Por que uma fábula funcionou tão bem e a outra não? E, ainda, que lição tirar disso sobre como ensinar as crianças a mentir menos?

O pastor da fábula acabou sofrendo a punição máxima, pagando com a própria vida. Mas o fato de a mentira ser punida não é novidade para as crianças.

Quando indagadas se a mentira é *sempre* errada, 92% das crianças de 5 anos responderam que sim. E quando perguntado *por que* mentir é errado, a maioria explicou que o problema com a mentira é que ela leva à punição. Sob essa ótica, as crianças pequenas avaliam o risco de mentir considerando unicamente sua autopreservação. E leva anos para as crianças compreenderem a mentira em um âmbito moral mais sofisticado. Somente após os 11 anos de idade é que a maioria demonstra ter consciência do mal que causa aos outros. Nessa faixa etária, 48% alegam que o lado ruim da mentira é que ela acaba com a confiança e 22% afirmam que é carregar a culpa. E mesmo nessa idade, um terço continua afirmando que o maior problema ao mentir é serem punidas.

Um exemplo de que as crianças associam fortemente a mentira à punição é o fato de 38% das crianças de 5 anos classificarem *palavrões* como mentira. E por que as crianças consideram o xingamento uma mentira? É porque, para elas, mentira é tudo o que é dito e gera punição ou repreensão. Ao xingar, somos repreendidos, logo, o xingamento é uma mentira.

Intensificar a ameaça de punição por uma mentira apenas torna a criança extremamente ciente do potencial custo *pessoal*, e desvia sua atenção do principal: aprender como suas mentiras afetam os outros. Em seus estudos, catedráticos constataram que as crianças que vivem sob ameaça constante de punição não mentem menos. Ao contrário, ainda mais jovens, elas se tornam mentirosas mais ardilosas, pois aprendem como se safar mais vezes. Victoria aplicou uma versão do jogo de espiar na África Ocidental, com alunos de uma escola colonial tradicional. Segundo relatos da pesquisadora, nessa escola "os professores dão tapas na cabeça dos alunos, batem neles com varas, dão beliscões, por qualquer motivo — esquecer um lápis ou fazer a lição de casa errada. Às vezes, uma criança comportada é obrigada a aplicar o castigo na criança desobediente". Enquanto as crianças norte-americanas espiam depois de cinco segundos, "os alunos da escola africana demoraram mais a olhar — 35 segundos, alguns até 58 segundos. Mas olharam na mesma proporção que as crianças da outra nacionalidade. Então mentiam e continuavam a mentir. Mas eles colocavam tudo a perder por medo das drásticas consequências que sofreriam se fossem pegos". Mesmo as crianças de 3 anos faziam de conta que não sabiam, mesmo depois de terem olhado o brinquedo. Elas sabiam que falar o nome do brinquedo certo levantaria suspeita; e a tentação de acertar não valia o risco de serem pegas. Elas controlavam eficientemente o "vazamento", quer dizer, o impulso de falar involuntariamente e se entregar — uma habilidade que Nick, com 6 anos de idade, ainda não tinha desenvolvido.

Contudo, para conseguir que a criança seja honesta, não basta simplesmente remover a ameaça de punição. Em outra variação do teste, as assistentes de Victoria prometiam às crianças que não se zangariam se elas tivessem olhado, que não faria diferença. Os pais tentam esse argumento no dia a dia, mas só isso não reduz as mentiras. As crianças não acreditam e suspeitam da promessa de imunidade, raciocinando que se os pais a princípio não queriam que elas fizessem o que fizeram, então sua melhor chance de agradar os pais é negar que tenham feito.

Ou seja, nesses momentos cruciais, o que elas desejam é que os pais voltem a ter orgulho delas. Logo, não basta dizer ao seu filho de 6 anos que você não vai ficar chateado por ele ter espiado o brinquedo e que, se ele disser a verdade, vai se sentir muito bem consigo. Isso até faz com que ele minta menos — consideravelmente menos. Mas uma criança dessa idade não busca a própria satisfação, ela quer é satisfazer os pais.

O que de fato ajuda é dizer à criança que não ficará aborrecido se ela deu uma espiada e que, se ela contar a verdade, vai deixá-lo muito feliz. Essa é uma boa oferta de imunidade *e* uma opção confiável para sair com a ficha limpa. Em suma, a Dra. Victoria concluiu que a criança pequena mente para deixar os pais contentes, pela satisfação deles. Assim, dizer à criança que falar a verdade fará seus pais contentes coloca em cheque sua ideia original de que dar uma boa notícia — em vez de dizer a verdade — é o que irá agradar seus pais.

É por isso que *George Washington e a cerejeira* funciona tão bem. Ao dizer a verdade, o menino George conquista não só a imunidade, mas também um elogio.

Por fim, não são os contos de fadas que farão as crianças pararem de mentir — e sim o processo de socialização. Mas a sabedoria presente no conto da cerejeira se aplica: segundo a Dra. Victoria, os pais devem ensinar aos filhos o valor da honestidade tanto quanto devem reforçar que mentir é errado. Quanto mais as crianças ouvirem essa mensagem, mais rápido irão guardar a lição.

O outro motivo para as crianças mentirem, segundo Victoria, é o fato de aprenderem conosco.

Victoria alertou que os pais precisam realmente refletir sobre a importância da honestidade em suas vidas. Ela acha que, muitas vezes, as próprias ações dos pais demonstram aos filhos uma valorização relativa da honestidade. Ela afirma que não estimulamos abertamente as crianças a mentir, mas elas nos veem mentindo. Elas nos escutam atender um operador de telemarketing e mentir que não somos os donos da casa, e percebem que nos vangloriamos e mentimos para amenizar nossas relações sociais.

Pense como queremos que a criança aja ao abrir um presente que não lhe agrada. Esperamos que ela reprima suas reações genuínas como raiva, desapontamento e frustração, e abra um sorriso bem-educado. A Dra. Victoria conduz uma experiência em que crianças participam de diversos jogos para ganhar um prêmio, mas quando finalmente recebem o prêmio, elas percebem que se trata de um mero sabonete. Depois de aguardar um momento para que as crianças se recuperem do choque, uma pesquisadora indaga se elas gostaram do prêmio. Victoria testa a capacidade delas de verbalizar uma mentira inocente, e ao mesmo tempo analisa a linguagem corporal que demonstra o desapontamento. Cerca de 25% das crianças mais novas e 50% das crianças mais velhas conseguem mentir e dizer que gostaram do presente. Mas falar essa mentira faz com que se sintam extremamente mal, especialmente quando são pressionadas a justificar *por que* gostaram do sabonete. Elas franzem a testa e mantêm o olhar fixo no sabonete, sem conseguir mirar os olhos da pesquisadora. As crianças que ficaram esfuziantes ao vencer o jogo de espiar, dessa vez resmungam discretamente e ficam inquietas.

Enquanto isso, os pais da criança observam tudo. Eles mal conseguem conter a alegria quando a criança faz de conta que gostou. Victoria observa que os pais sentem orgulho pelo fato de o filho ser "educado". Eles não encaram aquilo como uma mentira. E apesar de ter testemunhado isso inúmeras vezes, ela ainda se espanta com a incapacidade dos pais de reconhecer que uma mentirinha inocente não deixa de ser uma mentira.

Quando solicitados a registrar as próprias mentiras, os adultos costumam admitir uma mentira a cada cinco interações sociais, o que representa uma média de uma por dia — para os universitários a média é duas vezes maior. A maioria dessas mentiras são mentiras inocentes com o objetivo de fazer os outros se sentirem melhor, como dizer a uma colega de trabalho que trouxe um bolo que ele está delicioso.

Sendo estimuladas a dizer tantas mentiras inocentes, as crianças aos poucos se sentem mais confortáveis ao dissimularem. A falta de sinceridade passa a ser, literalmente, parte da rotina. Elas aprendem que a honestidade só gera conflitos; logo, mentir é o modo mais fácil de evitá-los. E mesmo não confundindo as mentiras inocentes com as mentiras que dizem para acobertar seus erros, elas trazem a preparação emocional de uma situação e a aplicam na outra. Psicologicamente, mentir para os pais vai ficando cada vez mais fácil. Assim, por exemplo, quando os pais questionam o filho querendo saber como ele conseguiu tantos cards do Pokémon, mesmo eles tendo dito que o dinheiro da mesada não deveria ser gasto com aquele tipo de coisa, essa situação pode parecer à criança um contexto muito similar àquele que permite a mentira inocente — e ela pode fazer os pais *se sentirem melhor* dizendo que ganhou os cards repetidos de um amigo.

Agora, compare isso ao modo como as crianças são ensinadas a não delatar. Na realidade, elas começam a reclamar dos outros mesmo antes de aprender a falar. Por volta de um ano, elas choram, apontam e usam o olhar para sinalizar à mãe que querem ajuda quando outra criança tira dela um brinquedo ou um biscoito. Apelar aos adultos vira um hábito, mas, depois do quarto aniversário, as crianças começam a ouvir recomendações para parar com isso e a ordem passa a ser: "Guarde para você!" ou "É feio dedurar".

O que os adultos querem dizer com "guarde para você" é que as crianças devem aprender a resolver primeiro seus assuntos entre si. A criança depende de sua capacidade de socialização para solucionar suas diferenças, mas fica difícil desenvolvê-la se os pais interferirem sempre. As reclamações da criança, às vezes, são mentiras deslavadas, que elas podem usar como forma de revanche. E quando os pais pedem aos filhos "guarde para você!", a intenção é pôr um fim a essa manipulação.

Professores da educação infantil e do ensino fundamental alegam que a delação é um verdadeiro suplício para eles. Um dos principais cursos de formação de professores dos Estados Unidos classifica a delação entre alunos como um dos cinco maiores problemas em sala de aula, algo considerado tão perturbador quanto agredir ou morder um colega de classe.

Isso acabou despertando o interesse científico, e depois de passar horas observando as crianças a brincar, pesquisadores constataram que em nove entre cada dez vezes que a criança vai até o pai para se queixar, ela está dizendo a verdade. E embora possa parecer aos pais que essa atitude se repita incessantemente, para a criança o panorama é bem diferente, pois para cada vez que ela recorre à ajuda do pai ou da mãe, já aconteceram outras quatorze situações em que lhe fizeram mal, mas ela não recorreu à ajuda deles.

Quando a criança — que já suportou mais do que consegue aguentar — finalmente resolve ir se queixar com honestidade a seus pais, acaba ouvindo deles, como consequência, para parar de lhes levar seus problemas. Segundo pesquisas, os pais são *dez vezes* mais propensos a repreender o filho por delatar o comportamento de alguém, do que censurá-lo por ter mentido.

A criança descobre o poder do "guarde para você" e aprende que pode usá-lo para fazer o outro se calar. Lá pela metade do ensino fundamental, ser taxada como dedo-duro é a pior das ofensas que ela pode receber na escola. Ou seja, a criança que pensa em relatar um problema para um adulto não apenas se sujeita a ser condenada como traidora pelos colegas, como também determina seu ostracismo — o equivalente à pena de morte no recreio —, além de lembrar cada ocasião em que ouviu os pais e o professores dizendo para que resolvesse seu assunto sozinha.

Ano a ano, os problemas que as crianças têm de enfrentar tornam-se exponencialmente maiores. Elas veem outros jovens pichando paredes, cometendo pequenos roubos, cabulando aula e invadindo locais onde não deveriam entrar. Delatar qualquer um desses atos é agir de modo infantil, algo humilhante para qualquer pré-adolescente com um nome a zelar. E ficar de bico calado é fácil, afinal, elas foram estimuladas a fazer isso desde bem pequenas.

Assim se inicia a fase em que omitem informações aos pais.

Por duas décadas, os pais elegeram a honestidade como a virtude mais valorizada em seus filhos. Outras qualidades, como a confiança ou o discernimento, perdem por muito. Na teoria, os jovens parecem ter assimilado a mensagem. Segundo levantamentos, 98% deles consideram a sinceridade e a honestidade vitais para os relacionamentos interpessoais. De acordo com a idade, de 96% a 98% afirmam que mentir é moralmente errado.

Mas isso é apenas da boca para fora, de ambas as partes. Isso porque 96% dos filhos mentem aos pais e, ainda assim, a mentira nunca foi o assunto principal quando os pais se encontram em associações ou nos bancos de parquinhos.

Quando passei a prestar mais atenção à mentira, a maneira como algumas coisas funcionam na casa da família Bronson mudou. Por menor que sejam, as mentiras não passam mais despercebidas. Com maior prudência, ficou mais fácil lidar com elas.

Alguns meses atrás, minha esposa ligou para solicitar os serviços de uma babá. Quando ela contou à moça que meu filho tinha 6 anos, a fim de que ela trouxesse jogos apropriados à sua idade, meu filho Luke interrompeu a ligação com protestos em voz alta. Se fosse antes eu teria ficado irritado ou assustado com o rompante dele, mas dessa vez entendi. Faltava ainda uma semana para o aniversário de meu filho, pelo qual ele aguardava ansioso. E na cabeça de Luke, tecnicamente, a mãe *mentira* sobre um fato *realmente* importante para ele. Nessa etapa do desenvolvimento, a motivação inicial da mentira é irrelevante. No instante em que Michele desligou o telefone, expliquei a ela por que ele havia ficado tão bravo. Ela, então, desculpou-se e prometeu ser mais precisa nas próximas ocasiões. Ele logo se acalmou.

Apesar de sua intolerância com a mentira alheia, Luke continua tentando acobertar suas faltas com mentiras. Um dia desses, ele voltou da escola falando uma nova frase feita e com um comportamento diferente:

— Não tô nem aí! — repetia ele, sarcasticamente, dando de ombros para tudo.

Sem mais nem menos, ele estava agindo como um adolescente, fazendo corpo mole para terminar o jantar ou fazer a lição de casa. Ele repetiu que não estava nem aí, tantas vezes que, contrariado, eu quis saber quem na escola havia lhe ensinado a tal frase malcriada.

Ele gelou. Eu conseguia perceber nitidamente seu conflito interno: "Será que eu minto para o meu pai ou traio meu amigo?" E eu sabia pela pesquisa da Dra. Victoria Talwar que eu sairia perdendo. Ciente disso, o interrompi e disse que se havia aprendido aquela frase na escola, ele não precisava me contar *quem* havia lhe ensinado. Dizer-me a verdade não implicava ter de colocar os amigos dele em uma enrascada.

— Tá certo — ele disse confiante. — Eu aprendi na escola.

Então, ele me disse que era *só da boca para fora* que ele não estava nem aí e depois me abraçou. Nunca mais voltei a ouvir aquela frase.

Será que o modo como lidamos com as mentiras de nossos filhos realmente faz diferença no futuro deles? A grande ironia é que a mentira é, ao mesmo tempo, um comportamento normal e anormal. Apesar de esperada, ela não pode ser ignorada.

A Dra. Bella DePaulo dedicou grande parte de sua carreira ao estudo da mentira dita por adultos. Em uma de suas pesquisas, universitários e pessoas da comunidade iam para uma sala reservada, equipada com um gravador de voz. Assegurado o caráter confidencial, a equipe da pesquisadora pedia aos indivíduos que relatassem — com riqueza de detalhes — a mentira mais cabeluda que já haviam contado.

A Dra. Bella contou que esperava ouvir barbaridades, como casos de infidelidade no casamento, relatos de esbanjamento de dinheiro, ou de vendedores explorando os clientes compradores de veículos. E ela realmente ouviu esse tipo de história, como também casos sobre roubos e até um assassinato. Mas para sua surpresa, muitas das histórias remontavam ao tempo em que os indivíduos eram crianças e, à primeira vista, eram mentiras sem grandes consequências. Por exemplo, uma pessoa contou que comeu toda a cobertura de um bolo e disse aos pais que o bolo tinha vindo daquela forma. Já outra confessou ter roubado algumas moedas do irmão. Conforme essas histórias foram surgindo, a pesquisadora debochava em pensamento: "Uau, essa é a mentira mais grave que você já contou?".

No entanto, como os relatos sobre a infância continuavam a aparecer, a Dra. Bella acabou criando uma categoria só para eles em sua análise. Ela explicou que teve de mudar sua concepção para tentar entender o que havia representado para aquelas pessoas, quando crianças, contar aquelas mentiras. Quando elas ainda eram muito novas, contar aquela mentira colocou em dúvida a visão que tinham de si: se eram mesmo crianças boas e se haviam feito a coisa certa.

Muitas pessoas falaram sobre como aquela mentira logo na tenra infância acabou criando um padrão que as afetou daí por diante. A Dra. Bella citou alguns exemplos:

— Uma delas contou que depois de ter mentido, foi descoberta, e se sentiu tão mal que prometeu nunca mais mentir. Outra comentou que ficou surpresa pois não sabia ser capaz de enganar tão bem seu pai, e que depois daquilo podia mentir a qualquer momento. As mentiras contadas na infância são significativas, e o modo como os pais reagem pode efetivamente interferir no hábito de mentir.

Segundo Victoria Talwar, os pais costumam armar ciladas levando o filho a mentir, para testar sua honestidade, desnecessariamente. Na última semana, coloquei minha filha de três anos e meio nessa mesma situação. Notei que ela havia rabiscado a mesa de jantar com uma caneta de tinta lavável, e, em tom de desaprovação, perguntei:

— Você rabiscou a mesa, Thia?

No passado, ela teria sido sincera, mas meu tom de voz mostrava que ela havia feito algo de errado. Na mesma hora, desejei poder mudar a maneira como falei e refazer a questão. Eu deveria simplesmente ter dito a ela para ser cuidadosa e não rabiscar mais a mesa; colocado um jornal sob o caderno de desenho e removido a tinta. Mas fiz exatamente o contrário do que Victoria sugere que se faça.

— Não, eu não rabisquei — respondeu minha filha, mentindo para mim pela primeira vez.

Eu só podia culpar a mim mesmo por aquela mancha.

CINCO

A busca por vida inteligente na educação infantil

Milhões de crianças competem por vagas em programas para superdotados e escolas particulares. Os responsáveis pelas matrículas afirmam ser uma arte, mas avanços científicos revelam que eles se enganam em 73% dos casos.

Imagine uma garotinha que recém-completou 5 anos sendo levada ao escritório de um estranho. Sua mãe fica um pouco com ela para descontrair e depois vai embora.

A mãe certamente disse à filha que uma pessoa irá lhe ajudar a selecionar a escola que ela vai frequentar no ano seguinte. O ideal é jamais pronunciar a palavra "teste". Se a menina perguntar:

— Eu vou fazer um teste?

A resposta será:

— Vai haver quebra-cabeças, cubos de encaixar, você vai desenhar e responder a algumas perguntas. A maioria das crianças acha isso tudo superdivertido.

A criança é instruída a se sentar à mesa e o examinador se senta a sua frente. Se depois de um tempo ela ficar inquieta, eles podem se sentar no chão. (No caso de um problema incontornável, algumas escolas chegam a permitir um novo teste, mas a maioria só permite que se tente novamente depois de um ou dois anos.)

Cada seção inicia com o examinador apresentando uma série de exemplos de perguntas. Só então tem início o teste propriamente dito. O examinador faz perguntas adequadas à idade da criança. Uma criança de 5 anos, por exemplo, pode começar com a pergunta de número quatro do livro de testes. A dificuldade aumenta progressivamente a cada pergunta, e a criança continua a respondê-las até cometer uma sequência de erros. Nesse momento entra em efeito a "regra da descontinuidade", indicando que a criança atingiu o máximo de sua capacidade, e eles passam para uma nova seção.

O vocabulário é testado de duas maneiras. A princípio a criança deve simplesmente dar nome às figuras. Conforme a dificuldade aumenta, pede-se que ela defina termos como "limitar". As definições detalhadas valem dois pontos; as menos detalhadas, um ponto.

A criança também tem de adivinhar uma palavra a partir de algumas dicas.

— Vamos ver se você adivinha — começa o examinador. — É algo em que se pode andar ou sentar, e é algo que pode estar limpo ou cheio de lixo.

Ela tem cinco segundos para responder.

Na outra seção, são mostradas figuras à criança, e ela deve dizer o que está faltando.

— A perna do urso! — é a resposta que se espera dela, em 20 segundos.

Depois, o examinador coloca alguns cubos plásticos vermelhos e brancos sobre a mesa. A criança recebe uma ilustração com um padrão e é instruída a reproduzir a forma usando quatro cubos. Os cubos que forem colocados com uma distância maior que cinco milímetros são penalizados. Nos níveis de maior dificuldade são usados cubos com laterais bicolores — triângulos brancos e vermelhos. As crianças mais velhas recebem nove cubos.

Ela pode ainda ter de solucionar labirintos, sendo que não pode tirar a ponta do lápis do papel e, quando se dirigir a saídas bloqueadas, perderá alguns pontos.

Discernir padrões é uma parte importante dos testes. Por exemplo, a criança deverá reconhecer que um círculo está para a forma oval assim como um quadrado está para um retângulo; e que um triângulo está para um quadrado, como um quadrado está para um pentágono. Ou que a neve está para um boneco de neve, assim como um pacote de farinha está para um filão de pão.

Se a criança tiver 6 anos de idade possivelmente ouvirá uma sequência de quatro números (como nove, quatro, sete, um) que terá de repetir. Se ela acertar, passará para cinco números. Caso consiga chegar até a sequência de sete números, seu índice de acerto será de 99%. A seguir, pedirão que ela repita uma sequência numérica na ordem inversa. Ao repetir quatro números na ordem inversa, ela será considerada superdotada.

A cada novo ano letivo, dezenas de milhares de crianças passam suas manhãs ou tardes como acabo de descrever. Versões de testes como esse representam uma vaga em colégios particulares de elite e em programas especiais para superdotados de escolas públicas. As crianças concorrem com outras nascidas no mesmo trimestre. Com base principalmente na realização de testes, mais de três milhões de jovens e crianças, quase 7% dos alunos das escolas públicas norte-americanas, ingressam em programas para superdotados, e outros dois milhões de estudantes são aceitos em colégios particulares.

Os testes variam de acordo com o que eles se propõem a avaliar. Alguns são uma modalidade de um teste de inteligência clássico — por exemplo, a Escala de Inteligência Wechsler para Crianças, conhecida como WPPSI. Outras escolas optam por um exame que não avalie estritamente o QI e podem adotar uma prova de raciocínio, como o Teste de Capacidade Cognitiva, ou um teste híbrido de inteligência e potencial de aprendizagem, como o Teste de Capacidade da Escola Otis-Lennon.

Seja qual for o objeto do teste, ou o teste usado, todos eles têm algo em comum: nenhum é capaz de prever com eficiência o sucesso acadêmico da criança.

Embora não surpreenda que nem todas as crianças superdotadas da educação infantil entrem para a Universidade de Harvard, a premissa vigente é que esses testes de aptidão *predigam* quais crianças terão melhor desempenho em leitura, escrita e cálculo nos 2º e 3º anos. Mas no final, nem isso eles conseguem.

Para se ter uma noção da dimensão do problema, se selecionássemos cem crianças da educação infantil como sendo superdotadas, isto é, as mais brilhantes, apenas 27 continuariam fazendo jus ao título quando chegassem ao 3º ano. Ou seja, 73 outros alunos qualificados seriam erroneamente excluídos.

A maioria das escolas não se dá conta da incompetência dos testes ao prever o desempenho pedagógico da criança no ensino fundamental. As poucas que reconhecem o problema tentaram desenvolver outras maneiras para testar a genialidade, desde pedir à criança para fazer um desenho até avaliar sua empatia ou seu comportamento emocional. Contudo, segundo análises de estudiosos, todas essas alternativas se mostraram *menos* eficientes que os testes de inteligência.

A questão não é qual teste usar, nem o que o teste irá avaliar. O problema é que o cérebro da criança pequena ainda está em desenvolvimento.

Por décadas, os testes de inteligência têm sido motivo de controvérsia.

Há muito os críticos apontavam que os testes eram carregados de preconceitos socioculturais. O que passou despercebido foi que a partir dessas alegações negativas, as empresas que elaboram os testes fizeram modificações para amenizar esses efeitos, de tal maneira que o preconceito deixou de ser considerado um problema. (E, embora isso pareça difícil de acreditar, versões desses testes são usadas no mundo todo.) Além dessas modificações, as escolas que exigem a maior pontuação de QI frequentemente abrem exceções para crianças de origem menos favorecida ou cujo idioma nativo não seja o inglês.

Entretanto, restringir o debate à natureza preconceituosa nos faz esquecer completamente da questão principal: com que frequência os testes identificam com sucesso as crianças mais brilhantes, ou mesmo as crianças medianas?

Entrevistamos diretores de admissão e supervisores escolares. Todos acreditam que os testes permitem previsões acertadas. Os testes vêm com manuais cujo primeiro capítulo é repleto de pesquisas para assegurar sua credibilidade. De qualquer maneira, as estatísticas apresentadas, em geral, não se referem ao sucesso do teste em prever o desempenho *futuro*. Ao contrário, os números se referem à exatidão dos testes ao atestar o desempenho atual, e como seus testes são mais bem-sucedidos que os testes concorrentes.

O Dr. Lawrence Weiss é vice-presidente de desenvolvimento de produtos clínicos da Pearson/Harcourt Assessment, proprietária do teste WPPSI. Ao perguntar-lhe com que exatidão seu teste pode prever o desempenho escolar dali a meros dois ou três anos, ele alegou que a empresa não faz o levantamento desses dados. Ele explicou que eles não fazem o acompanhamento futuro e também não verificam a validade da previsão ao longo do tempo.

Isso nos deixou chocados, pois as decisões tomadas com base nos resultados desses testes de inteligência têm consequências gigantescas. Uma pontuação superior a 120 coloca a criança na faixa dos 90% ou mais, a linha de corte que designa uma criança superdotada e a qualifica para participar de turmas especiais. Uma pontuação superior a 130 coloca a criança na faixa dos 98%, que determina que ela poderá frequentar uma escola especial para superdotados.

Vale ressaltar que essas crianças não são prodígios — um prodígio é muito mais raro, um fenômeno que ocorre na proporção de um para meio milhão. Ser classificada como superdotada por uma escola indica que a criança é brilhante, mas não necessariamente extraordinária. Metade das pessoas com nível universitário tem QI igual ou superior a 120; já os adultos com doutorado têm em média um QI de 130.

Agora, ser classificado como superdotado quando criança significa receber um passe livre acadêmico. Um ambiente de aprendizagem seleto, repleto de alunos inteligentes, permite ao professor avançar mais rapidamente no ensino do programa escolar. Isso pode fazer uma diferença enorme da quantidade de coisas que uma criança aprende. Na Califórnia, segundo um estudo do governo estadual, as crianças dos programas para superdotados têm um aproveitamento anual 36,7% maior que a média. E em várias cidades norte-americanas, como Nova York e Chicago, os alunos não voltam a fazer um teste e permanecem no programa até que se formem na escola. Os que entram para a educação infantil de colégios particulares permanecem neles até o fim do ensino fundamental.

Os vendedores dos testes podem não estar empenhados em determinar com que eficiência os testes de inteligência conseguem prever o desempenho futuro, mas os pesquisadores acadêmicos estão.

Em 2003, o Dr. Hoi Suen, professor de Psicologia da Educação da Universidade Estadual da Pensilvânia, divulgou uma meta-análise compreendendo 44 estudos que avaliavam a eficiência dos testes aplicados a crianças antes de entrarem na educação infantil ou durante seu curso em prever os resultados de testes de desempenho realizados dois anos mais tarde. A maioria dos 44 estudos subjacentes tinha sido publicada entre meados da década de 1970 e meados da década de 1990, sendo que muitos eram voltados para uma única escola ou cidade. Ao analisá-los, Suen constatou que os resultados dos testes de inteligência antes de a criança começar a estudar, em média, tiveram uma correlação de apenas 40% com os resultados de testes posteriores.

Nesse fator de correlação de 40% estão incluídas todas as crianças, de todos os níveis de capacidade. Ao se restringir a análise a escolas particulares e programas para superdotados, o pesquisador não constatou nenhuma melhora nas correlações.

Por exemplo, uma equipe de especialistas da Universidade da Carolina do Norte, em Charlotte, analisou os resultados de três anos de uma escola particular de classe média-alta da região. A escola solicitou que todos os candidatos a ingressarem na educação infantil fizessem o teste WPPSI. Eles foram classificados como crianças inteligentes — com um QI de 116, em média. No 3º ano, os alunos se submeteram ao Comprehensive Testing Battery III, desenvolvido para atender aos programas avançados das escolas particulares. Como grupo, os alunos se saíram muito bem, com uma média de resultados na casa dos 90%. Mas será que os resultados do WPPSI conseguiram prever *quais* alunos tiveram os melhores desempenhos? Na verdade, não. A correlação entre os resultados do WPPSI e os resultados no teste de desempenho foi de apenas 40%.

Em relação a grupos mais seletos de "melhores alunos", ao que parece, as correlações foram ainda menores. O Dr. William Tsushima analisou duas conceituadas escolas particulares do Havaí. Em uma delas, as crianças tinham, em média, um QI de 130. Já na outra escola, 126. Mas suas notas de leitura no 2º ano tiveram uma correlação de apenas 26% com os resultados do teste WPPSI. E os resultados em matemática apresentaram uma correlação ainda inferior.

Portanto, a pergunta mais importante é: quantas crianças estão sendo desqualificadas por serem testadas tão prematuramente?

Como já mencionado, tomando por base os testes de inteligência com índice de correlação de 40%, se uma escola quisesse ter os 10% melhores alunos em seu 3º ano do programa para alunos avançados, 72,4% deles não teriam sido identificados pelo seu desempenho no teste de QI aplicado antes da educação infantil. E a criança não ficaria de fora desse grupo seleto por margem inexpressiva em sua pontuação. Muitas não teriam sequer passado perto. Ao menos um terço dos alunos mais brilhantes dos 6º/7º ano teria resultados abaixo da média, antes da educação infantil.

A quantidade de falso positivos e falso negativos preocupa especialistas como o Dr. Donald Rock, um cientista e pesquisador sênior do Educational Testing Service. Segundo ele, a identificação de crianças brilhantes na educação infantil ou no 5º ano não é consistente, pois os resultados das medições de QI não são precisos. Para os alunos do 7º ano eles são eficientes, para os do 6º, talvez. Ao testar crianças mais novas que isso, iremos identificar, basicamente, as crianças com o melhor respaldo, quer dizer, as crianças "com berço".

O Dr. Rock acrescenta ainda que o resultado da maioria das crianças não oscila muito; ele explica que as crianças que ficaram entre o 1% melhor no teste durante a educação infantil certamente continuaram entre os 10% melhores, cinco anos mais tarde. Sem dúvida, uma criança que tem um resultado extraordinário e se posiciona do topo dos resultados daquele teste é uma criança brilhante; mas as crianças com um bom desempenho podem não estar no mesmo patamar quando estiverem no 7º ano.

De acordo com Dr. Rock, no 3º ano do ensino fundamental o programa escolar se torna mais difícil. A partir daí, a criança deve demonstrar um raciocínio matemático, em lugar de apenas memorizar as adições; e o enfoque agora é a compreensão da leitura e não mais ler frases soltas em voz alta a partir de fonemas. Essa nova etapa de dificuldade seleciona as crianças.

Ele afirma que o crescimento se estabiliza em muitas crianças. Como resultado, acredita que é nessa fase que os testes passam a ter um significado. Para ele, a classificação das notas da criança de 7º ano é decisiva — ao avaliarmos a leitura nessa época, podemos prever seu desempenho futuro em diversas áreas.

Então, não se trata de uma eventual falha inerente aos testes de inteligência. O problema é que testamos as crianças muito precocemente, seja qual for o tipo de teste.

O Dr. Steven Strand, da Universidade de Warwick, em Coventry, Inglaterra, expressa sua preocupação com decisões muito importantes, como ingressar em uma escola particular exclusiva, que seriam tomadas com base nos resultados desses testes. Para ele, essas decisões estruturais costumam ser inflexíveis, e as crianças podem, equivocadamente, ser selecionadas ou dispensadas em função de um resultado prematuro. A questão é ter flexibilidade o bastante para modificar dispositivos e decisões mais adiante.

Em vez de testar as crianças na educação infantil ou no início do ensino fundamental, Strand descobriu que os testes de QI aplicados a alunos entre o 6º e o 8º anos são os mais eficientes para predizer o sucesso acadêmico no ensino médio.

Em um estudo recente, publicado no jornal *Intelligence*, Strand analisou os resultados de 70 mil crianças inglesas. Ele comparou seus resultados em um teste de inteligência aplicado aos 11 anos de idade, com seu desempenho em um exame de conhecimentos gerais, o GCSE, realizado aos 16 anos. A correlação entre eles foi bastante grande. Assim, se os testes de QI aplicados na primeira infância pudessem prever com a mesma eficiência que os testes aplicados aos 11 anos, eles seriam duas vezes mais precisos ao identificar alunos superdotados.

Todos os especialistas que consultamos foram unânimes ao alertar sobre a seleção de crianças pequenas com base no resultado de um único teste precoce; eles recomendam a realização de um segundo teste. E esse alerta não foi feito somente pelos pesquisadores que são moralmente contra os testes de inteligência. Essa advertência foi feita com mais veemência por aqueles que *elaboraram* os testes, incluindo: o Prof. Dr. David Lohman, da Universidade de Iowa, um dos autores do Teste de Capacidade Cognitiva; o Dr. Steven Pfeiffer, autor da Escala de Avaliação de Superdotados (Gifted Rating Scales); e o Dr. Cecil Reynolds, autor do RIAS (Reynolds Intellectual Assessment Scales).

Apesar da unanimidade dessa conclusão, devido ao custo e ao tempo exigidos, as crianças continuam sendo aceitas — ou recusadas — nos programas com base em um único teste, sendo que em muitas escolas jamais serão testadas novamente.

O Dr. Reynolds vai mais longe; para ele, é um absurdo estipular como critério de corte um numérico fixo. Além disso, ele acredita que se agirmos dessa forma para determinar quais crianças merecem educação especial, estaríamos infringindo a legislação federal em diversos países.

* * *

Tomemos como exemplo a Carolina do Sul, nos Estados Unidos.

Há alguns anos, o governo contratou o Centro Educacional para Superdotados da Universidade William & Mary para avaliar seu processo de seleção de superdotados. O estado da Carolina do Sul temia que as minorias estivessem mal representadas nos programas de educação avançada. Mas, no final, foram detectados problemas ainda mais sérios.

Apesar de o programa de admissão ter sido reformulado para estimular a participação das minorias, ele continuava desproporcional — 86% eram brancos. Contudo, mais preocupante ainda era o número de crianças no programa de educação avançada que, independentemente da raça, estava longe de apresentar um desempenho de superdotados.

Quando a universidade analisou as notas dos testes de rendimento das crianças superdotadas de 2002 nos 3º, 4º e 5º anos, encontrou resultados desastrosos. Em matemática, as notas de 12% das crianças "superdotadas" eram compatíveis com um nível de capacidade básico. Outras 30% foram consideradas apenas proficientes. Em gramática os números foram ainda piores. Seria de se esperar que os pesquisadores recomendassem que essas crianças fossem transferidas para uma classe comum. Mas, em vez disso, a universidade recomendou que o governo fizesse intervenções junto às crianças superdotadas — basicamente, realizar programas especiais para crianças que, apesar de superdotadas, são medianas, um conceito paradoxo, se é que isso é possível.

Entramos em contato com os vinte condados ou cidades norte-americanos com as maiores populações estudantis, para obter mais informações sobre os programas de educação avançada que eles oferecem. As regiões contatadas foram:

- Cidade de Nova York
- Condado de Palm Beach
- Grande Los Angeles
- Condado de Orange, em Orlando
- Cidade de Chicago
- Condado de Fairfax, na Virgínia
- Condado de Dade, em Miami
- Condado de Dallas, no Texas (Dallas ISD)
- Condado de Clark, em Las Vegas

- Cidade de Detroit
- Condado de Broward, em Fort Lauderdale
- Condado de Montgomery, em Maryland
- Cidade de Houston (Houston ISD)
- Condado de Prince George, em Maryland
- Condado de Hillsborough, em Tampa
- Condado de Gwinnett, na Geórgia
- Cidade da Filadélfia
- Grande San Diego
- Dept. de Educação do Havaí
- Condado de Duval, em Jacksonville

Todas essas vinte regiões tinham algum tipo de programa para superdotados. Em doze delas os programas começam na educação infantil. Nenhuma das regiões aguarda até o 7º ano para selecionar as crianças — ao final do 6º ano, as vinte regiões já destacaram as crianças notáveis.

Na teoria, isso se opõe à ciência do desenvolvimento.

— Eu não tenho a solução ideal — afirma Lauri Kirsch, supervisora do Programa de Superdotados do condado de Hillsborough, em Tampa, na Flórida. — Apenas procuro ficar atenta para encontrar crianças com o perfil. Criamos oportunidades para as crianças se dedicarem e se destacarem. Nossa intenção é dar tempo às crianças para que desenvolvam suas aptidões especiais.

Quando entramos em contato com as escolas, percebemos que era injusto julgar os programas baseando-nos apenas na idade em que as crianças eram testadas, sem dar a devida importância à estrutura do programa em si — se as aulas do programa avançado eram essencialmente melhores que as aulas regulares, ou se eram apenas um mero complemento delas. Diversas regiões, como Dallas, identificam as crianças já na educação infantil, mas não tomam uma decisão estrutural definitiva nessa fase. As crianças identificadas como superdotadas permanecem na mesma sala de aula que os demais alunos e, uma vez por semana, são dispensadas para assistir a uma aula avançada de duas horas de duração, apenas para superdotados. Isso é tudo que elas recebem de diferente, o que possivelmente é insuficiente. É difícil argumentar que Dallas faz melhor do que Detroit, em que uma decisão irrevogável é feita antes da educação infantil; contudo, nesse caso, as crianças identificadas como superdotadas obtêm algo muito melhor — elas podem frequentar uma escola especial, em período integral.

Ao aplicar a ciência à realidade, o problema não parece ser a idade da primeira avaliação. Mesmo na educação infantil, algumas crianças, sem sombra de dúvida, são mais avançadas que outras. Por outro lado, o que passa a se configurar como um problema é que as instituições não oferecem outras oportunidades de teste para crianças que levaram mais tempo para desenvolverem seus talentos; e elas também não utilizam novos testes para assegurar que as crianças selecionadas quando pequenas realmente pertençam ao grupo de superdotadas.

Nenhuma dessas vinte regiões exige que os alunos consigam uma pontuação elevada em testes de rendimento e nem em testes de QI nos anos seguintes, para continuar no programa avançado. Para ter a permanência assegurada nas turmas avançadas, a criança só não pode ficar muito atrasada em relação aos demais. Excluir alunos não é prioridade das instituições, mas admiti-los.

Muitas das instituições continuam a operar sob a premissa de que a inteligência é inata e estável. Por essa lógica ultrapassada, como o resultado do teste de QI valeria por toda vida, não há por que reavaliar. Apesar de bem-intencionada, a não realização de novos testes é contraditória: as escolas são rígidas em sua crença de que testes de QI são necessários como peneira para o ingresso dos alunos, mas depois, acreditam que novos testes são desnecessários.

Voltando ao caso da Carolina do Sul, eles instituíam novas regras para proteger as crianças com desempenho insatisfatório em turmas de superdotados. Em primeiro lugar, um aluno não pode ser dispensado do programa somente por estar um pouco atrasado em relação ao restante da turma; é preciso haver um motivo de força maior para ele ser afastado. Em segundo lugar, se o aluno for transferido para uma turma regular até o término do ano letivo, ele tem permissão garantida para retornar ao programa de superdotados, no início do ano letivo seguinte, sem necessidade de novos testes.

Mas a Carolina do Sul não é a única região a considerar um tabu a necessidade de os alunos superdotados provarem seu mérito. Na Flórida, uma lei de 2007 para reformular a educação de superdotados no estado só foi aprovada pelo comitê depois que a exigência da realização de testes a cada três anos foi retirada do plano de ensino.

Mais uma vez, os criadores dos testes de desempenho discordam dessas práticas que se baseiam na crença de que se alguém for alguma vez na vida classificado como superdotado, será superdotado para sempre. O Dr. Lohman, coautor do teste CogAT, explica:

— O clássico modelo do superdotado como alguém com uma qualidade fixa e eterna é algo que há tempos tentamos desmistificar; contudo, não vimos tendo sucesso.

De todas as regiões que analisamos, nenhuma desmerece tanto a ciência como a cidade de Nova York. O ingresso é definido por um único teste antes da educação infantil, e, uma vez admitido, o aluno jamais é submetido a outro teste — dependendo da escola, o aluno pode permanecer no grupo determinado pelo teste até o 5º ou 9º ano. Até 2008, a Secretaria de Educação de Nova York já havia substituído o tipo de teste aplicado por quatro vezes em quatro anos, sem conseguir obter os resultados esperados. Em 2007, o relatório de um reitor revelou que pouquíssimas crianças haviam atingido o índice de exigência superior a 90%, por isso as turmas haviam sido completadas com alunos regulares — 42% das vagas para crianças superdotadas haviam sido preenchidas por crianças com desempeno inferior a *80%*. Muitos reclamaram que com isso o programa decaiu. Ao mesmo tempo, o website da Secretaria de Educação da cidade anunciava aos candidatos antigos que eles seriam incluídos em uma lista de espera, para o preenchimento de vagas remanescentes, ainda que raras segundo eles — até mesmo no 4º e 5º ano.

Escolas particulares não têm outra opção — via de regra, precisam avaliar a criança antes da educação infantil. Mas é preciso admitir que o processo de seleção é bastante falho, e que por isso elas acabam perdendo excelentes alunos. Os diretores deveriam logo avisar aos pais: "O processo de seleção é mais uma arte do que uma ciência". Se bem que a ciência rebate: esse processo não é 60% arte, é 60% aleatório.

Em algumas cidades, as escolas de educação infantil de elite também adotaram os testes de inteligência. E elas não se envergonham por isso: na região de Seattle, uma escola de educação infantil se vangloria em seu website por ser a única escola de educação infantil no estado que exige teste de QI para a admissão — algumas crianças chegam a fazer o teste aos 2 anos de idade. Em Detroit, uma outra escola de educação infantil espera até que a criança tenha 2 anos e meio para aplicar o teste.

A falta de precisão dos testes de inteligência serve de estímulo para que se busquem outros métodos para analisar se uma criança é superdotada — por exemplo, analisando o comportamento ou a inteligência emocional dela. Encontramos diversos websites que questionam: "Seu filho é superdotado?", e então apresentam uma lista de comportamentos a serem observados. E isso não se restringe aos pais. Descobrimos escolas que adotam essas listas como parte do processo de seleção. Mas será que essas diretrizes de comportamento têm realmente algum fundamento?

A publicação do livro *Inteligência emocional*, do Dr. Daniel Goleman, em 1995, difundiu largamente a teoria de que o temperamento e as competências interpessoais são mais importantes para o sucesso do que a inteligência cognitiva. Na edição comemorativa de dez anos de lançamento do livro, Goleman elogia as secretarias de educação que passaram a incluir materiais sobre inteligência emocional em seu programa e sugere que a inteligência emocional pode ser a chave para o sucesso acadêmico de alguns alunos. E até agora muitas outras escolas incorporaram essa premissa em seu processo de seleção. Cada vez é mais popular em escolas particulares a prática de organizar brincadeiras em grupo no processo de seleção da educação infantil — e, então, pedagogos e psicólogos aproveitam para avaliar, de acordo com suas "listas", o comportamento, a motivação e a personalidade das crianças.

Então, o lado emocional da criança pode explicar o que os testes de QI não detectam?

Na última década, surgiram diversas abordagens importantes para avaliar a inteligência emocional. Entre elas o teste MSCEIT, elaborado pela mesma equipe que inventou a expressão "inteligência emocional" — incluindo o Dr. Peter Salovey, reitor da Universidade de Yale. Outro teste é o EQ-i, elaborado pelo Dr. Rueven Bar-On, criador da expressão "quociente emocional". Pesquisadores do mundo todo adotaram esses métodos e os resultados são impressionantes.

Em uma meta-análise com esses estudos, especialistas concluíram que a correlação entre inteligência emocional e desempenho acadêmico é de meros 10%. Todos esses estudos foram realizados com adolescentes e universitários — não crianças. Já um estudo realizado em um presídio revelou que os presidiários têm QE elevado, contrariando a teoria de que indivíduos emocionalmente inteligentes fazem escolhas mais acertadas na vida.

O Dr. Salovey vem criticando continuamente o Dr. Goleman por deturpar a pesquisa de sua equipe e exagerar a respeito de seu impacto. Para Salovey, as promessas otimistas de Goleman são irreais, desorientadoras e sem embasamento científico.

Em um teste de inteligência emocional, as crianças devem responder o que sentiriam se seu melhor amigo ou amiga se mudasse para longe. Quanto mais desinibida e falante a criança for, melhor seu desempenho no teste — mas a capacidade verbal é também o que estimula a inteligência cognitiva na infância. (Em um capítulo mais adiante, falaremos sobre o início do desenvolvimento da linguagem.) Assim, em vez de alegar triunfantemente que a inteligência emocional tomou o lugar e a importância da inteligência cognitiva, um estudioso de renome resolveu provar o contrário: que a capacidade cognitiva mais elevada contribui para o bom funcionamento emocional.

A relação entre a personalidade da criança e seu sucesso escolar também foi objeto de estudo. Mas o impasse é que, em cada faixa etária, diferentes traços da personalidade assumem uma importância e passam a ser determinantes. Um estudo mostrou que na educação infantil, os bons alunos são extrovertidos, mas lá pelo 2º ou 3º ano, a extroversão perde metade de seu impacto em seu desempenho. Segundo outro estudioso, por volta do 6º ano, a extroversão deixa de ser uma vantagem e adquire um efeito negativo contínuo; enquanto no 8º ano, os melhores alunos são conscienciosos e, em geral, introvertidos.

Em 2007, o Dr. Greg Duncan, da Universidade Northwestern, publicou um estudo com uma extensa análise de 34 mil crianças, em colaboração com 11 coautores renomados. Eles examinaram os dados de seis estudos em longo prazo da população — quatro deles eram dos Estados Unidos, um do Canadá e um do Reino Unido. Antes da educação infantil, todas as crianças participantes foram submetidas a variações de testes de inteligência ou de desempenho. Além disso, mães e professores avaliaram suas competências sociais, capacidade de atenção, e comportamentos — em alguns casos antes de entrar na educação infantil, em outros durante seu curso. Os pesquisadores procuraram dados de todos os aspectos do temperamento e do comportamento passíveis de afetar o desempenho escolar — malcriação, ansiedade, agressão, falta de competências interpessoais, hiperatividade, falta de concentração etc.

A equipe de Duncan esperava que as competências sociais pudessem prever com precisão o sucesso acadêmico das crianças. O pesquisador relembra:

— Levamos três anos para concluir a análise, enquanto o padrão comportamental se desenhava lentamente.

No geral, os testes de QI revelaram um grau de correlação semelhante ao da meta-análise de Suen: combinando a pontuação de matemática e leitura, o resultado do teste de QI feito na infância tinha no máximo uma correlação de 40% com o desempenho do teste posterior. Mas a surpresa foi que as avaliações de comportamento e nível de atenção das crianças também se mostraram péssimos indicadores. Os testes que analisaram a atenção e o comportamento atingiram, no máximo, uma correlação de 20% e de 8%, respectivamente. Isso significa que muitas crianças que se tornaram excelentes alunos eram inquietas e malcomportadas quando tinham 5 anos, ao passo que muitas das crianças que eram comportadas aos 5 anos, não se tornaram bons alunos. Duncan confessou sua surpresa ao constatar que as competências sociais são indicadores tão ineficientes.

É tentador imaginar que se possa pegar a correlação de 40% dos testes de QI, somar os 20% da correlação do potencial de atenção e, por último, acrescentar a avaliação das competências sociais para chegar a uma correlação de quase 70%. Mas não é assim que funciona. Na prática, as diversas ferramentas de avaliação acabam selecionando as mesmas crianças bem comportadas e precoces, e excluindo as outras que precisam de mais um ou dois anos para se desenvolver. Por exemplo, a motivação está ligada ao sucesso acadêmico quase tanto quanto a inteligência. Mas, na verdade, como as crianças com QI mais elevado se sentem mais motivadas a estudar, as análises focadas no QI indicam que a motivação representa apenas um discreto aumento percentual na precisão total.

Quase todo estudioso tem sua combinação de testes favorita, como um barman em um concurso de coquetéis. Mas na melhor das hipóteses, essas avaliações híbridas permitem que se chegue a uma correlação de 50% quando aplicadas a crianças menores.

Em um capítulo mais adiante, discutiremos sobre as medidas capazes de estimular a capacidade de concentração minimizando a distração — e a possibilidade de esse ser o fator que faltava aos cientistas. É possível que, em alguns anos, um especialista conceba um teste híbrido de QI e impulsividade realmente eficiente para antever o desempenho futuro de uma criança de 5 anos. Até lá, é preciso reconhecer que o sistema atual de testes e de avaliação pedagógica aplicados, em separado ou em conjunto, em crianças muito novas, não alcança índices de um padrão de confiança considerável para justificar uma decisão em longo prazo. Isso porque não há como descobrir um número enorme de crianças talentosas ainda tão cedo.

O fato de os criadores de testes de QI alertarem que o resultado da criança em testes de inteligência só é confiável a partir dos 11 ou 12 anos de idade dá margem a uma série de questionamentos muito interessante: o que acontece no cérebro para determinar que um indivíduo seja mais inteligente do que outro? Será que esses mecanismos estão suficientemente atuantes desde a infância, ou só se desenvolvem mais tarde?

Na década de 1990, os cientistas analisavam a correlação entre a inteligência e a espessura do córtex cerebral — a estrutura cerebral com uma superfície repleta de sulcos e que recobre o interior do cérebro. Calculava-se que cada milímetro cúbico do cérebro adulto abrigava aproximadamente de 35 a 70 milhões de neurônios, e cerca de 500 bilhões de sinapses. Unindo de ponta a ponta os nervos de um único milímetro cúbico supunham que chegaríamos a uma extensão de 32 km. Portanto, pouca coisa a mais na espessura de um córtex representaria trilhões de sinapses e muitos quilômetros de fibras nervosas a mais. Quanto mais espesso fosse, melhor.

Além disso, sabia-se que um córtex infantil normal atingia sua espessura máxima antes dos 7 anos de idade — a matéria-prima da inteligência já estaria disponível. (Nessa idade, o cérebro inteiro já atingiu 95% de seu tamanho final.) Considerando isso, parecia razoável tomar decisões importantes sobre o futuro da criança nesse estágio de desenvolvimento.

Mas essa fórmula básica do quanto mais espesso melhor caiu por terra com a análise do Dr. Jay Giedd e do Dr. Philip Shaw, do Instituto Nacional de Saúde (NIH), em 2006. Nessa idade, uma criança muito inteligente tem um córtex ligeiramente mais espesso que o de uma criança mediana. No entanto, as crianças realmente mais brilhantes, com inteligência superior comprovada, têm um córtex mais delgado quando são mais novas. Entre 5 e 11 anos de idade, uma nova camada de meio milímetro de substância cinzenta é agregada a seu cérebro, e seu córtex só atinge a espessura máxima lá pelos 11, 12 anos, cerca de quatro anos mais tarde do que nas demais crianças.

— Se você fizer a seleção de crianças muito novas para uma turma de superdotados, poderá estar cometendo um equívoco — observa o Dr. Giedd. — Pois as que têm desenvolvimento tardio ficariam de fora.

No interior do cérebro, os neurônios competem entre si. Os neurônios sem utilidade são eliminados, os vencedores sobrevivem, e se forem usados com frequência, eles serão protegidos por uma camada branca de tecido gorduroso, que aumenta exponencialmente a velocidade da transmissão. Assim, a substância cinzenta é elevada à condição de substância branca. Isso não acontece no cérebro todo de uma só vez — partes dele podem continuar a acumular substância cinzenta enquanto outra região já tenha começado a convertê-la em substância branca. Mas quando isso ocorre, a transformação pode ser muito rápida — em algumas áreas do cérebro, 50% do tecido nervoso pode chegar a ser convertido em apenas um ano.

Isso pode resultar em verdadeiros saltos no progresso intelectual, semelhante a um estirão de crescimento na altura. Durante meados do período total da infância, uma transformação mais rápida da substância das regiões do hemisfério esquerdo promove um ganho maior no desenvolvimento da linguagem. A área do córtex pré-frontal, indispensável ao raciocínio mais elaborado, só começa a sofrer a transformação na pré-adolescência — e é uma das últimas regiões a passar por esse processo.

Durante essa mesma fase, o cérebro também está rearranjando as grandes cápsulas de nervos que ligam um lóbulo a outro. No interior dessas super-rodovias cerebrais, os nervos que correm em paralelo têm preferência de seleção em relação aos outros nervos que andam na perpendicular. Pequenas alterações nessa organização surtem efeitos enormes — 10% de melhora na forma de arranjo representam a diferença entre um QI inferior a 80 e um QI superior a 130. E esse ganho de 10% com a nova organização não é raro; muito pelo contrário, é o desenvolvimento esperado no período entre os cinco e os 18 anos.

Com tantos desenvolvimentos em progresso, não surpreende que haja uma variação tão grande nos resultados dos testes de QI feitos nos primeiros anos da infância. Entre os 3 e os 10 anos de idade, a pontuação do teste de QI de dois terços das crianças irá oscilar em mais de 15 pontos, para mais ou para menos. E isso ocorre especialmente com as crianças mais brilhantes, cuja inteligência sofre uma maior variação nessa fase do que acontece com o rendimento das crianças medianas.

O Dr. Richard Haier é um renomado neurologista da Universidade da Califórnia, em Irvine. Ele ficou estarrecido quando lhe contei que a cidade de Nova York seleciona os alunos superdotados com base em um exame de uma hora de duração, aplicado em crianças de 5 anos.

— Eu acreditava que as secretarias de educação haviam suspendido essa prática há décadas — disse Haier. — Discordo da aplicação de testes de inteligência em crianças de 5 anos, pois como nem todo mundo progride no mesmo ritmo, não há como garantir que uma pequena mostra de um determinado período ao longo do seu processo de desenvolvimento seja eficaz. E as crianças que se desenvolvem somente depois dos 5 anos?

A especialidade de Haier é identificar a localização da inteligência no cérebro. A neurociência sempre foi obstinada por isolar as funções das diferentes regiões do cérebro. As primeiras descobertas vieram a partir da análise de pacientes com comprometimento em pequenas regiões. Assim, investigando o que eles não estavam aptos a realizar, foi possível detectar onde se dá o processamento visual, onde está localizado o centro da habilidade motora e onde a linguagem é decifrada.

Na última década, a evolução do mapeamento cerebral permitiu uma compreensão ainda mais detalhada — agora se sabe que pontos se ativam diante do perigo iminente, onde reside a fé e o local no cérebro dos fortes sentimentos do amor romântico.

Mas as pesquisas referentes ao local da inteligência no cérebro não se desenvolveram no mesmo ritmo que as demais. Neurocientistas como Haier estão próximos de identificar precisamente que porções da substância cinzenta a inteligência ocupa no cérebro da maioria dos adultos. Mas durante suas investigações, uma descoberta coletiva os levou a rever o conceito antigo de que a localização no cérebro está associada à função cerebral.

Conforme a criança cresce, o local de produção intelectual muda. A rede neural que uma criança ativa quando usa sua inteligência não é a mesma que será ativada no cérebro de um adolescente ou de um adulto. Há algumas áreas coincidentes, mas as diferenças são impressionantes. O sucesso intelectual de uma criança, em última estância, depende basicamente da capacidade de seu cérebro aprender como transferir o processo intelectual para essas redes neurais mais eficientes utilizadas pelos adultos.

O Dr. Bradley Schlaggar, neurologista da Universidade de Washington, em Saint Louis, constatou, com a ajuda de um equipamento de ressonância magnética, que tanto os adultos quanto as crianças usam 40 agrupamentos diferentes entre si de substância cinzenta ao serem submetidos a um simples teste verbal. Porém, comparando as imagens cerebrais das crianças (de 9 anos) com as dos adultos (de 25 anos), Schlaggar notou que apenas metade dos agrupamentos coincidia nos dois grupos. A atividade cerebral dos adultos era bastante distinta.

Em um estudo análogo, o Dr. Kun Ho Lee, da Universidade Federal de Seul, analisou imagens de ressonância magnética feitas enquanto dois grupos de jovens estudantes solucionavam jogos de raciocínio. O cérebro dos adolescentes mais inteligentes desviou o processamento intelectual para uma rede neural acionando o lobo parietal — eles ficaram entre o 1% melhor colocados no teste. Essa alteração não foi verificada no cérebro dos demais adolescentes.

Outros estudiosos têm constatado o mesmo. Equipes das universidades de Cornell, Stanford e do King's College, de Londres, confirmaram que as redes cognitivas em atividade nas crianças diferem das redes ativadas nos adultos.

Haier se confessa satisfeito, pois isso contraria os antigos conceitos da neurociência. E afirma que agora as pesquisas da ciência rumam para o fato de a inteligência se mover por meio do cérebro, conforme as diferentes áreas são ativadas.

Do córtex ainda em formação incompleta até a ocorrência das mudanças nas redes neurais, nenhum dos mecanismos mais importantes da inteligência está em atividade na idade em que a maioria das crianças faz o teste de seleção para ingressar em um programa para superdotados ou em uma escola particular de educação infantil. Ou seja, fazemos escolhas estruturais que afetam a vida da criança em longo prazo, em um momento de sua vida em que seu cérebro ainda não passou pelas transformações radicais que definirão sua inteligência.

O verdadeiro desenvolvimento intelectual não se dá de forma equilibrada ou orquestrada. Ele apresenta picos vertiginosos de crescimento e duros reveses que precisam ser superados.

É necessário questionar por que nos empenhamos tanto para identificar as crianças mais inteligentes de forma tão prematura. O sistema foi criado para permitir que os talentos naturais sejam descobertos e estimulados. No entanto, utilizamos o sistema de um modo falho e ineficiente, que acaba deixando de fora um número grande de crianças talentosas.

Parece desnecessário perguntar como ficam aqueles com desenvolvimento tardio. Pois em termos de um desenvolvimento cognitivo verdadeiramente superior que a média, a neurociência atesta que "mais tarde" pode representar o tempo ideal para se alcançar um nível máximo de desenvolvimento. Não significa que a sociedade deva esperar indefinidamente até que esse desenvolvimento tardio se complete; mas o sistema de seleção de alunos poderia ser muito mais eficiente se aguardasse até as crianças completarem 11 anos para testá-las.

As crianças superdotadas costumam apresentar um progresso desigual. (Não raro, há uma diferença tão grande entre o desempenho das habilidades verbais e das habilidades não verbais de uma criança superdotada, que parte do resultado de seu teste a habilitaria para uma turma de estudos avançados e outra parte, para um programa de educação especial para alunos com dificuldades.)

Da forma como os programas são concebidos atualmente, os diretores das escolas jamais pensariam que um desenvolvimento irregular possa ser uma qualidade. A criança pequena que domina as habilidades cognitivas, mas tem dificuldade com a fonética, pode um dia desenvolver uma linguagem poética abstrata totalmente inovadora. A fixação de um garotinho por dinossauros, e que não tem olhos para mais nada, pode não ser uma deficiência, e sim, tornar-se uma qualidade positiva que lhe ajude no futuro com desafios de aprendizagem que exijam concentração absoluta em um único foco.

Imagine uma garotinha não aceita em um programa para superdotados — apesar de saber ler desde os 2 anos de idade — só porque ela ainda não tem coordenação motora suficiente para alinhar quatro cubos com perfeição...

Enquanto isso, uma criança que desenvolve seus talentos tardiamente tem de conviver com o julgamento equivocado de que ela não é superdotada. Contudo, ela é brilhante o suficiente para compreender que forças maiores determinaram que seria um desperdício de tempo e de recursos desenvolver seu potencial... Afinal, as vagas para superdotados já foram preenchidas.

SEIS

A influência dos irmãos

Freud estava enganado. Shakespeare, certo.
Os irmãos brigam.

Recentemente no Brasil, uma equipe de pesquisadores fez um levantamento dos registros médicos de um pronto-socorro, à procura de casos de emergência de crianças que haviam engolido moedas. Os pesquisadores estavam intrigados se engolir moedas seria mais comum entre crianças que não tivessem irmãos. Por fim, eles concluíram que sua amostra era pequena demais para permitir alguma conclusão.

Essa tentativa estava longe de ser a primeira vez que especialistas buscavam descobrir efeitos colaterais singulares por ser filho único. Na Itália, anos atrás, pesquisadores tentaram apurar se as filhas únicas eram mais propensas a desenvolver distúrbios alimentares na adolescência. (Não eram.) Em Israel, um estudioso constatou que a incidência de asma era maior entre filhos únicos — pelo menos ao compará-los com crianças que tinham de 15 a 20 irmãos; mas se comparadas com outras crianças que tinham um número menor de irmãos, a diferença entre os índices de asma era quase imperceptível. Pais de filhos únicos não precisavam mais se preocupar.

Enquanto isso, por todo o Reino Unido, pesquisadores investigavam se os filhos únicos tinham menos verrugas. Não que você precisasse saber, mas já que eles descobriram — filhos únicos têm mesmo menos verrugas aos 11 anos. Entretanto, segundo pesquisadores escoceses, filhos únicos sofrem mais de eczema.

Pelo visto a pesquisa sobre filhos únicos virou uma febre. Mas isso não surpreende. Nas duas últimas décadas, a proporção de mulheres que têm apenas um filho duplicou nos Estados Unidos, e famílias com um filho único já são mais comuns que famílias com dois filhos.

Não se sabe de que maneira isso impacta nas crianças, mas sem dúvida impacta *de alguma forma*. Cogitamos isso, pois temos tendência a estigmatizar as exceções; e filhos únicos são um bom exemplo disso. Há muito tempo, em 1898, um dos pioneiros da psicologia infantil, G. Stanley Hall, escreveu que "ser filho único por si só é uma doença". Muitos estudiosos hoje refutam essa afirmação absurda, mas os estudos sobre verrugas e moedas engolidas indicam que alguns ainda se deixam influenciar pela ideias de Stanley Hall.

Cientistas desvendaram algumas coisas sobre filhos únicos — pontos em que eles apresentam pequenas diferenças em relação a crianças que têm irmãos. Mas não se tratam de descobertas surpreendentes. É fato que, em média, filhos únicos têm um rendimento escolar um pouco melhor — possivelmente pela mesma razão que os irmãos mais velhos se saem melhor que os mais novos. Um estudo feito na Austrália mostrou que filhas únicas fazem 15 minutos a menos de atividades físicas por dia — o que reforça um estudo alemão que alega que o condicionamento físico de filhos únicos pequenos é ligeiramente inferior ao das demais crianças.

Mas não é essa a preocupação da sociedade em relação aos filhos únicos. O que nos intriga é: "Será que eles sabem se relacionar bem?" Em nenhuma outra parte essa questão recebe mais atenção do que na China, que impõe o limite de um filho às famílias que moram em áreas urbanas, desde 1979. (Apesar dessa política, 42,7% das famílias chinesas hoje têm dois ou mais filhos.) Quando a política entrou em vigor, críticos argumentaram que um país de filhos únicos poderia destruir as características peculiares de uma nação inteira. E apesar de investigar a questão a fundo por três décadas, as pesquisas na China ainda não chegaram a nenhuma conclusão consensual. Segundo um relatório, filhos únicos que estão entre o 6º e o 8º ano escolar são *menos* ansiosos e têm habilidades sociais *mais* desenvolvidas. Porém, outro relatório afirma que no ensino médio verifica-se justamente o contrário. Por que não estamos enxergando os efeitos claramente? É surpreendente, já que a *teoria* de que ser filho único destitui a criança de habilidades sociais tem muita lógica. A criança que cresce com irmãos tem a oportunidade de aprender com milhares de interações a se relacionar socialmente. Segundo essa teoria, o fato de ter irmãos deveria dar à criança uma grande vantagem na capacidade de se relacionar, em comparação aos filhos únicos.

Mas não dá.

Talvez o erro esteja em supor que essas milhares de interações entre irmãos terão sempre um impacto positivo. Talvez o resultado não seja exatamente esse, e que, na verdade, as crianças aprendam muitos aspectos negativos e somente alguns positivos em relação às habilidades sociais.

A Dra. Laurie Kramer, vice-reitora da Universidade de Illinois, em Urbana-Champaign, busca o impossível: fazer com que irmãos e irmãs sejam mais amáveis uns com os outros.

Ficou bem claro o que ela teria de enfrentar minutos depois de se reunir com pais que haviam inscrito seus filhos no programa de seis semanas de duração de Laurie, "Mais Diversão Entre Irmãs e Irmãos". Estávamos sentados em sofás dispostos em um círculo, em uma sala pequena, assistindo aos filhos deles por um circuito interno de televisão. Na sala ao lado, equipada com sete câmeras ocultas, as crianças faziam atividades acompanhadas por universitários, alunos de Laurie.

— Quando eles começam, parece um trem desgovernado. É paralisante — comentou uma mãe sobre as brigas entre a filha de 5 anos e o filho de 6. Apesar de ser uma experiente psiquiatra que atende veteranos de guerra feridos, são as intermináveis disputas entre os filhos que ela descreve como sendo uma experiência difícil de enfrentar.

Outra mãe suspirou frustrada ao ver o filho de 7 anos provocar insistentemente a irmã de 4 anos:

— Ele sabe o que dizer, mas não consegue ser gentil de forma alguma — desabafou, com o olhar perdido por um instante, segurando uma lágrima.

A mãe de gêmeas de 5 anos contou que, em geral, as duas se davam muito bem, mas, por algum motivo inexplicável, elas sempre brigavam enquanto o jantar era preparado.

As famílias inscritas no programa de Laurie têm recursos e boa educação. Muitos dos pais pertencem ao corpo docente daquela universidade, e seus filhos frequentam os melhores colégios particulares da cidade. Pais preocupados, eles cercaram seus filhos com tudo o que havia de melhor para garantir uma atmosfera positiva, mas há um aspecto que não conseguem controlar — como fazer os irmãos se darem bem.

Mary Lynn Fletcher é a coordenadora do programa de Laurie Kramer; é ela que atende às ligações de pais interessados em inscrever os filhos no programa.

— Muitos estão extremamente nervosos ao ligar. Fico com pena deles — contou Mary Lynn. — Eles vivem estressados. Para alguns, o estresse é menor, mas mesmo assim não sabem o que fazer. Todo dia há um episódio novo que têm de enfrentar. Uma mãe estava levando os filhos para a escola e chegou a colocar o celular no banco traseiro do carro para que eu ouvisse a gritaria.

Pode parecer que essas crianças eram problemáticas, mas Ashley e eu tínhamos assistido gravações das crianças em casa, registradas no mês anterior. Cada fita continha 30 minutos de gravação dos irmãos brincando lado a lado, sem a presença mediadora dos pais na sala. Nessas gravações, sem dúvida havia um pouco de tensão, mas o que vimos nos pareceu melhor que o esperado.

Estudos observacionais constataram que irmãos com idades entre 3 e 7 anos entram em conflito em média 3,5 vezes por hora. Há briguinhas rápidas, e outras mais longas, que somadas totalizam dez minutos gastos com discussões a cada hora. Segundo a Dra. Hildy Ross, da Universidade de Waterloo, apenas um a cada oito conflitos termina em acordo ou reconciliação — nas outras sete vezes, os irmãos simplesmente se retiram, geralmente depois de a criança mais velha agredir ou intimidar a mais nova.

A Dra. Ganie DeHart, do Geneseo, um campus especial da Universidade Estadual de Nova York, comparou como as crianças de 4 anos tratam os irmãos mais novos versus seus melhores amigos. Em sua amostragem, as crianças fizeram sete vezes mais comentários negativos e controladores para os irmãos do que para os amigos.

Stephanie Punch, pesquisadora escocesa, encontrou resultados parecidos ao entrevistar 90 crianças. Ela concluiu que as crianças não são incentivadas a agir de forma gentil com os irmãos, como são em relação aos seus amigos, pois os irmãos continuarão ao seu lado no dia seguinte, independentemente do que acontecer. Ela relatou:

— Na relação entre irmãos, as interações sociais podem ser testadas até o seu limite. A raiva e a irritação não precisam ser coibidas, e a educação e a tolerância podem ser negligenciadas.

Será que eles acabam amadurecendo e superando isso, depois de milhares de interações de prática? Na verdade, não, assegura Laurie. Em 1990, ela e seu orientador, o Dr. John Gottman, recrutaram 30 famílias que estavam prestes a ter o segundo filho, sendo que o primeiro filho tinha 3 ou 4 anos. Duas vezes por semana, durante meses, Laurie foi até suas casas para observar os irmãos interagindo, até o caçula completar seis meses. Ela retornou dois meses depois de o bebê completar um ano e também quando fez 4 anos. Em todas as vezes, Laurie atribuiu uma nota à qualidade do relacionamento fraterno, computando quantas vezes as crianças tinham sido simpáticas ou agressivas entre elas. Nove anos mais tarde, Laurie voltou a acompanhar as famílias. Nessa ocasião, os irmãos mais velhos estavam na idade de ir para a faculdade. Mais uma vez, ela os filmou juntos. Para assegurar que um não iria ignorar o outro, ela propôs a eles algumas atividades conjuntas — solucionar jogos de raciocínio e planejar um fim de semana imaginário com a família com uma verba de dez mil dólares.

Laurie constatou que a qualidade do relacionamento fraterno é visivelmente estável em longo prazo. Exceto se houver ocorrido algum acontecimento impactante na família — uma doença, uma morte, um divórcio —, o caráter do relacionamento permanece o mesmo até o mais velho sair de casa. De modo geral, o tom estabelecido entre os irmãos desde cedo, na primeira infância, tende a continuar — seja controlador e autoritário, seja doce e carinhoso.

— Cerca de metade dessas famílias continua morando na região de Champaign-Urbana — contou Laurie. — Eles agora estão na faixa dos 20 anos. Eu acompanho as notícias sobre suas formaturas e seus casamentos no jornal. Cruzo com os pais deles no mercado e pergunto como está o relacionamento entre eles. Nada mudou.

Laurie sempre ouve pessoas dizendo que brigavam o tempo todo com os irmãos e que depois tudo se arranjou. Ela não discorda. Em vez disso, observa que em muitos relacionamentos fraternos, a frequência dos conflitos pode ser grande, mas os momentos de diversão no quintal e no quarto servem de compensação. Esse saldo positivo é o que leva a um bom relacionamento quando adultos. Por outro lado, irmãos que se ignoravam brigaram menos durante a infância, mas seu relacionamento ao longo do tempo mantém-se frio e distante.

Antes de iniciar o programa "Mais diversão Entre Irmãos e Irmãs", Laurie pediu aos pais que preenchessem questionários sobre suas expectativas quanto às interações entre os filhos. Os pais acabavam assumindo o conflito como parte normal da vida dos filhos. E, na verdade, o que os chateava era que muitas vezes os irmãos pareciam não se importar um com o outro, e que a atitude para com o irmão era fruto de um misto de indiferença e irritação.

Assim, o programa de Laurie é inédito na área. Ela não tenta impor às crianças métodos amenos de mediação dos conflitos — os próprios adultos têm bastante dificuldade para dominar técnicas diplomáticas como ser atencioso, ouvir o outro, relevar, evitar generalizações negativas e elogiar. Em vez disso, o programa de Laurie adquire credibilidade por fazer jus ao nome — levar os irmãos a descobrirem o prazer de brincarem juntos. As sessões de seis horas de duração foram concebidas para serem um verdadeiro parque de diversões para ambos os irmãos. A maioria das atividades rotineiras das crianças é exclusiva para sua faixa etária; nesse programa, os irmãos não são deixados com crianças da mesma idade. Aqui, eles ficam e brincam juntos.

Na primeira sessão, quatro marionetes de papel machê aparecem em um pequeno palco. Elas contam que são crianças extraterrestres do planeta Xândia. As nuvens em Xândia fazem chover sempre que os irmãos e irmãs discutem, e o planeta corre o risco de inundar para sempre. Eles vieram à Terra para conviver com as crianças terráqueas e aprender a se divertir mais juntos. Todas as crianças — extraterrestres e terráqueas — passam as seis sessões seguintes se divertindo com jogos de tabuleiro, criando projetos artísticos, encenando peças de teatro e dançando um rap escrito especialmente para elas. Elas levam para casa livros para ler antes de dormir e joguinhos temáticos do planeta Xândia.

Ao longo do processo, as crianças adotam algumas expressões para iniciar a brincadeira com seus irmãos, para entrarem em um consenso sobre quais atividades eles gostariam de fazer juntos e também para recusar gentilmente o convite do outro, quando não tiverem interesse. Elas ensaiam essas situações com toda atenção. O nome que essas simulações recebem — pare, pense e fale — é irrelevante. O que importa é que elas descobrem como superar a diferença de idade, para evitar que a criança mais velha adote uma postura autoritária. Durante uma dessas sessões, elas recebem a visita de uma mulher irritante, usando uma capa de chuva, chamada Senhorita Mandona — uma personagem caricata de uma chefe muito ocupada, que vive pendurada no celular. E as crianças acabam lhe ensinando como deixar de ser autoritária.

Muitos dos jogos e projetos artísticos ensinam as crianças a reconhecer os sentimentos contidos no rosto de seus irmãos. O lema que aprendem é: "Veja do seu ponto de vista, veja do meu ponto de vista". Elas desenham várias expressões faciais em máscaras feitas com pratinhos de papelão, ouvem uma história e levantam a máscara que corresponde ao sentimento vivido pelas personagens infantis.

Laurie fez ajustes nos roteiros para as sessões ao longo dos anos, mas a maior inovação em seu programa não está nesses detalhes, e sim no fato de que ela se concentra absolutamente nas crianças. Os outros especialistas, no entanto, consideram que crianças de 4 anos são novas demais, por isso direcionam seu treinamento aos pais, que são instruídos a como agir diante da brigas entre irmãos. No programa de Laurie, a redução do número de brigas é *resultado* de ter ensinado às crianças competências pró-ativas para já iniciar uma brincadeira de forma que ambos se divirtam. Trata-se de *evitar* conflitos e não *resolvê-los*. Os pais são meros facilitadores instruídos a reforçar, no dia a dia, que os filhos devem usar os passos aprendidos para solucionar seus problemas sozinhos, *sem* a interferência dos pais.

O programa de Laurie é eficiente em todos os aspectos. Os vídeos do antes e do depois dos irmãos brincando em casa mostram um envolvimento mútuo positivo; o questionário posterior dos pais revela que eles têm perdido menos tempo tentando apartar as brigas entre os filhos. As crianças parecem gostar da recreação, mas não passam sequer uma hora sem uma clássica demonstração da tensão entre irmãos — os mais velhos agem como controladores ou os mais novos são provocadores. Na verdade, nem todas as crianças estão prontas para aceitar a premissa básica do programa — a noção de que irmãos devem *desfrutar* da companhia um do outro.

— Tenho dois talentos especiais — Ethan, de 7 anos, anunciou aos instrutores e às crianças do programa. — O primeiro é jogar futebol com meu pai. O segundo é que eu sou muito bom em bater nas pessoas. Quando eu bato na minha irmã, eu me sinto bem.

Sofia, a irmã de Ethan, de 4 anos, estava sentada a menos de um metro dele, enquanto ele falava. Mas ela não reagiu àquela declaração chocante.

Ethan, na verdade, nunca tinha batido na irmã, que tinha a metade do tamanho dele. Ele, inclusive, sempre comentava preocupado que ela era tão pequenina que ele podia machucá-la sem querer. Mas naquela sessão, Ethan parecia saborear as crueldades ditas à Sofia. Ele debochou dela, falando bem alto, quando uma instrutora a ajudou a ler em voz alta, que ele não queria ter uma irmã caçula:

— Ela gosta de brincar de princesa e sempre pede para eu ser o príncipe. Mas eu gosto de brincar de ninja e não dá pra lutar com ela. Ela é muito chata!

Ao final da sessão, a mãe de Ethan o confrontou no corredor, exigindo uma explicação. Ele, então, deu uma resposta inesperada:

— Mas, mãe, não é *legal* gostar da irmã mais nova.

Ethan estava convicto de que devia bancar o mau com Sofia. Ele não podia deixar que os outros irmãos mais velhos do grupo desconfiassem que ele gostava da irmã — por isso ele mentiu gabando-se de ter batido nela.

Curiosos para saber como Ethan e Sofia se relacionavam, nós nos reunimos com Laurie para assistir ao vídeo dos dois em casa. Durante aquela meia hora, Ethan deu ordens à Sofia na construção de um forte com as almofadas do sofá. A tensão era terrível, parecia uma cena de filme *noir* — um episódio corriqueiro na iminência de virar uma tragédia.

Ethan autoproclamou-se engenheiro da construção e ficou só dando ordens à irmã. Ele gritava e dava bronca quando ela não conseguia colocar a almofada bem alinhada. Quando Sofia resolveu parar para comer, Ethan a ameaçou:

— Se me desobedecer mais uma vez, vai ser despedida e não poderá voltar.

E quando Sofia entendeu algo de forma errada, o garoto disse na hora:

— Sem desculpas! Não tem desculpa! Você só não vai ser despedida se prometer que não vai inventar mais nenhuma desculpa. E não fale com a boca cheia!

Ainda assim, a pesquisadora enxergou um lado positivo na gravação. Ethan, sem dúvida, repreendeu rispidamente a irmã — mas as duas crianças tinham optado, por vontade própria, em brincar juntas, e interagiram o tempo todo. Eles não bateram um no outro, nem pararam de conversar. Ethan ameaçou a irmã, mas mudou as regras para que ela continuasse jogando e se empenhou para que Sofia entendesse que tinha um papel importante no jogo. Quando ele parava de dar ordens, Sofia pedia-lhe instruções — o que o deixava todo satisfeito. E quando Sofia tentou puxar uma almofada grande para o forte, Ethan exclamou:

— Bom trabalho! — e correu para ajudá-la.

— As crianças mantêm um elo — Laurie concluiu. — Houve uma tentativa de evitar o conflito. Eles se gostam, um zela pelo outro. Acho que há muito potencial a ser desenvolvido.

Ela ainda não havia atribuído nota a essa fita, mas, à primeira vista, estimou a pontuação em 50 dos cem pontos possíveis — um bom equilíbrio, com momentos negativos e positivos em pesos iguais.

— Imagino que na gravação após o programa, eles ficaram perto de 70.

Mas se Ethan gostava mesmo da irmã, de onde havia tirado a ideia de que isso não era bacana, e precisava ficar em segredo? A mãe de Ethan, Rebecca, destacou que os melhores amigos dele se dão bem com os irmãos, logo, não havia partido deles. Ela acreditava que ele tinha tirado essa ideia dos livros que andava lendo. Ele era um ávido leitor e lia muitos livros.

Rebecca sentiu receio de revelar sua teoria, com medo de parecer que estivesse procurando uma desculpa. Mas a pesquisa de Laurie sugere que Rebecca pode ter acertado na mosca. Em um de seus estudos, Laurie se encontrou, por seis semanas, com um grupo controle de crianças, para ler livros e conversar sobre desenhos animados com histórias sobre irmãos. Eram produtos como *Os ursos Berenstain, Vila Sésamo* etc., que normalmente os pais compartilhariam com seus filhos, esperando que ajudassem as crianças a se relacionarem melhor. Laurie imaginava que o relacionamento das crianças com seus irmãos poderia melhorar com os livros, e torcia para que eles não tivessem *mais* êxito que *seu* programa.

Mas Laurie começou a receber reclamações de pais logo depois das primeiras semanas. Embora os livros e vídeos tivessem um final feliz, em que irmãos aprendem a valorizar e estimar um ao outro, o começo das histórias retratava, detalhadamente, crianças brigando, insultando e menosprezando os irmãos.

— Com aqueles livros, as crianças estavam descobrindo novas maneiras, que nunca haviam pensado antes, de judiar dos irmãos caçulas — relembrou Laurie.

Dito e feito: em seis semanas, o relacionamento entre os irmãos havia piorado vertiginosamente.

Laurie, então, analisou 261 livros infantis que retratavam o relacionamento entre irmãos. A variedade era grande, de livros ilustrados para crianças bem pequenas a livros mais extensos para alunos de 3º ano. Ela usou os mesmos critérios de avaliação dispensados às gravações das crianças interagindo entre si, e registrou quantas vezes cada irmão discutiu, ameaçou, excluiu ou provocou o outro; ela fez o mesmo em relação aos momentos construtivos de troca, afeição, solução de problemas e inclusão. Em geral, os livros apresentavam um número equivalente de comportamentos positivos e negativos. Apesar de tudo, enquanto os personagens se provocavam, menosprezavam seus irmãos e jogavam a culpa de suas travessuras no outro, os livros eram visivelmente direcionados para terem um final feliz.

Afinal, Shakespeare estava certo e Freud, enganado. Por quase um século, a alegação de Freud de que, desde o nascimento, os irmãos estão cerrados em uma disputa infinita pela afeição dos pais influenciou profundamente tanto estudiosos quanto pais. Mas a teoria freudiana, no entanto, estava incompleta. A rivalidade entre irmãos pode estar mais para Rei Lear do que para Édipo e seu amor pelos pais.

Uma equipe de pesquisadores ingleses e norte-americanos renomados fez um levantamento com 108 pares de irmãos, no Colorado (Texas), sobre o motivo exato de suas brigas. A afeição dos pais ficou em último lugar. Apenas 9% das crianças responderam que essa era a razão das discussões e da competição entre eles.

O motivo mais frequente da discórdia entre irmãos é o mesmo que arruinou os personagens de Shakespeare, Regan e Goneril: compartilhar os brinquedos do castelo. Entre os participantes da pesquisa, 78% das crianças mais velhas e 75% das mais novas disseram que compartilhar suas coisas — ou pedi-las de volta — era a principal razão de suas disputas.

Nada mais foi significativo. Apesar de que para 39% das crianças mais novas, o motivo de suas brigas era... brigas. Elas alegavam que começavam as brigas para impedir que os irmãos mais velhos batessem nelas.

Ciente do paradigma freudiano, os pesquisadores foram comedidos em suas descobertas, receosos de que as crianças pudessem ser imaturas demais para compreender a profundidade do psicodrama familiar protagonizado por elas. Contudo, esses irmãos não eram bebês. Os mais novos estavam no ensino fundamental e havia até adolescentes entre os mais velhos. Os pesquisadores ponderaram que a comunidade psicológica deveria reconhecer que os irmãos têm um repertório próprio de desavenças à parte dos pais. Segundo eles, a batalha para conquistar uma "parte maior" do amor dos pais pode ser um fator, mas as crianças entre 10 e 14 anos não pensam, falam ou sequer reconhecem esse estímulo.

Laurie Kramer chegou à mesma conclusão. Ela examinou 47 livros populares para pais, interessada em saber quantos dos conselhos sobre o relacionamento fraterno eram baseados em pesquisas empíricas e quantos não passavam de teorias questionáveis. Ela constatou que todos aqueles manuais de como educar os filhos reproduziam o paradigma psicodinâmico, em que o ressentimento entre irmãos se deve à perda da atenção dos pais com o nascimento do irmão mais novo. Laurie observa que há pesquisas que comprovam isso, como um estudo recente que sugere que o ciúme sentido pelo irmão mais velho, quando o mais novo tem cerca de um ano e meio, pode definir o tipo de relacionamento que eles terão no futuro. No entanto, Laurie defende que essa fixação pela competição pelo amor dos pais pode mascarar e desviar a atenção da verdade mais importante:

— Mesmo em famílias em que os filhos recebem muito carinho dos pais, os filhos caçulas podem não desenvolver um relacionamento saudável com os irmãos se ninguém ensinar a eles como fazê-lo.

Deve-se dar menos ênfase à psicologia e mais ao desenvolvimento das competências sociais em si.

Que outros fatores são supervalorizados? Os pais imaginam que a diferença de idade entre os irmãos seja um fator determinante. Muitos acreditam que é preferível ter filhos com menos de dois anos de diferença, assim eles podem brincar juntos. Outros preferem esperar três ou quatro anos, para que a criança possa criar independência. Mas as pesquisas têm os mais variados resultados — para cada estudo que conclui que a diferença de idade é importante, há outro mostrando que ela não tem importância alguma.

— Comparada a outros fatores, a diferença de idade não é tão decisiva. Nem o sexo. Há muito mais com o que se preocupar — explica Laurie.

Sobre os pontos decisivos, o trabalho de Laurie reserva uma grande surpresa. Um dos fatores determinantes para o bom relacionamento entre irmãos é definido *antes* do nascimento do caçula. A primeira vista parece incrível, afinal, estamos falando de prever um confronto de personalidades, antes que uma delas sequer exista. Como antecipar que tipo de relacionamento os irmãos terão? Mas a explicação é bem plausível, e não tem relação com os pais. Em vez disso, o fator determinante vem da natureza do relacionamento do irmão mais velho *com seu melhor amigo*.

Laurie avaliou crianças pequenas de famílias cuja mãe estava grávida. Ela observou essas crianças enquanto brincavam somente com seu melhor amigo. As crianças que tratavam os amigos com reciprocidade e camaradagem foram as que, anos depois, viveram em harmonia com os irmãos mais novos.

Há muito se acredita que os irmãos aprendem a se relacionar entre si, e depois adotam as habilidades sociais adquiridas em seus diversos relacionamentos fora da família. Laurie afirma ser o contrário — os irmãos mais velhos treinam com os amigos e depois aplicam sua experiência no relacionamento com os irmãos mais novos.

Depois de monitorar esses relacionamentos com os melhores amigos, Laurie notou que outro fator se destacava como extremamente revelador — brincar de faz de conta —, como explicaram Laurie Kramer e John Gottman:

— Brincar de faz de conta é o ponto culminante da interação social na infância.

Para que possam brincar de faz de conta, é preciso que as crianças se comprometam emocionalmente e que uma preste atenção no que a outra está fazendo. Elas precisam articular o que ambas estão imaginando e combinar detalhes da história e do cenário que permitam que as visões das duas ganhem vida. Quando uma delas anuncia o início de uma luta ninja, mas a outra quer brincar de caubói, de algum modo elas têm de resolver o impasse e decidir em que fantasia embarcar.

Para a criança que não teve a oportunidade de desenvolver essas boas competências sociais no relacionamento com os amigos, com a chegada do irmão mais novo, faltará estímulo para aprender as habilidades necessárias para brincar junto do caçula — escolher uma atividade que agrade a ambos, convocar o outro ou pedir para ser incluído na brincadeira, reconhecer quando o outro está ocupado ou prefere brincar sozinho. Não há incentivo, pois, como Stephanie Punch bem destacou, o irmão continuará lá no dia seguinte, haja o que houver. Irmãos são prisioneiros condenados geneticamente a viverem juntos, sem direito à redução da pena por bom comportamento. Simplesmente, não há motivação para mudar.

Laurie Kramer também estudou o comportamento das crianças em creches e escolas de educação infantil. O fato de as crianças se comportarem bem na aula, ou conseguirem trabalhar em grupo, não indica que se darão bem com os irmãos. É, na verdade, sua relação com os amigos que leva a criança a refletir sobre o impacto do seu comportamento naqueles que ela estima — esse é o fator determinante.

— Os pais se esforçam para satisfazer todas as necessidades dos filhos, sobretudo motivados pelo amor — Laurie explica. — As outras crianças não se importam se o outro está com fome ou se machucou o joelho. Elas se preocupam somente com elas mesmas.

Em outras palavras, é fácil obter o que se deseja dos pais. Agora, conseguir o que se deseja dos amigos é o que faz com que a criança desenvolva suas competências sociais.

— Não que os pais não sejam importantes — Laurie completa. — Eles são importantes também, mas de outra maneira.

E é por isso que, de certa forma, Laurie vem tentado transformar o relacionamento das crianças de uma relação fraternal apenas para algo mais próximo a uma amizade verdadeira. Se as crianças apreciam a presença umas das outras, o conflito lhes custará mais caro; pois a consequência por brigar não é apenas ficar de castigo, mas perder um parceiro valioso.

SETE

A ciência da rebeldia adolescente

Por que, para os adolescentes, discutir com os adultos é um sinal de respeito e não de desrespeito — e as discussões não são destrutivas para o relacionamento, mas sim construtivas?

Jasmine, de 18 anos, cursa o último ano do ensino médio, no condado de Miami-Dade, na Flórida. Ela tem uma beleza natural com seus longos cabelos escuros e seus olhos cor de ébano. Embora tenha sido criada e more em Opa-Locka, uma área conhecida por sua pobreza e suas gangues, ela frequenta uma escola particular disputada, no outro lado da cidade. Mantendo um desempenho acima da média, Jasmine tem uma carga horária exigente, com aulas em uma turma avançada e atividades adicionais visando o vestibular. Além disso, foi selecionada para um programa de prestígio destinado a filhos de imigrantes latino-americanos — jovens que serão os primeiros em suas famílias a cursar a faculdade.

Caçula de um casal de filhos de uma família católica fervorosa, Jasmine canta no coro da igreja. Ela sempre faz as leituras durante a missa. Influenciada pelo emprego de meio-período em um hospital local, Jasmine quer ser médica e promete dedicação total aos estudos neste ano, para conseguir uma vaga na Universidade da Flórida.

— Acho que meus pais sentem orgulho de mim, pois sabem da dificuldade que tenho de enfrentar para progredir, mas motivação é o que não me falta.

Contudo, se eles soubessem quais são as atividades de Jasmine fora da escola, é provável que não quisessem mais falar com a filha.

Há muito tempo ela percebeu que seus pais estavam atentos ao interesse que ela demonstrava pelos garotos. Quando ficava óbvio que ela achava um menino bonito, eles impediam que ela ficasse sozinha com ele. Ela só podia sair em grupo, e nos encontros com rapazes tinha de levar companhia. Por isso, agora ela disfarça seu interesse, dizendo tratar-se apenas de um amigo; só assim os pais permitem que eles saiam sozinhos. Ela pode ir até a casa dele, onde eles ficam à vontade e fazem sexo — ora intencional, ora por um feliz acidente.

Quando ela tinha 14 anos, uma vez por semana, saía escondida pela janela do quarto, no meio da noite. Ela ia a festas com integrantes de gangues da cidade e tomava bebidas alcoólicas até perder os sentidos. Há noites sobre as quais ela não se lembra de nada.

— Eu bebo por competição — ela contou com uma risadinha típica adolescente. — Quando vejo alguém bebendo, vou lá e bebo mais que a pessoa.

Ainda aos 14 anos, ela começou a namorar um rapaz de 18. Seus pais sabiam sobre o rapaz, que era detestado e proibido de entrar na casa deles. Mas Jasmine saía escondida tarde da noite para encontrá-lo. Eles mantiveram relações sexuais desde o primeiro mês juntos. O namorado pagava escondido o anticoncepcional para ela e esperava convencê-la a fugir com ele. Passaram-se meses, até que um dia, a mãe dela estava guardando as roupas lavadas e sem querer encontrou as pílulas escondidas na cômoda de Jasmine.

— Ela virou uma fera — conta Jasmine. — Ficou tão descontrolada que não conseguiu falar comigo e pediu a uma tia minha para conversar comigo e saber o que estava acontecendo.

Jasmine imediatamente mentiu, dizendo que o médico havia lhe receitado as pílulas para regular os hormônios — e, depois de um tempo, elas acabaram se convencendo. Para sua família, ela ainda é virgem.

Jasmine, então, conheceu alguns rapazes em um chat da internet. Todos eram mais velhos que ela. Um deles, que já tinha passado dos 20 anos, foi apanhá-la em casa para sair. Já prestes a sair, ela espiou pela janela, mas achou que ele era velho demais para ela e não foi até o carro dele.

Em quatro anos, ela só foi surpreendida saindo escondida uma única vez. A ronda policial a viu andando pela rua com um amigo, às três da madrugada — hora em que já devia estar na cama há muito tempo. Os policiais a levaram para casa e os pais a colocaram de castigo por dois meses. Agora, aos 18 anos, amadurecida, ela diminuiu as escapadas para uma vez a cada duas semanas:

— Eu agora não faço muito mais isso... Só se pintar uma transa casual, ou um encontro secreto.

Por duas vezes ela foi embebedada por um ex-namorado, que a forçou a fazer sexo com ele. Ela admite, de certo modo, ter sido estuprada nesses encontros, mas insiste que a culpa foi dela:

— Bebi uma garrafa de vodca inteira e sabia o que podia me acontecer bêbada. Eu era estúpida. Aconteceu porque faltou inteligência. E graças a Deus, eu não engravidei! — ela faz uma pausa. — Acho que Deus deve me amar, pois continuo viva.

Ela não mente apenas sobre os namoros. Ela mente sobre coisas que não precisaria esconder. A mentira está no piloto automático.

— Minto para os meus pais diariamente. Minto sobre a lição de casa toda noite, dizendo que já terminei de fazer, sem sequer ter começado. Faço a lição, mas não quando eu lhes digo que fiz; faço na escola, antes de começar a aula. Só não quero dar motivo para minha mãe infernizar a minha vida — Jasmine explica. — Ela vive me dando sermão, mas, no fundo, não quero que ela pare. Se ela ficasse quieta, acharia que ela não gostava mais de mim. Por isso, às vezes, quando estou com disposição para levar bronca, digo a verdade. Depende do meu humor. Mas só digo a verdade quando tenho vontade.

Se os pais dela ficassem sabendo disso agora, ela poderia ter problemas, mas ela não liga mais — já atingiu a maioridade e está prestes a votar em sua primeira eleição presidencial.

— Pode ser que um dia eu conte para minha mãe. Mas isso vai demorar. Só quando ela souber que deu tudo certo, que me tornei adulta e que ela não tem mais com o que se preocupar. Depois que eu tiver minha carreira e estiver estabelecida.

Até pouco tempo, não fazíamos ideia da frequência com que os adolescentes mentem para os pais. Não havia um sistema de mensuração. A maioria dos pais percebe que seu filho adolescente esconde parte da verdade. E eles preenchem esse vácuo de informação com doses iguais de intuição, confiança e medo.

Para outras incertezas da vida, usamos médias estatísticas como parâmetro para saber qual é o normal. Por exemplo, recém-casados têm 57% de chance de chegar ao 15° aniversário de casamento. E, se lhe ocorreu quanto tempo irá viver, saiba que a expectativa de vida atual é, em média, de 78 anos. Os inscritos pela primeira vez no exame da Ordem dos Advogados do estado de Nova York têm 83% de chance de passar; e os alunos norte-americanos do último ano do ensino médio têm 7% de chance de serem aceitos em Harvard.

Não deveria então haver uma estatística sobre quanto os adolescentes (escondem os fatos e) mentem para os pais?

A Dra. Nancy Darling e a Dra. Linda Caldwell acham que sim.

Nancy e Linda chegaram à Universidade Penn State na mesma época, e, naturalmente, logo se interessaram uma pelo trabalho da outra. Nancy vinha estudando os encontros românticos na adolescência, que normalmente levavam os jovens a mentir aos pais. E Linda estava pesquisando um novo campo chamado estudos de lazer, que ao primeiro momento pareceu um tema insignificante para a Dra. Nancy, mas que logo se mostrou interessante ao investigar o que os jovens fazem em seu tempo livre. Uma das teorias vigentes nos estudos de lazer é que os adolescentes se voltam para a bebida e o sexo por causa do excesso de tempo livre sem supervisão. Eles ficam entediados, sem saber mais o que poderiam fazer.

— Quando se tem 14 anos, tudo parece mais interessante quando se está bêbado — comentou Nancy.

Nancy e Linda esperavam contar com a cooperação de estudantes do ensino médio para um estudo em que eles teriam de revelar tudo o que escondiam dos pais. Nancy deduziu que sua figura poderia impor uma autoridade demasiada e inibiria a sinceridade de um estudante do ensino médio; mesmo seus alunos de pós-graduação seriam muito maduros para que os adolescentes se identificassem e depositassem sua confiança. Por isso ela recrutou uma equipe de pesquisa especial, composta por seus alunos universitários com menos de 21 anos — o esquadrão antenado da pesquisadora.

No primeiro semestre, esses oito universitários se encontraram com Nancy e receberam treinamento sobre métodos de pesquisas e técnicas de entrevista. Então, Nancy os enviou a locais em torno do colégio onde os adolescentes se reuniam para passar o tempo. Eles distribuíram folhetos no shopping center, mas tiveram mais sorte à noite, em uma travessa da Calder Way, na porta dos fundos de um fliperama. Eles abordavam os adolescentes e ofereciam um vale CD para ser trocado em uma loja de música, pela participação no estudo. Daí, os pesquisadores anotavam o telefone dos interessados em participar.

Nancy queria que os primeiros recrutas fossem descolados.

— Presumimos que indo a uma escola, só os certinhos se apresentariam como voluntários para o estudo; os mais descolados, não. Então, teríamos uma amostra enorme de adolescentes certinhos e só. Porém, atraindo primeiro os mais descolados, os outros os seguiriam.

A maioria dos voluntários estudava na State College Area High School, em uma escola de ensino médio com 2.600 alunos, próxima à universidade.

— Participar do estudo virou moda na escola — lembrou Nancy.

De fato os demais alunos seguiram os descolados e, em pouco tempo, Nancy conseguiu uma amostragem significativa condizente com as estatísticas sobre a realidade dos adolescentes em diversos dados levantados, desde suas notas até a frequência com que bebiam.

Após isso, dois dos pesquisadores do esquadrão jovem encontravam com cada aluno em um local onde se sentiriam à vontade — o preferido era a pizzaria Four Brothers na Beaver Avenue. A verba de alimentação de quatro dólares por entrevistado só lhes permitia oferecer batatas fritas e um refrigerante, antes de mostrar um monte com 36 cartas. Cada carta trazia um tópico sobre o qual os adolescentes costumavam mentir aos pais. Nas horas que se seguiam, o adolescente e os pesquisadores conversavam sobre todos os assuntos das cartas, identificando quais eram motivos de discórdia entre o jovem e seus pais, quais regras o adolescente já havia infringido e por que, além de como ele havia conseguido enganá-los. Como entrevistadores e entrevistados tinham idades próximas, a equipe não encontrou dificuldades em conquistar a confiança dos estudantes. Mesmo com o grande número de entrevistados e questões, não houve sequer uma recusa em falar sobre o assunto.

Os assuntos apresentados fizeram com que os adolescentes percebessem a dimensão enorme que as mentiras que contavam aos seus pais tinham tomado.

— Eles começavam as entrevistas contando como os pais dão tudo a seus filhos e sim, os filhos deveriam contar tudo a seus pais — observou Nancy.

Ao final da entrevista, os jovens constatavam, pela primeira vez, o quanto vinham mentindo e a quantidade de regras familiares que haviam burlado. Segundo Nancy, eles se deram conta de algo que não gostaram de perceber neles mesmos.

Dos 36 temas apresentados, os adolescentes costumam mentir aos pais, em média, sobre 12 deles. Os adolescentes mentem sobre como gastaram sua mesada, o começo de um namoro e as roupas que usam longe de casa. Mentem sobre que filmes assistiram e com quem assistiram. Mentem sobre o consumo de bebidas e drogas; mentem quando se encontram com amigos que os pais desaprovam. Mentem sobre como passaram suas tardes, enquanto os pais trabalhavam. Mentem sobre quem estava com eles em uma festa, por ter andado em um carro dirigido por um adolescente bêbado. Mentem até sobre coisas cotidianas, como se já terminaram os deveres ou a música que ouvem.

— Os fatos que os jovens mais escondem dos pais estão relacionados à bebida, à droga e ao sexo — conta Nancy. — Mas a mentira não se restringe à vida sexual. Eles não admitem nem mesmo a intromissão em sua vida emocional, como ter de responder se um relacionamento é sério e se amam tal pessoa. Os jovens fogem desse tipo de questão.

Somente em 25% das vezes, os adolescentes elaboram uma nova versão mentirosa dos fatos. Segundo Nancy apurou, essas mentiras deslavadas servem para encobrir as piores faltas. Metade das vezes, os adolescentes preferem omitir os detalhes importantes dos pais e só lhes contam parcialmente a história. Nos 25% restantes do tempo, os adolescentes simplesmente evitam tocar no assunto e torcem para que os pais não façam nenhuma pergunta.

Foram raros os jovens totalmente honestos com os pais. De acordo com o levantamento de Nancy, 96% dos adolescentes admitiram mentir ou omitir informações dos pais.

Ser um aluno aplicado não altera os números, segundo outra pesquisa. Nem o fato de ter uma agenda lotada — pelo que parece, para o jovem sempre sobra tempo para quebrar algumas regras.

— Quando comecei essa pesquisa, imaginava que os adolescentes alegariam que o motivo principal para mentir seria: "Não quero me meter em confusão" — explicou Nancy. — Mas na verdade, a justificativa mais apresentada para as mentiras foi: "Quero preservar o relacionamento com meus pais e não quero desapontá-los".

Nancy também enviou questionários aos pais, pelo correio, e foi interessante observar como os resultados de ambos os levantamentos repercutiam um no outro. De pronto, ela ficou impressionada com o medo visível dos pais de provocar a revolta dos filhos adolescentes.

— Muitos pais hoje acreditam que o melhor caminho para obter a sinceridade dos filhos é ser mais liberal e não estipular regras — diz Nancy.

Os pais imaginam que fazem um trato: deixam de ser tão rígidos, para que possam ser mantidos informados. É melhor saber da verdade e poder ajudar os filhos do que ficar na ignorância. Mas Nancy constatou que, na prática, os pais liberais não ficam sabendo mais sobre a vida dos filhos.

A maioria dos jovens rebeldes que se metem em encrenca tem pais que não ditam regras nem padrões de comportamento. Eles são afetuosos e aceitam tudo o que os filhos fazem. No entanto, esses jovens encaram a ausência de regras como sinal de falta de interesse por eles, como se os pais quisessem abdicar de sua função de pais.

Nancy contou com a colaboração de outros estudiosos para aplicar versões de seu estudo ao redor do mundo — nas Filipinas, na Itália e no Chile.

— No Chile, é comum os pais serem permissivos. E os jovens chilenos são os adolescentes que mais mentem em comparação com o restante do mundo.

Provocar a revolta adolescente com regras excessivas é uma espécie de mito das teorias, que, segundo Nancy, não acontece de fato. Ela verificou que os pais mais rígidos, na verdade, não cobram essas regras.

— Dá muito trabalho — explica Nancy. — É muito mais difícil colocar três regras em vigor do que estipular vinte.

O interessante é que os filhos deles preferem evitar um conflito direto por sua rebeldia e agem escondidos dos pais.

Sonegando informações sobre suas vidas, os adolescentes delimitam seu domínio social e criam uma identidade própria, independente dos pais ou de outro adulto que represente autoridade. De acordo com um recente levantamento da Harris Poll,* 78% dos pais asseguram que têm um diálogo aberto com os filhos adolescentes. Porém, seus filhos discordam.

Para um adolescente, recorrer à ajuda do pai ou da mãe é uma demonstração clara de falta de maturidade para lidar com o problema sozinho. Dividir um problema com os pais é psicologicamente debilitante, não importando se ele foi forçado a admitir ou se falou espontaneamente. Manter alguns assuntos em particular, fora da alçada dos pais, é fundamental.

A grande surpresa da pesquisa foi verificar *o momento* em que a necessidade pela própria autonomia se impõe. Diferente do que se costuma pensar, ela não é pequena aos 12 anos, moderada aos 15 e acentuada aos 18. A experiência de Nancy sugere que a rejeição à autoridade paterna atinge seu ápice por volta dos 14, 15 anos. Aliás, essa resistência é ligeiramente mais forte aos *11* anos que aos 18. Popularmente pensamos no ensino médio como a fase de maior risco ao relacionamento entre pais e filhos; no entanto, as motivações psicológicas para a mentira surgem antes disso.

Alguns pais conseguem encarnar o estereótipo do pai opressor, fazendo constantes intromissões psicológicas. Nesses casos, seus filhos adolescentes não são rebeldes. Eles são obedientes — mas deprimidos.

— Ironicamente, o modelo de pais que conseguem aplicar suas regras de maneira mais eficiente é o mesmo dos pais que são os mais carinhosos e que têm mais diálogo com os filhos — observa Nancy.

* A Harris Poll é uma empresa do grupo Harris Interactive. Um instituto de pesquisa norte-americano, fundado em 1975, bem-conceituado por seus métodos eficientes de pesquisa e comunicação. (N.T.)

Eles estabelecem regras em algumas áreas de influência decisivas, mas explicam aos filhos a finalidade dessas regras. E esperam que os filhos as cumpram. Em outras áreas da vida, eles respeitam a autonomia dos filhos, dando liberdade a eles para tomarem as próprias decisões.

Os filhos adolescentes desses pais são os que menos mentem. Em vez de mentir sobre 12 assuntos delicados, eles geralmente ocultam de seus pais apenas uns cinco.

A pesquisa feita pelo esquadrão jovem confirmou a hipótese de Linda de que adolescentes passam a beber e a usar drogas porque ficam entediados em seu tempo livre. Depois de terminar esse estudo, Linda começou a se questionar se não haveria uma maneira de ajudar os jovens a não se sentirem tão entediados. Em vez de campanhas chatas contra as drogas voltadas para os jovens, não seria mais eficiente mostrar a eles como aproveitar o tempo livre?

Linda, então, concebeu um programa em torno de um desafio ambicioso:

— Seria possível mostrar a um jovem como não se sentir entediado?

Sua pesquisa revelou que a sensação de tédio começa a ser sentida por volta do 7° ano do ensino fundamental e aumenta progressivamente até o 3° ano do ensino médio. A motivação natural também diminui gradativamente, e de maneira considerável, ao longo dos anos. Por isso Linda direcionou seu programa aos alunos do primeiro semestre do 7° ano.

Nove cidades da zona rural da Pensilvânia se inscreveram e cerca de 600 jovens participaram do estudo. Os professores dessas escolas receberam treinamento sobre "táticas antitédio" no campus da Penn State.

O programa criado por Linda, chamado "Um Salto Adiante", abrangia corretamente todos os detalhes. Em vez de ocorrer em um único dia de intervenção, ele se transformou em uma disciplina com duração de seis semanas. No lugar de aulas teóricas, os estudantes interagiam participando de atividades instigantes, nas quais discutiam problemas, apresentavam soluções e orientavam uns aos outros. Em vez de somente testar esses alunos ao final do curso, Linda continuou a avaliar os benefícios do seu programa no longo prazo, analisando os níveis de tédio dos alunos e como eles utilizavam seu tempo livre, durante os três anos que se seguiram. Todo ano, os alunos assistiam a uma aula de reforço, para relembrarem os princípios do programa e impulsioná-los a continuarem aplicando-os em sua vida em constante mudança.

O curso começou com um módulo de autoexame. Os alunos foram levados a entender a distinção entre estar o dia todo generalizadamente entediado e entediarem-se por uma causa específica, como uma aula de História ou assistir a uma reprise na TV. Eles aprenderam a diferenciar sua motivação: "Estou fazendo porque quero mesmo? Ou estou fazendo porque minha mãe me pediu? Ou ainda porque me senti pressionado pelos meus amigos a acompanhá-los?". Eles passaram a primeira semana fazendo registros diários das atividades que faziam para ocupar o tempo, e o quanto se sentiam motivados ao realizá-las.

Os pesquisadores verificaram que não somente os jovens com excesso de tempo livre ficavam entediados. Os adolescentes muito ocupados também sentiam tédio; e por duas razões: primeiro, eles estavam envolvidos em diversas tarefas impostas pelos pais, sem que houvesse motivação própria; e, segundo, eles estavam tão acostumados com o fato de os pais proporem atividades para preencher o tempo, que não sabiam como fazer isso sozinhos.

— Quanto mais controladores os pais são — explica Linda —, mais o filho está propenso a se sentir entediado.

Os alunos passaram um bom tempo aprendendo como resistir à pressão dos amigos. Em seguida, tiveram um módulo sobre o estado de fluxo,* baseado nas ideias do psicólogo Mihaly Csikszentmihalyi, e um módulo sobre como a sensação de (correr) risco pode tornar algo excitante ou amedrontador. Eles descobriram, também, que podem arquitetar a própria experiência.

Quando li sobre o programa de Linda, senti inveja desses jovens — quem dera houvesse um programa como esse quando eu tinha 12 anos. O programa era tão estimulante que foi simultaneamente reproduzido na África do Sul, onde as crianças têm pouco a fazer. E agora está sendo aplicado em escolas em Oregon, Utah, e em áreas urbanas da Pensilvânia. O programa de Linda encabeça a lista da California Parks & Recreation Society de programas-modelo para educação sobre lazer.

Só houve um problema. Os jovens terminavam o curso motivados, mas passados seis meses, não havia grande diferença entre o estímulo desses jovens e o dos jovens que não haviam participado do programa.

— Os resultados se perdem pouco a pouco após a intervenção inicial — confirmou Linda. — Sempre desejamos resultados consistentes. Obtivemos bons resultados, mas eles não mantiveram sua eficácia ao longo dos quatro anos seguintes.

* A teoria sobre o estado de fluxo, de Mihaly Csikszentmihalyi, trata da harmonia produtiva. Um estado em que, ao se focar em uma atividade, sua realização lhe dá estímulo e prazer por si só. Segundo essa teoria, os desafios da atividade e as habilidades de quem a realiza devem estar em equilíbrio, assim, desenvolver a atividade torna-se a recompensa em si – além de proporcionar o autoconhecimento e a integração da pessoa. (N.T.)

É realmente curioso como um programa de orientação tão eficiente não tenha mantido um grande impacto no longo prazo.

Ainda assim, os resultados desse programa têm um peso estatístico e foram publicados em um jornal científico de prestígio. Linda inclusive continuou a receber incentivos para realizar o programa. Mas, do ponto de vista de uma pessoa comum, os resultados não eram impressionantes. Comparado a alunos que não fizeram o curso, o tédio sentido pelos jovens que participaram das atividades foi reduzido em meros 3% depois que o curso acabou. Os estudantes submetidos ao programa se saíram ligeiramente melhor ao resistir à pressão dos amigos e não se juntaram mais em grupinhos fechados. Embora praticassem mais esportes e passassem mais tempo ao ar livre, a motivação natural desses adolescentes não era maior que a dos demais alunos. Esses jovens consumiam pouco álcool — a maioria bebeu poucas vezes durante o 9º ano —, mas praticamente não houve diferença de resultados entre os que participaram e os que não participaram do programa. Também não houve distinção entre o consumo de maconha e de cigarros entre os dois grupos.

Segundo Linda, para os alunos de 7º ano que começaram o curso mais entediados, não parece ter havido nenhuma diferença. Enfim, mostrar aos jovens como não se aborrecer é uma tarefa árdua, até mesmo para o melhor programa norte-americano.

E por que o programa "Um Salto Adiante" não foi eficaz?

Será que os adolescentes têm uma propensão neurológica ao tédio?

Segundo o trabalho da neurocientista Adriana Galvan, da Universidade da Califórnia, em Los Angeles, há um bom motivo para se desconfiar disso. Em nosso cérebro há um centro de recompensa, na região do núcleo accumbens, que é estimulado com a liberação de dopamina ao nos depararmos com algo estimulante, interessante ou prazeroso. Em um estudo comparativo entre os cérebros de crianças, adolescentes e adultos formados, a Dra. Adriana verificou que o cérebro adolescente só demonstra prazer em atividades extremamente recompensadoras.

A experiência feita por ela foi bem simples. Crianças, adolescentes e adultos tiveram de jogar videogame — um jogo sobre piratas — enquanto eram submetidos a um exame de ressonância magnética. Suas cabeças deveriam permanecer imóveis, mas eles podiam movimentar mãos e braços para acionar os controles. A cada rodada vitoriosa do jogo eles eram premiados — um aviso intermitente na tela mostrava uma, algumas ou uma pilha de moedas de ouro.

As crianças se empolgavam com qualquer um dos tipos de recompensa; seu cérebro era ativado, independentemente da quantidade de moedas. O cérebro dos adultos era estimulado proporcionalmente ao tipo de recompensa — uma só moeda, resposta de prazer discreta; uma pilha de moedas de ouro, uma resposta expressiva. Contudo, o cérebro dos adolescentes não mostrava reação nem com recompensa pequena nem com média — na verdade, a atividade no núcleo accumbens deles ficava *abaixo* do nível de referência, como se eles estivessem desapontados. Apenas a maior pilha de ouro estimulava seu centro de recompensa — que ficava *extremamente* ativo, com uma intensidade muito maior do que crianças e adultos haviam demonstrado.

A Dra. Adriana notou que o padrão de resposta do cérebro dos adolescentes à recompensa apresentou uma curva de resposta equivalente à de um usuário de drogas. Uma pequena dose não chega a estimular seu centro de recompensa, somente uma dose elevada pode lhes dar prazer.

Mas não foi só isso que a pesquisadora pôde observar no cérebro dos adolescentes. Sempre que seu centro de recompensa experimentava uma excitação intensa, seu córtex pré-frontal parecia estar menos estimulado. O córtex pré-frontal é responsável por avaliar os riscos e as consequências das nossas ações; com base nisso, a pesquisadora considerou que é como se a resposta de prazer anestesiasse o córtex pré-frontal. Quando experiência um estímulo fortemente carregado de emoção, o cérebro do adolescente trabalha menos e tem dificuldade para avaliar o risco e prever as consequências de seus atos.

Em situações abstratas, os adolescentes conseguem avaliar os riscos tão bem quanto os adultos. Dentro de uma situação, eles sabem analisar os prós e os contras e conseguem estimar as consequências. Mas, diante de circunstâncias excitantes da vida real, essa parte racional do cérebro dos adolescentes é anulada pelo centro de recompensa.

Tudo isso se enquadra no padrão de comportamento observado no cotidiano real dos adolescentes: eles ficam desmotivados na aula de literatura; bebem até cair nas noites de sábado; e consideram que não há problema em descer uma ladeira com cinco amigos em cima de um quadriciclo na direção de uma curva fechada.

Mas nem todos os adolescentes agem dessa forma. Adriana aplicou um questionário aos participantes da pesquisa, para fazer um levantamento de quantas vezes na vida eles haviam adotado um comportamento de risco. E ela ainda indagou se eles consideravam determinadas situações — como embebedar-se, soltar fogos de artifício e pichar uma propriedade — perigosas ou apenas divertidas. As respostas dos questionários foram condizentes com os resultados neurológicos — aqueles que consideravam o comportamento de risco divertido foram os mesmos que apresentaram picos agudos de atividade no centro de recompensa do cérebro ao ganhar a pilha de ouro no jogo.

A neurociência do risco é um campo bastante avançado, mas que não oferece soluções. Alguns adolescentes são predispostos a assumir grandes riscos — e ponto final. A conformação do cérebro desses adolescentes apresenta uma menor concentração de receptores de dopamina, por isso esses adolescentes não ficam estimulados com recompensas menores e, em compensação, possuem um número maior de receptores de oxitocina, que os torna mais suscetíveis à opinião alheia. Na companhia de amigos, eles vão correr riscos estúpidos, só pela excitação que isso oferece.

Se a ciência pudesse nos consolar de alguma maneira, seria por meio de uns poucos pesquisadores que reconhecem que os adolescentes *raras vezes* correm riscos extremos. Na verdade, alguns riscos em potencial assustam *muito mais* os adolescentes do que os adultos. O medo da rejeição paralisa milhões de garotos que não ousam tirar uma garota para dançar. Os adolescentes são tão complexados em relação a sua aparência, que muitos só cortam o cabelo durante as férias. Acham que todos os olhares se voltam para eles quando levantam o braço na sala de aula. Consideram arriscado ir à escola com uma blusa diferente, que possa ser considerada fora de moda. Em muitos casos, o medo de se expor ao ridículo acovarda os adolescentes.

Uma série de experiências feitas pela Dra. Abigail Baird, da Faculdade Vassar, em Nova York, ilustrou bem essa dicotomia. Ela submeteu adolescentes a um exame de ressonância magnética e, enquanto isso, pediu que eles classificassem alguns conceitos como boa ou má ideia. As boas ideias eram prazeres corriqueiros, como comer uma salada ou passear com o cachorro. As más ideias eram terríveis: morder uma lâmpada; engolir uma barata; colocar fogo no próprio cabelo; pular o telhado; nadar com tubarões.

Os adultos submetidos ao teste deram respostas praticamente instantâneas. O mapeamento cerebral mostrou que eles se imaginavam nas situações colocadas, como mordendo uma lâmpada, e que isso desencadeava imediatamente uma aversão física à cena imaginada. As áreas do cérebro responsáveis por indicar aflição e perigo eram ativadas automaticamente.

As respostas dos testes dos adolescentes coincidiram com as dos adultos — não, eles não achavam que engolir uma barata era uma boa ideia. Mas levavam mais tempo para decidir. O mapeamento cerebral deles não indicava nenhuma resposta automática ou qualquer apreensão; ao contrário, eles usavam as áreas cognitivas do cérebro para deliberar sobre suas decisões, como se por um instante tivessem de decidir que faculdade escolher.

— Eles, de fato, refletiram sobre as hipóteses — disse Abigail, achando graça. — Eles não tiveram a reação automática de se pôr naquelas situações e rejeitá-las.

Eles não dispunham de um histórico de experiências ruins ao qual recorrer. Nadar com tubarões não os assustava.

Quantas vezes os pais disseram a seus filhos adolescentes: "Por que você fez isso? Não podia imaginar que era uma péssima ideia?". Na verdade o cérebro dos adolescentes consegue pensar de forma abstrata, mas não consegue *sentir* de forma abstrata — ao menos não consegue fazê-lo até acumular experiência suficiente em que possa se basear. E *pressentir* que se trata de uma má ideia é exatamente o que pode impedir alguém de tentar executá-la.

A pesquisadora, então, fez uma nova experiência com outros adolescentes. Uma tela de vídeo no interior de um equipamento de ressonância magnética exibia um website com um questionário para ser respondido pelos adolescentes sobre suas preferências e opiniões. Os participantes criavam um nome de usuário e uma senha de acesso. Eram informados de que estavam on-line simultaneamente com adolescentes de uma região de New Hampshire. As perguntas da pesquisa eram corriqueiras — qual era o estilo de música favorito deles, se gostavam da Paris Hilton, em que lojas costumavam comprar roupas. Após cada pergunta, uma resposta aleatória seguida de um suposto nome de um usuário eram exibidos a todos.

Contudo, à medida que completavam o questionário, as respostas dos adolescentes que estavam sendo submetidos ao teste no laboratório de Abigail não eram mostradas aos demais. Na realidade, eles eram os únicos participantes do questionário naquele momento — a história sobre os adolescentes de New Hampshire era uma invenção para intimidá-los. E os intimidou mesmo. Bastou a simples *possibilidade* de ter suas preferências reveladas para um público imaginário, para ativar as áreas do cérebro desses adolescentes responsáveis por indicar apreensão e perigo.

Resumidamente, o cérebro de um adolescente de 15 anos tem coragem de sobra para pular do telhado, mas tem pavor que descubram sua adoração secreta por *boy bands*. Será possível atenuar o primeiro instinto e dominar o segundo?

Segundo o dicionário, honestidade é o antônimo de mentira, e o contrário de discussão é acordo. Mas, na mente de um adolescente, não é bem assim. Para ele, discussão é o oposto de mentira.

Isso pode parecer enigmático; portanto, deixe-me explicar o que quero dizer.

Quando o esquadrão jovem de Nancy Darling entrevistou os alunos da State College Area High School, entre outras coisas, foi perguntado aos adolescentes quando e por que eles revelavam aos pais fatos pelos quais sabiam que seriam desaprovados. Por vezes, eles contam a verdade por estarem convencidos de que a mentira não colaria e que eles seriam pegos. Outras vezes, são sinceros por obrigação e dizem: "São meus pais, tenho de dizer a verdade". Na realidade, a principal motivação é a esperança que os adolescentes têm de que se contarem a verdade, os pais irão ceder e apoiá-los. A discussão era praticamente inevitável; mas compensava se os pais cedessem.

Um típico adolescente da Pensilvânia só contaria a verdade relacionada a quatro áreas de conflito. Ou seja, como costumavam mentir sobre 12 áreas, eles estariam três vezes mais inclinados a mentir do que a discutir sobre o assunto.

Nas famílias em que se mentia menos, havia muito mais reclamações e discussões. Discutir era bom — a discussão nascia da honestidade. Porém, os pais não necessariamente compreendiam isso. A discussão os deixava estressados.

Nancy confirmou esse padrão de comportamento ao comparar seus resultados nos Estados Unidos com os estudos associados feitos nas Filipinas. Ela esperava encontrar menos discussões nas residências filipinas do que nas norte-americanas. Pela cultura das Filipinas, os membros da família devem preservar a harmonia e não promover o conflito. Além disso, os jovens não devem desafiar os pais, pois acreditam ter uma dívida impagável para com eles. Nas Filipinas, um bom filho deve ser obediente e, baseado nisso, não imaginávamos que eles brigassem, pensávamos que eles evitariam discutir. Mas eles apresentavam índices ainda maiores de conflitos. Isso ia totalmente contra as nossas previsões.

Nancy teve de analisar a fundo para entender melhor esse efeito contrário ao imaginário coletivo. Os adolescentes filipinos contestavam as regras, mas não a autoridade dos pais ao impô-las. Embora considerassem as regras severas demais, eles estavam inclinados a respeitá-las. Nas famílias norte-americanas, os adolescentes não se davam ao trabalho de discutir. Em vez disso, faziam de conta que respeitavam as regras impostas pelos pais; porém, de um jeito ou de outro, acabavam fazendo o que tinham vontade.

Enfim, certos tipos de conflitos, apesar do ressentimento, são um sinal de consideração e respeito — e não de desrespeito.

Judith Smetana, da Universidade de Rochester, é pioneira no estudo sobre as confissões dos adolescentes. Ela confirma que, no longo prazo, conflitos moderados entre filhos e pais, durante a adolescência, podem contribuir mais para um bom entrosamento em sua relação no futuro, do que a ausência de conflito ou a ocorrência de conflitos constantes.

A maioria dos pais não percebe essa distinção ao encarar as desavenças que tem com seus filhos. A Dra. Tabitha Holmes estudou mais de 50 casos de mãe e filha adolescente. Sua amostragem foi feita a partir de famílias inscritas em um programa chamado "Um Salto Adiante", organizado pelo Departamento de Educação norte-americano, que visava dar oportunidade a estudantes do ensino médio, provenientes de famílias carentes, de frequentar um curso universitário.

As mães tinham aspirações para suas filhas e eram superprotetoras — sempre exigindo sua obediência. A Dra. Tabitha fez entrevistas aprofundadas, pedindo a mãe e a filha que, separadamente, descrevessem as discussões que tinham e como se sentiam em relação a isso. E havia grande diferença nos pontos de vista.

A pesquisadora descobriu que 46% das mães consideravam suas discussões destrutivas para o relacionamento. Discutir era como ser desafiada, o que gerava estresse, desordem e, na visão delas, demonstrava falta de respeito. Quanto maior a frequência dos conflitos e mais agressivas eram as discussões, mais as mães as consideravam prejudiciais. No entanto, apenas 23% das filhas consideravam as desavenças entre elas maléficas. A maioria alegava que as discussões *fortaleciam* a relação com as mães.

— A perspectiva delas a respeito dos conflitos era muito sofisticada; muito mais do que podíamos esperar que fosse para adolescentes — observou Tabitha. — Elas encaravam as discussões como uma maneira de ouvir os argumentos das mães e ter a possibilidade de enxergá-las com outros olhos.

O que mais surpreendeu a pesquisadora foi constatar que, para as filhas adolescentes, nem os conflitos frequentes nem as brigas mais intensas eram considerados capazes de destruir ou prejudicar o relacionamento com as mães. Estatisticamente, não fazia diferença alguma.

— Sem dúvida, toda família passa por períodos conflituosos. Mas não tivemos nenhum caso de conflito extremo em nosso estudo — comentou Tabitha.

Em vez disso, a questão que parecia ser mais importante para as adolescentes era como as discussões seriam resolvidas. Basicamente, a filha tinha necessidade de ser ouvida e acreditava que, quando tivesse razão, a mãe deveria ceder. A filha precisava sair vitoriosa em algumas discussões e receber algumas concessões ao final de outros conflitos.

As filhas que julgavam as discussões destrutivas tinham pais intransigentes, que não mostravam estar do seu lado. As adolescentes ouviam: "Não discuta comigo!", mesmo antes de pronunciarem qualquer palavra.

— Mesmo uma concessão mínima trazia a sensação de que o assunto tinha sido bem resolvido — afirmou Tabitha. — Uma filha contou que queria fazer uma tatuagem. A mãe proibiu, mas deixou que ela comprasse um par de sapatos extravagantes que havia proibido anteriormente.

— Os pais que conduzem de maneira flexível as situações acabam por ser mais participativos e informados em relação à vida dos filhos — considera o Dr. Robert Laird, professor adjunto da Universidade de New Orleans. — Pais inflexíveis, que impõem normas rígidas, acabam fazendo com que seja uma questão de honra para os filhos encontrar meios de burlar essas regras.

Essa conclusão faz sentido, embora seja controversa em uma sociedade como a nossa, que nos orienta a não sermos condescendentes e que prega que, ao ceder, corremos o risco de criar uma geração de chorões e pidões. Mesmo o estudo feito pelo esquadrão jovem da Dra. Nancy Darling demonstrou que pais liberais não se saem melhor na relação com seus filhos. Ou seja, a ciência é dúbia — por um lado diz que os pais devem ser rígidos para fazer valer suas normas; por outro, defende que é preciso ser flexível ou então os conflitos frequentes poderão ser destrutivos para a mente do adolescente. Será que os cientistas farão a gentileza de se decidirem? Ou há algum detalhe sutil que estamos deixando passar despercebido?

Bem, o estereótipo básico de um pai excessivamente maleável — ou molenga, como se costuma dizer — é aquele que cede a todos os desejos do filho, pois é incapaz de suportar a criança chorando ou fazendo birra. Ele agrada o filho só para fazê-lo ficar quieto. Acima de qualquer função, ele quer ser amigo do filho e rejeita o papel de malvado. Essa postura é bem diferente da adotada por um pai que escuta o que o filho tem a dizer e, se os argumentos dele forem razoáveis o bastante para mudar uma regra, serão considerados no momento da decisão final.

Nancy Darling descobriu a mesma diferença. O modelo de pai, cujos filhos mentiam menos, estabelecia regras e tratava para que elas fossem cumpridas. Mas também era flexível o bastante para fazer concessões, sem que tivesse de passar por cima das regras estabelecidas anteriormente.

— Se a hora estipulada para o filho voltar para casa é 23h, mas ele pede para chegar mais tarde e explica aos pais que haverá um acontecimento especial, então os pais podem abrir uma concessão, deixando claro que somente naquela noite o filho poderá chegar em casa à 1h da madrugada. Isso estimula o filho a não mentir e o respeitar o horário.

Essa postura compreensiva reafirma a legitimidade dos pais.

Foram necessárias décadas para que os cânones da psicologia compreendessem isso. O Dr. Laurence Steinberg, da Universidade Temple, retrata essa evolução histórica em livros e tratados. Até o início da década de 1970 — uma época em que a psicologia era mais teórica do que empírica —, "os pais eram preparados para enfrentar a oposição e o desafio. A ausência de conflito era tida como sinal de um retardo no desenvolvimento do jovem", escreveu Steinberg. Em outras palavras, se seu filho não discutisse e não se rebelasse, havia algo de errado com ele. Esse conceito foi elaborado durante as décadas de 1950 e 1960, por teóricos como Anna Freud, Peter Blos e Erik Erikson — que criou a expressão "crise de identidade". Porém, eles analisaram, quase que exclusivamente, adolescentes em clínicas de recuperação e durante tratamento de psicoterapia — a amostragem de adolescentes problemáticos era enorme.

Em meados da década de 1970, foram feitos diversos estudos com amostras de adolescentes que frequentavam escolas e não clínicas. "Esses estudos revelaram que 75% dos adolescentes haviam relatado ter um relacionamento feliz e agradável com seus pais", descreveu Steinberg. Por fim, chegou-se à conclusão de que rebeldia e conflito não eram o padrão. Em 1976, um estudo decisivo conduzido por Sir Michael Rutter — considerado por muitos o pai da psiquiatria infantil moderna — revelou que os 25% dos adolescentes que brigavam com os pais já o faziam desde antes de atingir a puberdade. A adolescência não teve qualquer influência nesse comportamento.

A partir disso, a teoria sobre a adolescência se dividiu em duas. A psicologia pop, estimulada pelo sucesso dos livros de autoajuda, continuou a divulgar que a fase da adolescência era um período conturbado e estressante — e, sem dúvida, para muitos é mesmo. Esse foi o enfoque dominante transmitido pelo cinema e pela música; não foram poucos os especialistas que se valeram de adolescentes com depressão ou desvio de conduta para atestar que a angústia era uma regra nessa fase da vida. Steinberg ainda observou que, nas prateleiras dos livros de autoajuda, os bebês eram considerados todos uma gracinha enquanto os adolescentes eram vistos como invariavelmente malvados.

Nas duas décadas que se seguiram, cientistas sociais continuaram produzindo estudos que demonstravam que uma adolescência traumática era a exceção, e não a regra.

Somente na última década, o campo da psicologia conseguiu compreender as duas linhas de pensamentos rivais e encontrar um ponto de interseção entre elas. Basicamente, o campo da psicologia pop estava voltado para os pais que consideram a convivência com os adolescentes estressante. Já os cientistas sociais baseavam seus estudos nos filhos que, em sua maioria, não consideravam a adolescência uma experiência traumática. Isso foi exatamente o que Tabitha Holmes constatou — que os pais encaram todas as discussões como destrutivas, enquanto os filhos costumam acreditar que elas são produtivas.

"A conhecida imagem de um indivíduo de cara amarrada após uma briga familiar é uma descrição muito mais apropriada para o estado de espírito do pai ou da mãe do que do filho adolescente", escreveu Steinberg. "Os pais se aborrecem mais com as brigas e os desentendimentos comuns nessa fase do que os adolescentes; e, por isso mesmo, os pais são mais inclinados a ficarem abatidos após uma desavença com o filho."

Nos meios de comunicação mais populares, essas duas visões opostas sobre a adolescência continuam coexistindo. De acordo com diversas notícias, os adolescentes são apáticos e despreparados. Elas falam sobre o consumo exagerado de álcool, o novo aumento de casos de gravidez na adolescência e o número elevado de estudantes reprovados em seus exames finais do ensino médio, mesmo supostamente tendo passado em todas as matérias na escola. A Universidade Estadual da Califórnia (CSU), por exemplo, aceita 30% dos melhores alunos do ensino médio da rede estadual de ensino. Mesmo assim, seis em cada dez alunos da CSU ficam de DP e precisam fazer aulas de recuperação; metade dos jovens da CSU não estava academicamente preparada para cursar uma faculdade.

Por outro lado, diversas notícias revelam que os adolescentes de hoje estão focados, de uma maneira impressionante, na obtenção de sucesso. O índice de estudantes do ensino médio matriculados em cursos avançados de ciências e matemática aumentou em 20%. As faculdades estão repletas de inscrições de adolescentes que concentram todos os esforços em seu objetivo: a maioria dos jovens faz inscrição em pelo menos quatro faculdades diferentes. Nos últimos 35 anos, o número de matrículas nas faculdades norte-americanas, por exemplo, saltou de 5,8 milhões para 10,4 milhões. É evidente que uma boa parcela dos alunos carregue alguma DP ao longo do curso — mas esse grupo é bem menor do que era em 1980. E as ambições dos adolescentes não se restringem à área acadêmica. Levantamentos realizados entre calouros de faculdade mostraram que 70% dos alunos fazem semanalmente trabalho voluntário e 60% deles conciliam trabalho e estudo. A participação de cidadãos com 18 anos ou mais nas eleições norte-americanas está maior do que nunca,* e, hoje, 49% dos jovens atestaram já terem participado de protestos políticos organizados — a maior porcentagem já registrada na história do país. Os alunos que entraram na faculdade em 2008 eram politicamente mais engajados que qualquer outra turma, desde 1968.

Suponho que essa dualidade comportamental seja algo natural. Essas duas visões distintas sobre a adolescência existem porque precisamos delas para refletir as diversas experiências que passamos ao longo de nossas vidas. Elas competem entre si, mas ambas persistem. Utilizamos sempre duas teorias combinadas quando um fenômeno não pode ser explicado por uma causa singular. Atualmente temos duas versões não só para explicar a adolescência, mas também para caracterizar a faixa dos 20 anos e para compreender por que muitos se mantêm solteiros aos 40 anos. Para algumas pessoas, isso reflete uma resistência em aceitar a realidade; para outras, reflete a coragem de recusar ter uma vida predeterminada.

O perigo existe quando essas duas posturas, em vez de apenas refletir, direcionam a vida das pessoas. Essas linhas de pensamentos isoladas são sempre incorretas, pois compreendem somente parte do contexto; contudo, elas são os parâmetros utilizados pelos adolescentes para compreender a própria vida. Só consigo me perguntar quantos adolescentes naturalmente inclinados a encarar os conflitos com os pais como algo positivo possam estar sendo convencidos de que as discussões são destrutivas, sintomas de um relacionamento ruim, em vez de um fator bom e construtivo para a relação entre pais e filhos. Quantos jovens gostam dos pais como eles são, mas ouvem que não é bacana sentir isso? Quantos adolescentes se mostram apáticos e entediados, pois se demonstrassem que se importam seriam tachados de babacas? Quantos filhos não contam a verdade aos pais, porque se espera que eles não sejam honestos?

* Nos Estados Unidos, diferentemente do Brasil, o voto não é compulsório; isto é, eles defendem que a democracia garante ao cidadão a opção de querer ou não participar da escolha de seus representantes. (N.T.)

OITO

O autocontrole pode ser ensinado?

Os pesquisadores sobre métodos inovadores para a educação infantil estão perdendo a verba de financiamento para realizar suas experiências — as crianças têm se saído tão bem que não representam mais um problema tão grave que justifique estudos aprofundados. Qual é o segredo?

Cresci em Seattle. Quando estava no 2º ano do ensino médio, vivi uma espécie de ritual de passagem: durante o outono, tive aulas de direção.

Recordo-me muito bem de meu professor: um senhor alto, que usava óculos com lentes de fundo de garrafa, suéteres de cores chamativas e calças xadrez. Ele era o único dos quatro professores que permitia ser tratado pelo primeiro nome, Claude, e ainda dava aulas de golfe. Eu não diria que ele era muito gentil nem compreensivo, mas acho que tinha uma paciência de jó para ensinar adolescentes a dirigir e a controlar o taco de golfe.

Como só me envolvi em um único acidente até hoje, acredito que Claude tenha feito um bom trabalho quando me ensinou a dirigir. Aprendi a dirigir dessa maneira e, por isso, sempre considerei que o curso de direção oferecido em autoescolas *funcionava*. E não sou o único a achar isso. Em dezessete estados norte-americanos, os alunos que se saem bem nas aulas de educação para motorista das autoescolas são dispensados do teste prático no processo para tirar a carteira de habilitação.*

Mas, analisando a partir de um método científico, o panorama é outro. Estudos compararam as estatísticas de acidentes antes e depois de as autoescolas terem passado a oferecer aulas de direção. Segundo os resultados, não houve redução no

* A carteira de habilitação, nos Estados Unidos, pode ser obtida a partir dos 16 anos de idade. (N.T.)

número de acidentes ocorridos com motoristas que haviam feito aulas de direção em autoescolas. A princípio, custei a acreditar nesses estudos. Afinal, essas aulas são uma experiência pela qual todo adolescente precisa passar aos 16 anos — devia haver uma razão para esclarecer essa contradição. Então, comecei a relembrar dos amigos que fizeram o curso comigo. Eles bateram o carro logo depois de tirar a carta de motorista. O treinamento cuidadoso de Claude não impediu que eles se envolvessem em acidentes. Eu me lembrei também de acidentes dos quais escapei por pouco, quando era mais novo, no tempo em que achava que costurar no trânsito era emocionante.

Jovens que fazem o curso de autoescola tomam conhecimento das normas de trânsito. Aprendem a manobrar o carro, frear com segurança, usar a seta e estacionar. Todavia, em geral, não é o domínio das regras e o conhecimento de como o carro funciona que causam os principais acidentes com os adolescentes. Isso porque, na verdade, os acidentes são consequências da incapacidade de *decisão* desses motoristas. Os adolescentes quase não se envolvem em batidas leves, mas sim em acidentes graves: estatisticamente, os motoristas com menos de 20 anos são vítimas do dobro de acidentes fatais que os demais condutores.

E o problema não é decorrente apenas da falta de experiência; na realidade, tem a ver com a idade e a ligações no lobo frontal do cérebro deles. Ou seja, transformar os adolescentes em motoristas prudentes não depende somente do trabalho feito nas autoescolas. Pelo contrário, ao facilitar e agilizar o processo de obtenção da carteira de habilitação, elas concorrem para aumentar o número de jovens motoristas nas ruas. Em 1999, a Escola de Saúde Pública da Universidade Johns Hopkins divulgou que nove cidades norte-americanas que haviam *eliminado* o curso de direção apresentaram uma *redução* de 27% nos acidentes automobilísticos causados por jovens de 16 e 17 anos.

Pesquisas como essa convenceram os estados norte-americanos de que aulas de direção para jovens de 16 anos estavam longe de ser a solução. O que de fato diminuiria o número de acidentes automobilísticos com jovens motoristas seria realizar o curso de autoescola somente após o término do ensino médio, protelando a idade em que os jovens poderão dirigir à noite ou dar carona a amigos. Esse tipo de medida reduz em 20% a 30% o número de acidentes no trânsito.

Durante os anos escolares, os alunos são submetidos a um grande número de programas de formação bem-intencionados, aparentemente ótimos, mas que não passam pelo crivo da análise científica. As escolas levam a sério seu papel de formar não apenas bons alunos, mas também excelentes cidadãos. No entanto, às vezes, as boas intenções são confundidas com boas ideias. Quanto mais prementes são os problemas, mais as escolas se apressam para implementar programas para combatê-los. Um exemplo disso é o Programa Educacional de Resistência ao Consumo de Drogas, o D.A.R.E. (Drug Abuse Resistance Education).

Criado originalmente em 1983, pelo Departamento de Polícia de Los Angeles, o D.A.R.E. envia policiais uniformizados às escolas, para ensinar os alunos a partir do 6º ano sobre as consequências efetivas do envolvimento com o crime e do consumo de drogas. Mas não se trata de palestras isoladas — os alunos participam de um programa completo de 17 semanas com palestras, encenações, leituras e muito mais. A ideia parecia tão promissora, que o D.A.R.E. se disseminou rapidamente. Em duas décadas, variações do D.A.R.E. podiam ser encontradas em escolas públicas coordenadas por 80% das diretorias de ensino norte-americanas, já tendo abrangido 26 milhões de alunos e recebendo uma verba anual superior a um bilhão de dólares. Em geral a sociedade confia na maneira como o D.A.R.E. transmite sua mensagem. Os professores são seus grandes partidários — 97% deles avaliam o programa como bom ou excelente. Já 93% dos pais consideram que a iniciativa de fato ensina crianças e jovens a dizer não às drogas e à violência.

No entanto, um programa tão popular, e que recebe uma verba pública tão vultosa, certamente atrai a atenção de vastas análises científicas. Durante as décadas de 1990 e 2000, pesquisas dividiram aleatoriamente os alunos que participariam ou não do programa. Alguns estudos indicaram que o D.A.R.E. levou a uma redução discreta no consumo de cigarros, álcool ou drogas logo após sua realização; porém, os estudos foram unânimes ao apontar que não houve uma redução significativa no longo prazo.

O D.A.R.E. não está sozinho nesse cenário. Centenas de programas norte-americanos para prevenção do uso de drogas recebem verba federal; ao avaliar 718 deles, o Departamento de Saúde e Serviços Humanos constatou que apenas 41 exerciam uma influência positiva sobre os jovens.

Os programas que visam reduzir a evasão escolar no ensino médio têm resultados semelhantes. Entre os 16 programas mais difundidos, apenas um mostrou alguma eficácia, mesmo todos eles contando com estrutura adequada — como oferecer um grande número de conselheiros em proporção ao número de alunos e realizar orientação vocacional, para estabelecer uma ligação com as futuras profissões.

Durante nossas pesquisas para este livro, tivemos acesso a dezenas de programas desenvolvidos no âmbito escolar que eram extraordinários na teoria, mas que decepcionavam na prática.

Para os estudiosos, as intervenções consideradas realmente excelentes têm uma eficácia de aproximadamente 15%. Ou seja, enquanto 15% dos jovens e crianças alteram seu comportamento como proposto, 85% deles mantêm a mesma conduta. Estatisticamente, as intervenções com eficácia de apenas 4% já são consideradas boas, ainda que não surtam efeito sobre 96% dos alunos.

Mas esse patamar não é considerado muito baixo pela ciência? Na verdade, não. Em vez disso, esses resultados indicam que o comportamento humano é incrivelmente resistente. Não é nada fácil mudar hábitos e preferências. Pode ser possível fazer algumas poucas pessoas mudarem, mas transformar a maioria da sociedade, seja em que aspecto for, é uma tarefa quase impossível. As intervenções com crianças são ainda mais desafiadoras, já que, por definição, elas representam um alvo mutante em constante de desenvolvimento.

Toda essa introdução teve o intuito de contextualizar e estabelecer o enfoque adequado de algo que descobri que de fato *funciona*. O sucesso do resultado desse programa por si só é fantástico; porém, é mais impressionante ainda se considerarmos como é difícil desenvolver um programa educacional que seja extremamente eficaz. Trata-se de um novo programa escolar chamado Ferramentas do Cérebro (*Tools of the Mind*), tendo sido desenvolvido para creches e aulas de educação infantil. Além do treinamento de professores, ele não representa nenhum custo adicional ao currículo regular do curso. Os professores apenas ministram as aulas com um método diferente de ensino. O que é ainda mais interessante do que seus resultados? As *razões pelas quais* esse programa parece ser eficaz e o que elas nos ensinam sobre o processo de aprendizagem de crianças tão novas.

Ashley visitou creches e escolas de educação infantil que adotam o programa em duas cidades prósperas, nos arredores de Denver; visitei ambos os níveis de escolaridade em Neptune, New Jersey, que, comparativamente, é uma cidade com menor poder aquisitivo, a meio caminho entre as cidades de Nova York e Atlantic City.

Dentro desse programa, a rotina escolar é similar a de uma aula comum — há intervalo e almoço; hora do lanche e da soneca. Mas, na verdade, uma classe, onde o programa Ferramentas do Cérebro é aplicado, tem uma *aparência* distinta —

que pode ser notada tanto pelos elementos que ela tem a mais quanto pelos elementos que ela não tem, quando comparada a uma aula tradicional: o calendário pendurado na parede da sala não tem divisão mensal, há apenas uma sequência de dias ao longo de uma fita de papel; não há nada que remeta ao alfabeto tradicional, as crianças usam um mapa com fonemas, que traz um macaco próximo ao Mm e um sol ao lado do Ss; a ordem alfabética usual, de A—Z, não é seguida — em vez disso, as consoantes ficam agrupadas de um lado e as vogais do outro; as letras são agrupadas em função de sua semelhança fonética, como as letras C, K e Q, todas produzidas com a língua posicionada no meio da boca (os sons produzidos com os dentes ou com os lábios ficam em grupos diferentes).

No início da aula, a professora anuncia à classe que eles irão encenar uma ação do corpo de bombeiros. Na semana anterior, eles haviam aprendido tudo sobre os bombeiros, e, então, agora a classe está decorada de maneira diferente do habitual: em um canto estava o quartel dos bombeiros; no outro, uma casa que precisava de socorro. As crianças podiam escolher que papel queriam representar: motorista do caminhão, telefonista da emergência, bombeiro ou morador em perigo. Antes de os alunos começarem a brincar, eles informavam à professora o personagem escolhido.

Com a ajuda da professora, os alunos criam individualmente seu roteiro da peça. Todos desenham a si mesmos representando o personagem escolhido e depois tentam descrever o desenho — da maneira que conseguirem — escrevendo uma frase em uma folha em branco. Mesmo as crianças de 3 anos de idade escrevem diariamente. Para algumas delas, o suposto enredo da encenação não passa de rabiscos que simbolizam as palavras da frase imaginada. Outras consultam o mapa fonético para descobrir a letra inicial de cada palavra. E as mais velhas memorizam como se escreve "eu vou" e depois recorrem ao mapa de fonemas para escrever o restante da frase.

Assim, os alunos começam o teatrinho, cada qual desempenhando segundo o roteiro planejado por eles, individualmente. O resultado é uma encenação que se estende por 45 minutos, com as crianças motivadas e concentradas em seus papéis. Se elas se dispersam ou começam a conversar, a professora pergunta:

— Foi isso que você planejou?

Nos outros dias da semana, as crianças escolhem personagens diferentes para trabalharem naquele mesmo cenário. E durante esse importante tempo da apresentação teatral, a professora ajuda os alunos na brincadeira, mas sem se preocupar em ensinar diretamente algum conceito novo.

No final, ela coloca um CD para tocar a "música da arrumação". Assim que a canção se inicia, os alunos param de brincar e começam a arrumar tudo, sem que a professora precise dizer uma só palavra. Mais tarde, é o momento da leitura em dupla. As crianças formam pares e se sentam de frente umas para outras. Uma recebe um cartaz com a figura de uma boca e a outra, um cartaz com um ouvido. A que tem o cartaz com a boca folheia um livro e conta a história, mas sem ler o texto, só interpretando o que vê nas ilustrações. Seu par ouve atentamente a história e, no final, faz uma pergunta sobre ela. A seguir, elas invertem os papéis.

Elas também costumam fazer brincadeiras como "o chefe mandou", que exigem autocontrole. Uma variação recebe o nome de "desenhando a música". A professora coloca uma música e os alunos desenham espirais e formas diversas. De tempo em tempo, a professora interrompe a música e os alunos devem parar imediatamente de desenhar.

A estrutura do programa iniciado no berçário ou na creche é aprofundada na educação infantil, que passa a introduzir conceitos acadêmicos por meio de uma premissa de "faz-de-conta" relacionada ao livro que os alunos estão lendo em classe. Em geral, as aulas do programa Ferramentas do Cérebro são um pouco diferentes, mas não chegam a causar estranhamento. Vendo o programa sendo colocado em prática, é difícil estimar que seus resultados sejam tão significativos. Nesse caso, temos um cenário oposto ao de programas como o D.A.R.E. — que parecem excelentes, mas têm resultados inexpressivos. O programa Ferramentas do Cérebro apresenta resultados excelentes, embora não ofereça indicações claras de seu apelo.

As técnicas desse programa foram desenvolvidas durante a década de 1990 por duas pesquisadoras do Metropolitan State College, em Denver, a Dra. Elena Bodrova e a Dra. Deborah Leong. Depois de testarem um piloto do programa em algumas salas de aula e em centros do Head Start,* elas o colocaram em ação em 1997, em cooperação com as escolas públicas de Denver. Dez professores de educação infantil foram designados aleatoriamente para participar do estudo: uma parte deles lecionaria segundo o programa Ferramentas do Cérebro e outra parte seguiria o currículo regular de ensino. Dos alunos dessas turmas, de 30% a 50%

* *Head Start* é um programa norte-americano de inclusão completa — ensino, nutrição, saúde e socialização — para crianças e suas famílias de baixa renda. *Head start* significa vantagem, em português. (N.T.)

eram pobres de descendência hispânica que, ao iniciarem o ano letivo, foram avaliados com um nível insuficiente de fluência da língua inglesa — eles começavam a educação infantil com um ano de defasagem em relação aos demais alunos.

No semestre seguinte, todas as crianças foram submetidas a testes aplicados em todos os Estados Unidos. Os resultados foram estarrecedores. Os alunos das turmas do programa Ferramentas do Cérebro se mostraram *avançados* em praticamente um ano escolar, se comparados com a média nacional. De acordo com os índices de Denver, apenas metade dos alunos da educação infantil era proficiente em seu nível escolar. Todavia, no programa Ferramentas do Cérebro, 97% dos alunos foram avaliados como proficientes.

Relatos sobre o sucesso do programa se espalharam pela comunidade científica. Em 2001, duas pesquisadoras do Instituto Nacional de Pesquisa Infantil, de Rutgers, a Dra. Ellen Frede e a Dra. Amy Hornbeck, visitaram as salas de aulas do programa Ferramentas do Cérebro. Paralelamente a isso, o governo de New Jersey estava implantando escolas públicas de educação infantil nas zonas mais carentes do estado. Impressionadas com o que viram, Ellen e Amy decidiram testar o programa em uma dessas escolas de educação infantil que tinham acabado de inaugurar; assim, Amy poderia avaliar a eficácia do programa comparado ao currículo regular.

As pesquisadoras escolheram um local em Passaic, New Jersey, que atendia crianças de famílias de baixa renda, sendo que 70% dos alunos vinham de famílias cuja língua materna não era o inglês. A nova escola de educação infantil, instalada no prédio de um antigo banco, no centro da cidade de Passaic, tinha 18 salas de aula. Sete salas em um dos andares foram designadas para as turmas de educação infantil inseridas no programa Ferramentas do Cérebro; e, como grupo de controle, as outras 11 classes adotariam o currículo regular de educação infantil. Professores e alunos foram separados aleatoriamente nas salas de aula; os professores foram orientados a não discutir entre si questões relativas aos currículos que seriam lecionados. Ao final do primeiro ano, as notas obtidas com o programa foram visivelmente superiores em sete de oito quesitos avaliados, incluindo vocabulário e QI.

No entanto, foi a mudança no comportamento das crianças que convenceu de vez a diretora da escola quanto à eficácia do programa. Nos relatórios enviados à diretora, os professores que seguiam o currículo tradicional reportavam episódios diários de comportamentos extremamente deploráveis — alunos de educação infantil chutando a professora, mordendo outro aluno, xingando e arremessando cadeiras. Cenas como essas nunca aconteceram nas classes do programa Ferramentas do Cérebro.

A pesquisa monitorada deveria durar dois anos, mas, ao final do primeiro ano, a diretora decidiu interromper o programa Ferramentas do Cérebro. Porém, ela entendeu que era antiético privar metade dos alunos da escola de participar de um programa de ensino claramente superior — e como não tinha verba para implantá-lo em toda a escola, cortou-o.

E essa não foi a única vez que o programa foi vítima de seu próprio sucesso. A fase de testes do programa Ferramentas do Cérebro também terminou mais cedo em outras duas localidades — Elgin, em Illinois, e Midland, no Texas. Nessas regiões, a verba disponível era para estudar crianças em risco. Passado um ano da implantação do programa, as crianças não mais apresentavam notas baixas o suficiente para serem consideradas em risco; assim, a verba para a pesquisa foi suspensa. A Dra. Elena não hesitou em creditar o trabalho ao corpo docente dessas escolas, mas acrescentou:

— E quando isso acontece repetidamente, começamos a pensar que talvez seja o programa que faz a diferença. Essa é a ironia em fazer intervenções no mundo real: estamos sendo bem-sucedidas além da conta ao experimentar se o programa poderia obter sucesso.

A boa fama do programa continuava se espalhando e bastava aos professores vê-lo em ação, para se convencerem de seu sucesso. Amy Hornbeck, de Rutgers, estava tão convicta de suas próprias descobertas, que se inscreveu para fazer parte da equipe regular do programa e treinar professores para aplicá-lo. Depois de dois professores terem visitado a escola de Passaic, ficaram tão impressionados que decidiram também adotar as técnicas de ensino do programa na escola de educação infantil que iriam abrir na cidade de Neptune, New Jersey.

Sally Millaway era a diretora dessa escola de Neptune. Depois do sucesso do programa nas turmas de educação infantil, ela convenceu a diretoria de ensino da região a abrir na escola de ensino fundamental, para a qual ela havia sido transferida, uma turma de educação infantil que adotasse o programa Ferramentas do Cérebro. Quando a notícia de que a escola de Sally iria instituir turmas desse programa se espalhou, a diretoria de ensino responsável por aquela escola passou a receber inúmeras cartas de pais solicitando que seus filhos também pudessem participar de turmas com o programa.

Durante o primeiro ano da turma de educação infantil, Sally sentiu que o programa estava indo bem. Mas a prova definitiva viria com os resultados dos testes-padrão, realizados em todas as escolas de educação infantil de New Jersey, no mês de abril. Um mês depois, Sally recebeu, por fax, os primeiros resultados.

— Foi inacreditável — lembrou-se ela. — Quando vi os números, foi uma felicidade só. Parecia brincadeira, pois eles eram muitos melhores do que imaginávamos.

Os resultados da avaliação de leitura nas escolas daquela diretoria de ensino eram, em média, de 65% de acerto em relação ao total da prova. Já os alunos de educação infantil participantes do programa tiveram um salto de mais de 20 pontos, chegando a 86% de acerto, em média. Quase todas as crianças consideradas superdotadas saíram de turmas do programa Ferramentas do Cérebro.

E por que esse programa funciona tão bem? Há muitos fatores correlacionados, mas vamos começar com o elemento mais distintivo do programa — a elaboração dos roteiros das peças e seu consequente período prolongado de encenação.

Em toda escola de educação infantil, as crianças encenam uma peça sobre corpo de bombeiros, mas, normalmente, em dez minutos a peça acaba e o cenário vai ao chão. Segurar uma mangueira imaginária de bombeiro para apagar um incêndio também imaginário é uma atividade isolada, que acaba por se tornar entediante. Desestimuladas, as crianças se distraem com o que as outras estão fazendo, deixam de lado a brincadeira e vão procurar algo mais interessante para fazer. Essa representação tem uma casualidade divertida, mas ela não é *duradoura*. Já nas classes do programa Ferramentas do Cérebro, ao decorar as diferentes partes da sala de aula com diversos cenários e pedir para que a criança assuma um compromisso com o personagem durante uma hora, a peça se torna muito mais complexa e interativa. As crianças na casa telefonam para o serviço de emergência; o telefonista atende o chamado e soa o alarme; os bombeiros pulam de seus beliches e correm ao trabalho; o caminhão dos bombeiros vai até a casa e eles se esforçam para resgatar a família. Isso tudo faz com que a encenação seja bem-cuidada, multidimensional e autossustentável.

Essa noção de que a criança é capaz de alimentar o próprio interesse é considerada a essência do programa. O ímpeto natural dos pais é exigir que o filho preste atenção e obedeça à professora. Eles acreditam que a criança não conseguirá aprender se não for capaz de evitar distrações. O programa Ferramentas do Cérebro enfatiza a questão pelo lado oposto — as crianças não se distraem se estiverem envolvidas em atividades que elas mesmas escolheram. Ao representar os papéis imaginados por elas ao elaborarem seu roteiro individual, elas se entregam totalmente ao momento.

Em um famoso estudo russo da década de 1950, foi solicitado a crianças para que ficassem paradas e em pé pelo maior tempo que conseguissem — elas permaneceram em pé por dois minutos. A seguir, foi pedido a outro grupo de crianças para *fazer de conta* que eram soldados, posicionados em pé, em seus postos de guarda — nesse caso, elas permaneceram em pé por 11 minutos.

— A vantagem das crianças mais novas — explicou Elena — é que elas ainda não sabem que não são boas em alguma coisa. Quando pedimos a uma criança para copiar algo que a professora escreveu na lousa, ela pode pensar: "Não consigo escrever tão bem como a professora", e então não quer fazer a tarefa. Mas dê um bloquinho de papel a uma criança que está fazendo de conta que é um garçom de pizzaria. O João pediu uma pizza de muçarela, você pediu uma de calabresa. Ela não sabe se conseguirá escrever ou não os sabores das pizzas — sabe apenas que deve imitar algo que se pareça com um pedido anotado na comanda da pizzaria. No fim, ela acaba praticando mais a escrita dessa forma do que se tivéssemos pedido para que ela fizesse uma redação.

Não há dúvidas de que, hoje, as crianças brincam menos do que as gerações antigas brincavam. Com o aumento da pressão por um bom desempenho acadêmico, as escolas têm reduzido o período de intervalo entre as aulas para dedicar mais tempo aos estudos. Isso, por sua vez, deu espaço para o surgimento de uma teoria antagônica: os especialistas e analistas sociais defendem que a hora de brincar é valiosa demais para ser cortada. Seus argumentos são coerentes: o cérebro necessita de um intervalo para descanso e as crianças precisam extravasar a energia; além disso, diminuir o intervalo contribui para a obesidade e é durante o recreio que as crianças desenvolvem suas habilidades sociais. O programa Ferramentas do Cérebro ainda indica outro benefício completamente diferente: durante os momentos de descontração, as crianças aprendem naturalmente os princípios básicos necessários para sustentar o desenvolvimento indispensável ao sucesso acadêmico; e, na verdade, elas desenvolvem *melhor* essas noções primordiais enquanto brincam do que quando estão em uma aula convencional.

Por exemplo, a questão do pensamento simbólico. Quase tudo o que a criança deve aprender em sala de aula exige que ela assimile a relação entre a realidade e a representação abstrata e simbólica: as letras do alfabeto são símbolos que representam os sons e a fala; o mapa pendurado na parede simboliza o mundo; o calendário é um símbolo para regular a passagem do tempo; para o nosso olho, uma palavra no papel, como a palavra árvore, não se parece em nada com uma árvore de verdade.

Uma criança pequena articula o pensamento abstrato de forma lúdica, o que permite transformar uma mesa e algumas cadeiras em um caminhão de bombeiros. Mais do que isso, quando a encenação tem componentes que interagem, como no programa Ferramentas do Cérebro, a criança aprende como um símbolo pode se combinar com diversos outros símbolos, formando um pensamento abstrato mais complexo. Assim, ela passa a dominar o processo intelectual de reter e combinar vários pensamentos simultâneos.

Vamos partir de um pensamento mais complexo, como a autorreflexão — um diálogo interno processado pela mente que pesa e avalia, com atenção, alternativas diferentes. Esse diálogo reflexivo é o oposto da reação impulsiva — em que as ações são realizadas sem prévia consideração. Os adultos possuem capacidade de abstração e sabem como sintetizar pensamentos e fazer distinções. Mas será que as crianças possuem a mesma voz interna de contemplação e contestação? E, em caso afirmativo, quando ela se desenvolve? O programa Ferramentas do Cérebro foi concebido para estimular o desenvolvimento precoce da consciência socrática, fazendo com que elas não reajam impulsivamente na sala de aula e evitando, conscientemente, que se distraiam.

O programa faz isso ao estimular a nossa voz interna e o nosso discurso interior. Para começar, ensina as crianças a verbalizar esse discurso — elas mesmas se guiam em voz alta durante as atividades. Quando estão aprendendo a letra C maiúscula, todas repetem juntas: "Comece lá cima e faça uma curva", enquanto tentam escrever a letra. Ninguém impede as crianças de repetirem isso em voz alta, mas, depois de alguns instantes, o coro se enfraquece e é substituído por um murmurinho. Passados mais uns minutos, ainda umas poucas crianças continuam falando a frase — mas a maioria só repete mentalmente. Algumas crianças não chegam a notar, mas mesmo se mantendo em silêncio, elas mexem os lábios como se continuassem a repetir para si as instruções.

Quando escrevem suas respostas, as crianças com bom desempenho na escola sabem se acertaram ou não. Elas possuem uma percepção sutil, capaz de julgar se o que fizeram está correto. As crianças com mais dificuldades de aprendizagem são naturalmente mais inseguras; elas até podem acertar a resposta, mas não possuem essa certeza. E, para desenvolver essa consciência, quando a professora do programa escreve uma letra no quadro, ela escreve quatro versões da letra e deixa que a criança decida qual é o melhor D, por exemplo. Deborah explicou:

— A função do professor é despertar a autoanálise do aluno e fazer com que ele reflita o que seria um bom D e como ele deseja que seu D se pareça. O aluno pensa sobre seu trabalho, enquanto decide sobre a melhor opção de letra feita pela professora.

As crianças do programa também são encarregadas de checar o trabalho umas das outras. Segundo Ashley observou, em uma aula as crianças estavam praticando caligrafia em dupla, depois de escrever as palavras; elas trocavam os cadernos para que uma analisasse a letra da outra e circulasse as melhores. E quando uma das crianças fez a checagem rápido demais, seu companheiro reclamou: o garotinho de 5 anos queria que seu parceiro analisasse com mais critério o trabalho dele.

Muitas das atividades são escolhidas porque ensinam às crianças a ficarem atentas aos sinais transmitidos durante certa situação e a controlar seus impulsos. A simples brincadeira "o chefe mandou", por exemplo, impele a criança a seguir o líder, mas exige que ela preste atenção e mantenha o autocontrole. Da mesma forma, quando a professora coloca a música da arrumação, as crianças precisam perceber que parte da música está sendo tocada, para terminarem de arrumar tudo antes que ela acabe. Na leitura em dupla, o impulso natural de toda criança é querer ler primeiro; mas a criança que recebe o cartaz com a imagem do ouvido tem de escutar a história pacientemente, e assim acaba aprendendo a controlar seus impulsos e esperar.

O programa forma crianças que, além de bem-comportadas, são organizadas e independentes. Depois de apenas três meses do projeto-piloto, as turmas de professores do programa Ferramentas do Cérebro, no Novo México, passaram de 40 ocorrências registradas em sala de aula a nenhum incidente ocorrido durante um mês. Além disso, os alunos do programa não se distraíam mais com facilidade. Em certa ocasião, na cantina de uma escola de New Jersey, os alunos da educação infantil do programa assistiram aos demais alunos da escola fazerem uma guerra de comida. Nenhuma das crianças do programa pegou sequer uma migalha de comida para atirar; quando voltaram à classe, contaram à professora que eles não podiam acreditar como os alunos mais velhos eram descontrolados.

Embora as técnicas pedagógicas do programa pareçam indefinidas e teóricas demais, ele tem embasamento sólido na neurociência. Em outros capítulos deste livro, mencionamos o desenvolvimento do córtex pré-frontal, a área do cérebro que controla a função executiva — planejamento, prognósticos, controle de impulsos, persistência na solução de problemas e organização dos pensamentos para atingir um objetivo. Embora essas habilidades sejam características do adulto, a função executiva começa a se desenvolver enquanto a criança ainda está na educação infantil, e já nessa fase, ela pode ser medida por meio de testes simples computadorizados.

Durante o estágio mais fácil desses testes, a criança vê um coração vermelho na lateral de uma tela e deve apertar o botão correspondente para dizer se era a lateral esquerda ou direita. Mesmo as crianças de 3 anos acertam sem dificuldade. Então, a criança vê uma *flor* vermelha e é instruída a apertar o botão referente ao lado *oposto* em que a flor aparece. Isso requer que seu cérebro abandone a regra anterior e adote a nova regra — o que chamamos de direcionamento da atenção. Ele exige que a criança resista ao impulso natural de apertar o botão do mesmo lado em que vê a flor. Para as crianças de 3 anos, essa alteração é difícil; já para as de 4 anos, é desafiadora, mas possível. Então, começa o verdadeiro teste. O computador passa a mostrar aleatoriamente um coração vermelho ou uma flor vermelha, e a criança deve alternar na memória *ambas* as regras: coração = indicar o mesmo lado, flor = indicar o lado oposto. Os corações e as flores são exibidos por apenas 2,5 segundos, ou seja, a criança deve decidir rápido, sem se confundir. Isso exige foco atentivo e destreza de raciocínio constante — o que não é fácil para o cérebro de uma criança. Mesmo os pré-adolescentes de 13 anos de idade, geralmente, apertam o botão errado em 20% das vezes.

A Dra. Adele Diamond, da Universidade de British Columbia, é a mais conceituada especialista em função executiva em crianças pequenas. Alguns anos atrás, Elena Bodrova a abordou em uma conferência, para contar sobre a experiência na escola de educação infantil de Passaic. Adele se questionou se o sucesso do programa Ferramentas do Cérebro não se devia ao fato de as crianças exercitarem a capacidade de sua função executiva e decidiu fazer uma visita a Passaic. Adele relembrou:

— Nas turmas regulares, as crianças eram inquietas e perambulavam para todo lado. Já nas salas de aula do programa, elas pareciam ser de outro planeta. Eu nunca tinha visto uma coisa assim.

Adele, então, decidiu voltar no ano seguinte para testar os alunos quanto a sua função executiva:

— A diferença era evidente, mas eu queria obter dados concretos — explicou ela.

Para tanto, Adele submeteu os alunos de Passaic a diversos testes computadorizados sobre a função executiva. Ela verificou uma enorme discrepância no desempenho da função executiva das crianças que faziam o curso regular em relação às crianças que participavam do programa. Em um dos exercícios, os resultados dos alunos regulares foram tão ruins, que praticamente foi como se eles tivessem chutado as repostas ao acaso, ao passo que os alunos do programa obtiveram

84% de acerto. Em outro teste mais complicado, apenas um quarto dos alunos regulares conseguiu completá-lo; já a metade dos alunos do programa conseguiu concluí-lo.

— Quanto mais a atividade exigia uma alta capacidade de articular a função executiva — apontou Adele —, maior era a diferença no desempenho das crianças.

Todo pai observa o filho pequeno e imagina, ansioso, quando ele irá conseguir ficar quieto, sentado (em outra situação que não diante da televisão). Quando será que ele conseguirá manter uma atividade por 30 minutos ininterruptos? Quando ele irá se concentrar em uma tarefa sem se distrair com outras crianças? Quando ele irá se dedicar a algo de verdade? Por vezes, tem-se a impressão de que a capacidade cognitiva infantil, ainda que elevada, disputa por um espaço no cérebro com o poder de distração da criança.

Em geral, só nos preocupamos com o resultado negativo dessa suposição: a criança não aprende porque se distrai facilmente. E acabamos não refletindo sobre a consequência benéfica que a solução desse impasse pode trazer à criança: a capacidade de concentração é uma habilidade tão importante quanto o raciocínio matemático, a capacidade da leitura e até mesmo a inteligência inata.

Logo, por que algumas crianças se saem melhor ao focar sua atenção? Quais sistemas neurais regulam a concentração? Será essa a explicação para os bons resultados do programa Ferramentas do Cérebro?

A neurocientista Silvia Bunge, da Universidade da Califórnia, em Berkeley, é responsável por uma nova pesquisa sobre uma área do cérebro chamada córtex pré-frontal lateral rostral. Essa é a parte do cérebro humano que mais se diferencia do cérebro dos macacos; ela é responsável por manter a concentração e definir os objetivos.

— Trata-se apenas de uma suposição — contou Silvia. — Mas fazer com que as crianças administrem seu tempo e estabeleçam objetivos semanais, como vimos acontecer no programa Ferramentas do Cérebro, estimula seu córtex lateral pré-frontal rostral, que se fortalece e se desenvolve.

Silvia emprega o termo "controle cognitivo" para definir a capacidade de concentração de uma criança. Ele é indispensável em diversos contextos. No caso mais simples, a criança tenta não desviar seu foco de atenção, evitando, além de distrações externas — como outra criança fazendo caretas durante a aula —, as distrações internas.

— Pensar: "Eu não sou capaz de fazer isso" é um exemplo de distração interna — explicou Silvia.

O controle cognitivo é exigido sempre que o cérebro processa informações, seja ao memorizar um número de telefone, até conseguir fazer a ligação; bolar uma estratégia em um jogo de xadrez; ou avaliar as vantagens e desvantagens de duas alternativas. E ele não se restringe a articular as informações, ele também participa de outros processos, como evitar a frustração ou a raiva, e reprimir uma resposta indesejada ou impulsiva.

Um ataque de riso em plena sala de aula é um exemplo de resposta *social* impulsiva, mas respostas *acadêmicas* impulsivas também são comuns. Entre as alternativas das questões de múltipla escolha dos testes de QI e de desempenho há sempre uma "pegadinha", uma opção quase certa. As crianças que não lidam habilmente com seu controle cognitivo se deixam levar e selecionam essa opção. Sua nota final indicará que elas são menos inteligentes ou que têm dificuldade para ler; contudo, sua inteligência e seu nível de leitura são normais — seu problema é apenas conseguir conter a impulsividade.

Ainda, segundo a pesquisadora, o controle cognitivo não fica o tempo todo ativo. Em vez disso, o cérebro pode aumentar ou reduzir o nível de controle cognitivo, quando necessário, estabelecendo um ciclo de feedback entre duas sub-regiões do cérebro. Um subsistema irá avaliar como desempenhamos determinada tarefa; caso detecte que esse desempenho é insuficiente, ele envia um alerta ao outro subsistema, que aumenta o nível de controle cognitivo, estimulando nossa concentração. O suposto descontrole cognitivo de uma criança não necessariamente revela a *incapacidade* de seu cérebro para se concentrar, pois é possível que ele sequer tenha recebido a mensagem de que *precisava* se concentrar. Nesse caso, a primeira parte do ciclo de feedback é que não está cumprindo sua função; ela literalmente não está atenta ao seu próprio desempenho.

Pensando de novo no método do programa Ferramentas do Cérebro, ele solicita às crianças que frequentemente verifiquem seus próprios trabalhos e atribuam nota ao seu desempenho, com base em folhas de avaliação; além disso, costuma estimular o trabalho em dupla, para que uma criança analise o trabalho da outra (mesmo na educação infantil). As pesquisadoras Elena e Deborah enfatizam a importância de a criança estar ciente de seu desempenho e conseguir identificar quando realizou um trabalho bem-feito. Essa sensibilidade é indispensável para o bom funcionamento do sistema cerebral de feedback e para o aumento da capacidade de concentração.

Silvia Bunge é especialista em monitorar a atividade cerebral de crianças em idade escolar por meio da ressonância magnética, enquanto as crianças respondem a testes semelhantes ao da flor e do coração, mencionados anteriormente. Ela constatou que o cérebro adulto tem uma área no lobo frontal especializada em estipular regras — todo o tipo de regra, das que coordenam os testes de corações e flores a regras gramaticais e normas de trânsito. (Quando essa área é afetada, as pessoas falam e escrevem com erros de gramática, por exemplo.) Essa área que articula as regras permite às pessoas tomar iniciativas — ela reconhece as circunstâncias em que as regras serão aplicadas e, como se pudesse prever o futuro, prepara o cérebro para o que deve fazer. Essa resposta proativa funciona de maneira similar ao discurso interno — dizer a si mesmo o que fazer, momentos antes de agir propriamente. As decisões são tomadas imediatamente e da maneira que consideramos mais correta. As crianças ainda não possuem essa área no lobo frontal desenvolvida para servir como referência. Então, ao fazerem os mesmos testes que os adultos, em vez de seu cérebro ser proativo e articular as regras com antecipação, ele simplesmente reage imediatamente, sem pensar previamente. Sua resposta é dada em um momento em que elas ainda estão hesitantes, tentando ordenar as regras apresentadas; com isso, a chance de cometerem um erro é muito maior.

Segundo Silvia, é muito importante o fato de as crianças do programa Ferramentas do Cérebro escolherem seu próprio trabalho.

— Quando a criança faz sua escolha, ela supostamente opta por atividades que a estimulam. A motivação é vital. Ela faz com que o cérebro libere dopamina que, diferentemente dos demais neurotransmissores, não é direcionada para as sinapses; ela se espalha sobre uma grande região do cérebro e reforça a comunicação entre os neurônios. O cérebro, literalmente, estimulado opera melhor e articula de maneira mais rápida as informações. Motivadas, as crianças aprendem mais.

Este capítulo começou apresentando uma análise estatística sobre o curso de direção em autoescola e terminou com a neurociência aplicada na educação infantil. Na verdade, ambos os temas estão relacionados à capacidade do sistema neural de regular a atenção e o controle cognitivo. Motoristas adolescentes podem obter 100% em um exame teórico sobre regras de trânsito, mas ao volante, seu tempo de reação é mais demorado, porque possivelmente ainda não internalizaram de maneira automática as *normas* da direção — eles precisam raciocinar sobre elas. Com isso, há um aumento da carga cognitiva e sua capacidade de manter a atenção é levada ao limite máximo. Há um grande risco de eles tomarem decisões equivocadas. Dar carona a um amigo pode ser o bastante para sobrecarregar os sistemas de atenção do adolescente — o cérebro do motorista para de antecipar o que pode acontecer, não consegue mais prever o que acontecerá segundos à frente nem organizar de maneira proativa as regras que deverá adotar. Em vez disso, ele passa a contar somente com seus reflexos, mas nem sempre reage da forma correta, por mais rápidas que sejam suas respostas.

Estudar em meio à distração é um desafio diário para os alunos. Em um capítulo anterior, discorremos sobre o poder de previsão dos testes de inteligência. Um motivo para os testes de QI não estimarem precisamente o desempenho dos alunos é o fato de que, na vida escolar das crianças, o ensino não acontece em um ambiente quieto e preservado: somente aluno e professor, como na aplicação dos testes de QI. A aprendizagem se dá em meio a inúmeras distrações e pressões. Os psicólogos chamam essa disparidade de diferença entre a cognição quente e a fria. Muitas pessoas têm um desempenho pior quando estão sob pressão; contudo, outras apresentam um desempenho muito superior.

Esse conceito recebe nomes diferentes na pesquisa científica: controle de esforço, impulsividade, autodisciplina. Dependendo da forma como a pessoa é avaliada, em muitos casos, um alto controle cognitivo se mostra mais importante do que uma boa pontuação no teste de QI. Em termos simplistas, mais vale ser disciplinado do que ser inteligente. E ter as duas características não é somente um pouco melhor — é exponencialmente melhor. Em um estudo, a Dra. Clancy Blair, da Universidade Estadual da Pensilvânia, verificou que crianças com QI acima da média *e* com melhor aproveitamento de sua função executiva são 300% mais propensas a ter um bom desempenho em matemática do que as crianças que têm apenas um QI elevado.

Assim como a ciência da inteligência, a ciência do autocontrole passou por mudanças na última década. Antes conceituado como uma característica fixa — algumas pessoas possuíam autocontrole de forma inata, outras, não —, hoje se presume que essa característica seja maleável e possa ser moldada. O autocontrole sofre influência de muitos fatores, do estilo de criação dos pais ao tempo decorrido da última refeição (o cérebro consome muita glicose quando exerce o autocontrole). Os sistemas neurais que regulam o controle podem se extenua, e — segundo um estudo — as pessoas com QI elevado experimentam mais esse tipo de fadiga.

A Dra. Charlotte Dignath recentemente realizou uma meta-análise sobre intervenções que visam estimular o autocontrole: "A grande quantidade de dados empíricos atuais permitiu chegarmos a um consenso sobre a eficácia da aprendizagem autorregulada no desempenho escolar e da influência da motivação no processo de aprendizagem".

Ashley e eu aplicamos algumas das estratégias do programa Ferramentas do Cérebro. Alunos de séries variadas frequentam à noite o local em que Ashley desenvolve seu projeto de apoio a crianças e jovens. Para estimulá-los a pensar com proatividade, ela agora pede que eles redijam um planejamento a ser seguido nas duas horas seguintes e, quando se distraem, ela os orienta a consultar o planejamento que fizeram. Ela também deixou de corrigir diretamente os erros gramaticais nos deveres dos alunos. Em vez disso, indica a linha com a sentença que contém o erro e pede à criança que o identifique. Isso as torna mais críticas e reflexivas em relação a sua própria produção, e não mais completam mecanicamente os exercícios. Com as crianças mais novas, em processo de alfabetização, Ashley usa o discurso interno, dizendo em voz alta:

— Coloque a ponta do lápis no alto da linha e faça uma curva...

Eu emprego técnicas semelhantes com minha filha. Toda dia ela chega da escola com o caderno de caligrafia repleto com a letra que acabou de aprender. Eu peço a ela que circule a letra mais bem-feita de cada linha, para que ela aprenda a discriminar o que é bom e o que é ruim. Na hora de dormir, coloco em prática minha versão da leitura em dupla: depois de ler, passo o livro para ela. Então, ela me reconta a história, narrando criativamente com base nas ilustrações e repetindo as falas que memorizou. Quando tenho um dia livre e posso passá-lo todo com ela, elaboramos juntos um planejamento do que iremos fazer — gostaria de fazer isso com mais frequência, pois ela adora. Eu também lhe dou sugestões para que ela amplie o tempo de suas brincadeiras de faz-de-conta. Por exemplo, ela adora bonecas e, às vezes, resolve colocar sua coleção inteira para dormir, o que leva no máximo dez minutos. Chega um ponto em que ela se entedia, pois não sabe mais o que fazer, então, sugiro que ela acorde os bebês, leve-os para a escola ou dê um passeio com eles. Isso costuma estimular a imaginação da minha filha por, pelo menos, mais uma hora.

Em Neptune, New Jersey, o filho de 3 anos de Sally Millaway, George, era uma das crianças da primeira turma da educação infantil do programa Ferramentas do Cérebro. Ela nos contou que sabia que o programa funcionava com crianças normais, mas estava em dúvida se seria indicado para o filho, que tinha necessidades especiais:

— Meu filho tinha um atraso considerável no desenvolvimento da fala e da linguagem. Ele não falava absolutamente nada. George ainda não havia recebido diagnóstico de autismo, mas mostrava todos os sinais.

No final daquele mesmo bimestre, George, na verdade, foi diagnosticado com problemas auditivos — ele ouvia apenas alguns tons, mas eram sons indiscriminados, como os que ouvimos quando estamos debaixo d'água.

— Sem perder tempo, as adenoides dele foram removidas. Três dias depois da cirurgia, ele já tinha começado a falar. De repente, deixei de me lamentar pensando que ele passaria a vida convivendo com suas limitações e passei a me preocupar em ajudá-lo a recuperar o tempo perdido — contou Sally. — Será que ele conseguiria alcançar as outras crianças?

Mas as preocupações dela não duraram muito. Sally mal pôde acreditar no rápido progresso do filho, atribuído por ela ao programa. Passados três anos estudando com o método — um na creche e dois na educação infantil —, ele recuperou totalmente sua defasagem. George está agora no 2º ano de um programa para superdotados e todas as turmas de educação infantil de Neptune participam do programa Ferramentas do Cérebro.

NOVE

Relacionando-se com os outros

Por que pais modernos e engajados falharam ao tentar criar uma geração de anjos?

Há alguns anos, um especialista em agressão entre alunos de educação infantil, o Dr. Jamie Ostrov, juntou-se ao Dr. Douglas Gentile, um dos maiores especialistas sobre os efeitos da exposição aos meios de comunicação. Os dois colegas passaram dois anos monitorando alunos de duas escolas infantis de Minnesota. Eles compararam o comportamento das crianças com os relatos dos pais sobre quais programas de televisão elas assistiam. As crianças eram todas de famílias abastadas, com idades entre 2 anos e meio e 5 anos.

Ostrov e Gentile esperavam que as crianças que assistiam a programas violentos, como *Power Rangers* e *Star Wars,* fossem mais agressivas fisicamente durante o recreio na escola. Os pesquisadores esperavam ainda que as crianças que assistiam a programas educativos, como os desenhos *Arthur* e *Clifford* não só fossem menos agressivas como mais sociáveis — cordiais, prestativas e extrovertidas. Essas não eram suposições revolucionárias, mas a importância do estudo estava, na verdade, em sua metodologia no longo prazo. Os pesquisadores poderiam acompanhar o exato aumento gradual da agressividade ao longo dos anos da educação infantil.

Ostrov já havia constatado que as câmeras de vídeo, além de intrusivas, não conseguiam captar o som a distância. Assim, os pesquisadores acompanharam as crianças de perto com suas pranchetas. Logo elas se desinteressaram pela atividade dos pesquisadores e não ligaram mais para a presença deles.

Os investigadores tinham sido treinados para distinguir entre agressão física, agressão relacional e agressão verbal. A agressão física consistia em arrancar brinquedos das mãos dos colegas e toda forma de empurrão, puxão e safanão. A agressão relacional, em crianças pequenas, englobava comentários como: "Você não pode brincar com a gente", ou meramente ignorar a criança que queria brincar, romper a amizade e inventar mentiras sobre outra criança — todo tipo de ação que atinge a essência de uma amizade. A agressão verbal incluía xingamentos e ofensas como: "Cale a boca!" ou "Você é idiota!" — com frequência seguidos de agressão física.

Ostrov cruzou vários dados para sua pesquisa: os registros dos investigadores, uma avaliação do comportamento das crianças feita pelos professores e outra feita pelos pais, e os relatos dos pais sobre quanto tempo as crianças assistiam televisão. Ao longo do estudo, segundo os pais, as crianças assistiam, em média, 11 horas de entretenimento audiovisual — entre programação de televisão e DVDs.

À primeira vista, a hipótese dos especialistas foi confirmada, mas os resultados revelaram algo inesperado. *Quanto mais programação educativa as crianças assistiam, maior se tornava sua agressividade relacional.* Elas se tornaram cada vez mais autoritárias, controladoras e manipuladoras. E essa não foi uma consequência desprezível; na verdade, foi mais visível que a relação entre os programas violentos e a agressão física.

Essa descoberta foi muito intrigante, inclusive para os pesquisadores, por isso a equipe de Ostrov se dedicou a assistir a programação de canais infantis como PBS,* Nickelodeon e Disney Channel. Eles notaram que alguns programas contêm um número elevado de ocorrências de agressão relacional. Ostrov explica que em muitos programas educativos o enredo passa meia hora contextualizando o conflito entre os personagens, que é resolvido em uns poucos minutos finais.

"A criança nessa idade tem dificuldade para relacionar a mensagem do final do episódio com a trama que a antecedeu", escreveu Ostrov, em seu artigo. "É como se a criança pequena não conseguisse aprender a lição passada da mesma forma que uma criança mais velha ou um adulto conseguiriam. Em vez disso, ela assimila cada um dos comportamentos mostrados isoladamente."

Os resultados surpreenderam toda a equipe. Ostrov não tem filhos ainda, mas seus colegas mudaram imediatamente o tipo de programação audiovisual que ofereciam a seus filhos.

* PBS é a abreviatura de Public Broadcasting Service, o canal educativo estatal dos Estados Unidos. Ele pode ser comparado à TV Cultura, no Brasil. (N.T.)

Ostrov decidiu fazer uma réplica do estudo em quatro escolas de educação infantil diferentes de Buffalo, Nova York. (Ele atualmente leciona na Universidade de Buffalo, da Universidade Estadual de Nova York.)

— Considerando a novidade e a surpresa [do resultado], queríamos ter certeza de que as descobertas eram abrangentes e não restritas a um determinado número de crianças — explicou o pesquisador.

Após o primeiro ano em Buffalo, Ostrov computou os resultados. Do total de programas que as crianças da cidade assistiam, dois terços em média eram programas educativos e um terço se relacionava a programas violentos. A maior exposição à violência de fato fazia aumentar as demonstrações de agressão física na escola, mas de forma moderada. Na realidade, assistir a programas educativos também elevou a taxa de agressão física, quase na mesma proporção que assistir ao gênero violento. Da mesma forma que no estudo de Minnesota, os programas educativos provocaram um grande impacto na agressão relacional, em Buffalo. Quanto mais as crianças os assistiam, mais cruéis elas se tornavam com os coleguinhas. Essa correlação era 2,5 vezes maior que a correlação entre programas violentos e agressão física.

Em suma, Ostrov tinha constatado que o desenho *Arthur* é mais nocivo às crianças que o *Power Rangers*.

Os resultados obtidos por uma equipe do Ithaca College corroboraram a opinião de Ostrov de que há uma quantidade exagerada de agressão relacional e verbal na programação infantil.

Supervisionados pela Prof. Dra. Cynthia Scheibe, os universitários da Ithaca gravaram pacientemente todas as cenas com insultos, xingamentos ou humilhação entre os personagens de 470 episódios de meia hora de duração, dos programas de televisão com maior audiência entre as crianças.

A análise final da pesquisadora revelou que 96% de toda a programação infantil incluíam ofensas e insultos verbais, e uma média de 7,7 ocorrências de humilhação por episódio de meia hora. Os programas especificamente voltados para estimular a socialização das crianças não tiveram desempenho muito melhor — 66,7 % deles continham insultos. Se as falas com insultos fossem repetidas na vida real, elas nos surpreenderiam por sua crueldade (por exemplo: "Como você consegue dormir à noite sabendo que é um tremendo fracasso?", frase dita no desenho *Bob Esponja Calça Quadrada*). É compreensível que os programas educativos partam de um insulto para mostrar como as ofensas magoam, mas, conforme apurou a Dra. Cynthia, nem sempre é esse o escopo ou o desfecho da história. Das 2.628 humilhações identificadas por sua equipe, em somente 50 casos o agressor foi corrigido ou repreendido — e jamais de modo educativo. Em 84% das vezes, houve apenas uma risada ou sequer uma resposta.

Os trabalhos de Ostrov e Scheibe são apenas dois dos diversos estudos recentes que se opõem às velhas suposições sobre as causas e a natureza da agressividade infantil.

O reino selvagem da infância às vezes é um mistério. A maneira moderna e participativa como os pais educam seus filhos hoje deveria resultar em um mundo de crianças bem-educadas e gentis. Logo que o bebê dá sinais da compreensão cognitiva, os pais passam a lhe ensinar a compartilhar e a ser gentil e cordial. Na teoria, brigas, provocações e crueldades já deveriam ter sido banidas tais quais as brincadeiras com sacos plásticos e os alimentos com corantes à base de chumbo — restando apenas lembranças de um tempo de ignorância. No entanto, notícias apontam que o *bullying* vem aumentando; além disso, todo pai já ouviu relatos sobre as agonias enfrentadas no pátio da escola. A trama de *O senhor das moscas*, com sua investigação sobre a natureza humana, soa tão legítima hoje como quando William Golding o escreveu, em 1954.

Por que a maneira moderna de educar as crianças vem falhando em sua missão de criar uma progênie mais civilizada? No início deste livro, abordamos como a criança muito elogiada acaba tendendo à trapaça, como as pequenas mentiras das crianças passam impunes e como o preconceito racial pode vir à tona mesmo em escolas progressistas. Agora, dirigimos nossa atenção para a agressividade das crianças — um termo genérico empregado por especialistas para designar tudo: desde os empurrões no parquinho durante a educação infantil até a intimidação física no final do ensino fundamental e a rejeição no ensino médio.

A justificativa mais cômoda da agressão tem sido sempre culpar o lar da criança por ter um clima hostil. Mas há um aspecto perigosamente confortável nesse modelo — enquanto sua casa for um lar excelente, a agressividade não será um problema. Ainda assim, a agressividade é demasiadamente frequente para que essa explicação seja o suficiente. Seria preciso olhar esse contexto sob uma inversão do Efeito Dunning-Kruger, que trata da superioridade ilusória — em que o conceito formado pela maioria dos pais seria encarado como mais *medíocre* do que a realidade habitual.

O comportamento agressivo era tradicionalmente considerado um indicador de inadequação psicológica. Costumava ser visto como um sinal naturalmente aberrante e atípico; e, em crianças, um sinal de problemas futuros. As causas da agressão comumente citadas eram conflitos domésticos, castigos corporais, programas violentos na televisão e rejeição de colegas na escola.

Embora nenhum estudioso tenha a pretensão de anular esses conceitos já instaurados, a pesquisa de ponta sugere que as causas da agressão não são tão simples como vínhamos pensando e que muitas das soluções adotadas por nós para contê-la, na verdade, surtem o efeito contrário.

Todos sempre ouvimos que presenciar os pais brigando prejudica os filhos, principalmente quando há discussões com gritos que ganham proporções ainda maiores. Porém, e quanto às pequenas desavenças diárias? Durante a última década, o Dr. E. Mark Cummings, da Universidade de Notre Dame, especializou-se nessa questão.

Cummings percebeu que *toda* criança sempre assiste os pais, ou quem cuida delas, implicando uns com os outros por banalidades como ter esquecido de passar na lavanderia, pagar uma conta ou quem deve buscá-la na escola. Em um estudo de campo, Cummings pediu aos pais para anotarem todos os conflitos que tivessem, por menores que fossem. Um típico casal tinha cerca de oito briguinhas por dia, segundo as mães; e, de acordo com os pais, um pouco menos. Os mostravam-se irritados uns com os outros de duas a três vezes mais do que expressavam gestos ou palavras de carinho entre eles. E, embora os pais se preocupassem em poupar os filhos de presenciar suas discussões, na verdade, as crianças as acabavam testemunhando em 45% das vezes.

As crianças parecem estar muito atentas à qualidade do relacionamento de seus pais. Segundo Cummings, elas são "detectores de partículas emocionais". Em um de seus estudos, ele comprovou que a segurança e o bem-estar emocional da criança são mais afetados pelo relacionamento entre os pais do que pelo seu próprio relacionamento com o pai ou a mãe.

Assim sendo, será que os pais perturbam os filhos com cada picuinha que têm entre eles? Não necessariamente.

Em intrincadas experiências conduzidas por Cummings, ele filma crianças presenciando uma encenação de briga e monitora suas reações; além disso, em geral colhe amostras da saliva da criança, para medir o cortisol — o hormônio do estresse. Em alguns casos, são dois atores representando uma cena. Em outros, a mãe atua na farsa — enquanto espera a criança, a mãe recebe uma ligação do "pai" e começa a discutir com ele por telefone. (Ela costuma seguir um script.) Em uma variação da experiência, a criança assiste a uma gravação de dois adultos discutindo e é orientada a imaginar que os dois personagens sejam seus pais.

Em um estudo, um terço das crianças reagiu agressivamente depois de testemunhar o conflito encenado — elas gritaram, sentiram raiva ou socaram uma almofada. No entanto, nesse mesmo estudo, algo mais aconteceu que conteve a reação agressiva de 96% das crianças. O que foi responsável por essa mágica? Foi o fato de permitir que a criança testemunhasse não apenas a discussão, mas o desfecho do impasse. Quando as cenas gravadas eram interrompidas no meio da discussão, causavam um efeito negativo na criança. Mas quando a criança podia ver a briga ser resolvida, ela se acalmava.

— Nós variávamos a intensidade das brigas, e a reação era a mesma — relembra Cummings. — Mesmo as discussões que se tornam mais acaloradas, se forem bem resolvidas, a criança acaba lidando bem com elas.

Os filhos, em sua maioria, ficaram tão satisfeitos com o final feliz das sessões, como ficaram contentes depois de assistir a uma demonstração amistosa entre os pais.

Isso mostra que os pais que interrompem uma briga no meio, tentando poupar o filho, para resolver o conflito depois, em particular, podem piorar seu efeito na criança. Ainda mais se não comunicarem ao filho que fizeram as pazes. Cummings também descobriu que quando os casais discutem longe do filho, mesmo não tendo testemunhado nada e desconhecendo os detalhes, a criança percebe que houve uma discussão.

O pesquisador demonstrou recentemente que a exposição ao conflito conjugal construtivo pode fazer bem à criança — desde que seja mantido o tom de voz, não haja troca de insultos e que a desavença seja resolvida com afeto. Ao longo do tempo, isso aumenta a sensação de segurança do filho e estimula sua atitude sociável na escola, segundo avaliaram os professores. Cummings observa que "a resolução deve ser sincera, e não encenada, apenas para agradar os filhos — ou eles irão perceber". As crianças aprendem uma lição com a resolução dos conflitos: a discussão ilustra como fazer concessões e como chegar à reconciliação — poupadas da discussão, elas não receberiam essa lição.

Essa questão dos conflitos dos pais tem, obviamente, um limite tênue entre o que pode ser prejudicial e o que pode ser benéfico para a criança. Mas não tão tênue como os estudos que o prof. Dr. Kenneth Dodge, da Universidade Duke, tem feito. Há tempos ele se interessa sobre como o castigo corporal estimula a criança a se tornar agressiva.

Ao menos uma vez na vida, cerca de 90% dos pais norte-americanos já castigaram seus filhos por meio de agressões físicas. Por anos, os estudos de Dodge e de outros pesquisadores apontaram uma correlação entre a frequência dos castigos físicos e a agressividade das crianças. É evidente que as crianças mais rebeldes levam surras com maior frequência, mas os estudos cobrem também o comportamento de base: quanto mais a criança apanha, mais agressiva ela fica.

Todavia, essas descobertas baseavam-se em estudos aplicados principalmente em famílias de origem caucasiana. E para condenar o castigo físico com a veemência desejada pela comunidade científica, seria preciso que alguém obtivesse resultados semelhantes em estudos com populações de outras etnias — especialmente com afrodescendentes. Dodge, então, conduziu um estudo de longa duração sobre o impacto dos castigos físicos em 453 crianças, brancas e negras, que foram acompanhadas da educação infantil ao ensino médio.

Quando a equipe de Dodge apresentou suas descobertas em uma conferência, elas desagradaram muita gente. E não foi porque os resultados mostraram que os pais negros apelavam mais para o castigo corporal que os brancos. (Isso era fato, mas a diferença não era tão grande.) Mas sim porque a equipe havia constatado uma correlação inversa em famílias de origem negra — quanto mais a criança levava palmadas, menos agressiva ela se tornava ao longo do tempo. As crianças negras que apanhavam estavam menos sujeitas a ter problemas por conta de sua agressividade.

Os especialistas criticaram publicamente a equipe de Dodge, alegando que suas descobertas eram racistas e sua divulgação era temerária. A imprensa se apressou em entrevistar o Dr. Dodge e a autora principal do estudo, a Dra. Jennifer Lansford. Um repórter de um grande jornal norte-americano perguntou ao Dr. Dodge se sua pesquisa sugeria que a resposta para uma punição eficaz seria bater nas crianças com maior frequência. O jornalista pode ter sido sarcástico em sua pergunta, mas ambos, Kenneth e Jennifer — que continuavam a ser terminantemente contrários ao uso de disciplina física —, ficaram tão horrorizados com a pergunta, que convocaram uma equipe de 14 pesquisadores para investigar o uso da punição corporal ao redor do mundo.

Por que os castigos físicos desencadeavam tantos problemas em crianças brancas, mas não afetavam as crianças negras da mesma forma, apesar de ser um recurso usado com maior frequência em suas famílias? Respaldado pelos resultados dos estudos internacionais, Dodge encontrou uma explicação para os resultados.

Para compreender isso, é preciso antes analisar como os pais agem ao castigarem fisicamente seus filhos, e como essa postura é decisiva para a criança. Em uma cultura em que dar palmadas é uma prática aceitável, o castigo físico acaba se tornando "uma reação normal, nessa cultura, aplicado quando a criança faz alguma coisa que não deveria". Mesmo que o pai ou a mãe tenha dado palmadas no filho somente em duas ou três ocasiões na vida, esse castigo é encarado como uma consequência normal e esperada por sua peraltice. Em seus estudos, Dodge apurou que, entre a comunidade negra, o castigo físico era algo corriqueiro na vida da criança.

Em contrapartida, Dodge verificou que, na comunidade branca, a disciplina física era um tabu do qual pouco se falava. Algo reservado *apenas para as faltas mais graves*. Os pais normalmente ficavam enfurecidos com o filho e perdiam a cabeça. A mensagem implícita era: "Você fez algo tão reprovável que merece uma punição *especial*: apanhar". Isso marcava a criança como alguém que havia perdido seu lugar na sociedade tradicional por conta de uma atitude gravemente transgressora.

Mas esse resultado também não se trata de uma diferença racial entre brancos e negros — tem a ver com a postura e a mensagem transmitida pelos pais. Um estudo da Universidade do Texas com protestantes conservadores mostrou que um terço deles castigava fisicamente seus filhos três ou mais vezes por *semana*, amplamente encorajados pela organização religiosa do Dr. James Dobson, Foco na Família. O estudo não encontrou impacto negativo nessas crianças por conta da punição física, justamente porque ela era considerada algo normal.

Cada qual a sua maneira, os trabalhos de Cummings e Dodge mostraram a mesma dinâmica: uma visão muito simplista da agressão por vezes leva os pais a incitá-la em seus filhos enquanto tentam agir corretamente e educá-los. As crianças assimilam muito mais a reação dos pais do que o sermão ou o próprio castigo físico.

Se pudéssemos aceitar que as crianças serão expostas a algum tipo de conflito — e que eles podem ser construtivos —, poderíamos dizer o mesmo sobre as interações com seus amiguinhos? Há algum nível de conflito com os colegas com o qual a criança deva aprender a lidar sozinha, sem a interferência dos pais?

O Dr. Joseph Allen, médico e professor da Universidade da Virgínia, afirma que muitos pais modernos estão presos ao que ele chama de "paradoxo da proteção":

— Proteger os filhos é um instinto natural dos pais — explicou Allen. — É um instinto saudável, mas com isso acabamos não lhes ensinando a lidar com os altos e baixos da vida. Os pais de 50 anos atrás tinham o mesmo instinto, só não dispunham de tempo e nem de energia para intervir. Atualmente, por razões diversas, essas limitações não conseguem nos deter, por isso, extrapolamos.

Na comunidade virtual para pais, Berkeley Parents' Network, essa é uma questão latente. Os pais enfrentam dúvidas angustiantes como se podem ou não invadir o tanque de areia para defender o filho de uma criança que se apossou de seu brinquedo. Outros pais confessam que seu querido filhinho tornou-se socialmente agressivo, algo que abominam, mas que não sabem como conter. O fórum está repleto de casos de provocação e rejeição entre crianças, e as respostas variam desde conselhos para ensinar a criança a ser menos vulnerável, até defender que colocar as crianças para aprender artes marciais é uma boa solução ou então que se deve revelar friamente para as crianças que elas não serão convidadas para todas as festas de aniversário em sua vida. Ninguém tem a resposta perfeita, e o desespero dos pais é visível.

O paradoxo da proteção tem levado muitos pais a exigir políticas de "tolerância zero" nas escolas, e não apenas para os casos de *bullying*, mas para todo tipo de assédio ou agressão. Não há indicações de que o *bullying* venha aumentando ultimamente, mas a preocupação quanto a suas consequências disparou.

Em março de 2007, o Comitê de Educação da Câmara dos Comuns Britânica conduziu uma investigação especial sobre o *bullying* na escola. Durante três dias, foram ouvidas diversas testemunhas, de diretores escolares a pesquisadores acadêmicos e organizações de apoio. O registro completo dos testemunhos totalizou 288 páginas. Nenhuma lei foi redigida e nenhuma política foi imposta a todo sistema educativo, e esse não era mesmo o objetivo da investigação. Na verdade, a experiência tinha sido realizada buscando uma posição categórica, que orientasse a cultura nacional: "A noção de que o *bullying* tenha, de alguma forma, um caráter construtivo e que seja algo inerente à infância é equivocada e deve ser mudada". Toda e qualquer forma de xingamento, humilhação, fofoca e exclusão deve ser condenada.

A maioria dos pesquisadores concorda que o *bullying* pode gerar consequências graves e que deve ser totalmente reprimido. No entanto, não estavam convencidos sobre a adoção da tolerância zero.

Um grupo de pesquisa da Associação Americana de Psicologia apontou que muitos incidentes provocados por mau discernimento ou falha de julgamento são decorrências naturais do desenvolvimento dos padrões de comportamento — resultado da imaturidade neurológica. Tudo isso é uma maneira requintada de dizer que as crianças cometem erros porque ainda são novas. Segundo os investigadores, a aplicação de castigos severos e automáticos minaria a confiança das crianças nas figuras de autoridade. Como o chefe das pesquisas explicou posteriormente, as crianças ficam amedrontadas — não por causa das outras crianças, mas em razão das regras, por achar que irão infringi-las acidentalmente. A nova postura de tolerância zero fez os níveis de ansiedade dos alunos na escola subirem, em vez de baixarem. Em Indiana, 95% das suspensões aplicadas não ocorreram especificamente em função do *bullying*, mas foram creditadas à "perturbação na escola" e "outras causas". O grupo da Associação Americana de Psicologia fez um alerta especial contra a aplicação indiscriminada da "tolerância zero" a qualquer forma de assédio.

Ainda assim, a punição intransigente vem se tornando cada vez mais comum. Segundo um levantamento feito pela Public Agenda, 68% dos pais norte-americanos apoiam essa postura. Nas escolas da Flórida a Nova York, a relação de atitudes que são veementemente intoleradas vem crescendo e já inclui provocações, crueldade, xingamentos, exclusão social e toda forma de perturbação psicológica. Uma cidadezinha canadense chegou a aprovar a ilegalidade desses comportamentos, que agora são passíveis de multa.

Segundo a ciência do relacionamento entre colegas, há uma consequência grave em rotular toda forma de agressão na infância como *bullying*. O problema é que boa parte das maldades, crueldades e torturas psicológicas que afligem as escolas não são obras de "maus elementos", como seria normal esperar. Na verdade, a maioria é cometida por crianças que são populares, benquistas e admiradas pelos colegas.

A ligação entre popularidade, domínio social, maldade e crueldade não causa espanto a qualquer professor — essa dinâmica é totalmente normal na maioria das escolas. Há muito isso serve de inspiração para a literatura e o cinema, como em *Emma*, *Atração mortal* e *Meninas malvadas*. Em alguns idiomas, há uma palavra específica para designar um adolescente popular que humilha os demais — em holandês, por exemplo, a expressão idiomática *popie jopie* designa os jovens desagradáveis, promíscuos, convencidos, extravagantes e arrogantes.

Ainda assim, os cientistas sociais só passaram a investigar a relação entre popularidade e agressão nesta década. Isso se deve, principalmente, ao fato de que a atenção dispensada aos peculiares resultados negativos da agressão impulsionou a produção de artigos científicos e o financiamento de pesquisas: as verbas eram imediatamente destinadas a estudar o problema da agressividade infantil, na esperança de que suas descobertas ajudassem a sociedade a evitar que as crianças agressivas aumentassem a população carcerária, no futuro. O Massacre de Columbine, em 1999, levou à liberação de ainda mais verbas, pois o governo norte-americano decidiu que era prioridade assegurar que seus alunos nunca mais abrissem fogo contra os colegas.

Segundo o Dr. Allen, os cientistas sociais também estavam inclinados a acreditar que os maus comportamentos estivessem associados de forma linear aos efeitos maléficos; a agressão era considerada um mau comportamento, portanto, os cientistas estavam de fato voltados somente para suas consequências negativas.

Eram poucas as verbas de pesquisa disponíveis para estudar sistematicamente crianças e adolescentes populares — principalmente, porque se considerava que os mais populares tinham bom comportamento e desempenho social. Então, alguns estudiosos que vinham fazendo estudos de longa duração com adolescentes relataram a ligação entre popularidade e consumo de álcool — e se pensarmos bem, não é nenhuma surpresa que os jovens populares consomem mais bebidas alcoólicas e outras drogas.

Pela primeira vez, os cientistas se preocuparam com garotos e garotas bem colocados socialmente — eles também corriam risco de se tornar viciados! De repente, a verba federal deixou de ser um problema para o estudo da popularidade. Logo, as forças sociais da popularidade foram relacionadas também à agressão (especialmente a agressão relacional). E, finalmente, os estudos dos cientistas sociais chegaram a professores — e roteiristas de cinema.

Hoje em dia, o campo das relações entre colegas atravessa o processo de uma verdadeira reviravolta, enquanto os especialistas se adaptam ao novo paradigma.

A Dra. Nikki Crick, da Universidade de Minnesota, orientadora de Ostrov, contrapôs pesquisas feitas por décadas que afirmavam que as meninas não eram agressivas. Ela provou que as garotas podem ser tão agressivas quanto os garotos — apenas com a diferença de que elas são mais inclinadas a usar a agressão relacional.

Da mesma forma, a Dra. Debra Pepler demonstrou que na faixa etária do ensino fundamental, as crianças "não agressivas" estão longe de ser santas — elas também ameaçam romper uma amizade, intimidam e empurram os colegas, só que com menor frequência do que as crianças consideradas agressivas. Portanto, em vez de as não agressivas serem as "boazinhas", é possível que elas só não tenham o traquejo e a confiança para se impor com tanta constância.

Como explica o prof. Dr. Antonius Cillessen, da Universidade de Connecticut, atualmente é reconhecido que a agressividade é usada muitas vezes como uma forma de domínio para obter status de proteção ou controle. A agressão não é simplesmente uma falta repentina ou um lapso das competências sociais. Na verdade, muitos atos de agressão, para serem executados, exigem habilidades sociais altamente desenvolvidas; mesmo a agressão física é, em geral, uma marca da criança "socialmente perspicaz", e não, socialmente marginalizada. A criança agressiva não é simplesmente insensível. Ao contrário, a criança relacionalmente agressiva precisa ser extremamente sensível, explica o prof. Cillessen. Ela tem de atacar com sutileza e estratégia; assim, deve ser socialmente inteligente e ter domínio de sua rede de contatos, para saber exatamente como afetar seu oponente.

— A agressão aparece tão logo os adolescentes começam a se descobrir e definir sua personalidade. Eles passam a aprender como é ser popular — e como podem se tornar atraentes aos olhos dos outros.

Isso muda completamente como os pais têm de lidar com a situação. Enquanto eles tentam ensinar à filha de 7 anos que segregar, espalhar boatos ou bater é errado, eles acabam, literalmente, privando-a de recursos importantes para que ela alcance seu domínio social.

— Esse tipo de atitude é vangloriada pelos colegas do grupo — aponta Cillessen. — O pai e a mãe podem até dizer: "Não faça isso", mas as recompensas sociais imediatas são muito sedutoras.

Enquanto o jovem tiver uma fixação compulsiva por obter status em seu grupo, o apelo daqueles recursos irá se sobrepor à mensagem dos pais. Os filhos estão cientes de que os pais condenam esse tipo de comportamento — eles ouviram sobre isso desde que eram bebês. Mas os jovens recorrem a esse tipo de atitude para conquistar a admiração, o respeito e a devoção de seus *colegas*.

O mistério é entender a razão que os leva a adotar esse comportamento. Por que crianças e jovens não repelem os colegas agressivos? Por que tantos jovens agressivos são o centro das atenções e ainda são reverenciados?

Por dois motivos. Primeiro, o comportamento agressivo, assim como outras formas de rebeldia, é interpretado pelas outras crianças como uma tentativa de desafiar os adultos, uma demonstração de independência e maturidade da criança agressora — características muito valorizadas entre o grupo. A criança que atende todas as expectativas dos adultos e segue as normas impostas pode acabar sendo tachada de covarde.

O segundo motivo da influência social das crianças agressivas é que, assim como as menos agressivas não são anjinhos, elas também não são totalmente endiabradas.

— A maioria dos cientistas behavioristas considera os comportamentos sociais e antissociais como extremos da mesma dimensão — explica a profa. Patricia Hawley, da Universidade do Kansas. — Na minha opinião, isso simplifica demais a complexidade do comportamento humano.

Pelos preceitos do desenvolvimento infantil, sempre foi estabelecido que a criança socialmente competente não era agressiva. Mas Patricia questiona esse conceito.

A pesquisadora estuda alunos da educação infantil ao ensino médio. Ela investiga especificamente como a criança convence a outra a fazer algo — seja por meio de um comportamento gentil e sociável, ou por meio de atitudes antissociáveis, como ameaças, violências e provocações. Contrariamente ao que se espera — que as crianças com uma postura sociável cometam menos atos antissociáveis, e vice-versa —, ela está descobrindo que as mesmas crianças são responsáveis por ambos: o comportamento bom e o mau. Elas estão posicionadas no meio de absolutamente tudo, ou seja, parafraseando outro pesquisador: "Elas são socialmente muito ocupadas".

Patricia chama as crianças que empregam com sucesso ambas as táticas, sociais e antissociais, para ser darem bem de *controladores biestratégicos*. Essas crianças percebem que, usadas na medida certa, a bondade e a crueldade são instrumentos de poder igualmente eficientes: o segredo é conseguir o equilíbrio perfeito e utilizá-las no momento adequado. Aquelas que descobrem como alternar as duas estratégias tornam-se atraentes, em vez de desinteressantes, para as demais crianças, pela diversão e excitação que acrescentam no dia a dia. E, além de serem populares, elas ainda conquistam a afeição das outras crianças e dos professores — que as consideram agradáveis e bem-adaptadas.

Os resultados levantados por Patricia mostram que ao menos uma entre dez crianças se enquadra nesse perfil biestratégico. Diversos outros pesquisadores inspiraram-se em sua abordagem para pesquisar mais a fundo. E os resultados encontrados indicam que a proporção pode ser ainda maior, da ordem de uma entre seis crianças.

Em sua pesquisa com alunos de educação infantil, Jamie Ostrov identificou crianças que igualmente combinavam padrões de comportamento sociável e agressivo. Em sua pesquisa sobre a influência da televisão, as crianças que assistiam à programação educativa exibiam muito mais agressividade relacional, mas também eram muito mais sociáveis com seus colegas de classe.

— A lição tirada ao se observar essas crianças é que pode não ser coerente analisar a agressão isoladamente — afirmou Patricia. — Crianças biestratégicas podem recorrer a níveis assustadores de agressão, sem que sofram as mesmas consequências com que arcariam as crianças apenas agressivas.

Isso já é um indício de seu latente anseio por sucesso social.

O único problema encontrado por Patricia em suas pesquisas é que, como as crianças biestratégicas têm um desempenho excelente na escola e na vida, a pesquisadora ainda não conseguiu um financiamento para realizar um estudo em longo prazo.

Iniciamos este capítulo indagando por que a maneira moderna de educar os filhos não conseguiu produzir uma geração de crianças gentis e cordiais. Ocorre que muitas de nossas extraordinárias inovações acabaram tendo consequências indesejadas.

Ao trocar uma programação violenta na televisão por uma mais educativa, as crianças acabaram aprendendo habilidades avançadas de como formar panelinhas, desfazer uma amizade e articular a arte do insulto.

Ao terminar a briga entre o casal a portas fechadas, para evitar que as crianças a assistam, podemos, inadvertidamente, privá-las da oportunidade de testemunhar duas pessoas que se querem bem acertando suas diferenças, com calma e civilidade.

Pensávamos que a agressividade fosse uma reação à rejeição dos colegas, por isso fazíamos o possível para que não houvesse esse tipo de experiência na infância, substituindo-a por uma interação entre as crianças bem elaborada e assistida por adultos. Criamos o fenômeno dos grupos de recreação, para os mais novos, e inundamos a agenda dos mais velhos com atividades extraescolares. Também segregamos as crianças por idade — construindo áreas de recreação para as crianças menores e estratificando as crianças em turmas e equipes distintas. Sem nos darmos conta, colocamos as crianças em verdadeiras redomas de vidro.

Atualmente, os pré-adolescentes têm uma incrível média de 299 interações com os colegas por dia. O adolescente, em geral, passa 60 horas semanais cercado por seu grupo de amigos (e apenas 16 horas por semana convivendo com adultos). Isso acabou criando o ambiente perfeito para a propagação de um tipo especial de vírus da agressão — que não se alimenta da rejeição dos colegas, mas do desejo intenso pelo status e pela ascensão social. Quanto maior a convivência entre os colegas da mesma idade, maior a compulsão por se destacar, levando à hostilidade inerente à presunção. Todas aquelas lições sobre cordialidade e consideração não são páreos para esse anseio de popularidade. E nos questionamos por que são necessários 20 anos para ensinar uma criança a se comportar bem em uma sociedade civilizada — sem nos darmos conta de que, no fundo, nós deixamos com que eles se socializassem por conta própria.

* * *

Não podemos deixar de mencionar um outro fator que estimula a agressão infantil.

A Dra. Sarah Schoppe-Sullivan conduziu um estudo sobre as diferentes formas como os pais educam seus filhos, e que relação elas têm com a agressividade e o exibicionismo na escola. Os pais (somente os homens) estudados por ela foram divididos em três categorias — pai progressivo, pai tradicional e pai descompromissado.

Esperava-se que os pais progressivos dessem um banho na competição. Sem o peso dos estereótipos do que é papel do pai e o que é obrigação da mãe, e muito engajados na criação do filho desde seu nascimento, os pais progressivos são apontados regularmente nas pesquisas como um fenômeno universal de conduta ideal. Os filhos desses homens, que atuam efetivamente na criação das crianças, têm um melhor relacionamento com os irmãos, têm autoestima elevada e apresentam bom desempenho escolar.

A princípio, no estudo de Sarah, os pais progressivos superaram em muito os outros dois tipos de pais. No laboratório, revelaram melhor interação com a esposa e os filhos, e, no lar, dividiam as responsabilidades em relação às crianças. Ainda que os pais tradicionais fossem participativos, normalmente seu envolvimento limitava-se às requisições da esposa. Os pais progressivos, por sua vez, costumavam tomar a iniciativa — encarregavam-se de providenciar o uniforme da escola dos filhos, faziam todas as atividades da rotina matinal da casa e colocavam os filhos para dormir. Eles também brincavam mais com os filhos e supervisionavam as brincadeiras infantis. Além disso, eles se mostraram tão inclinados quanto as mães a faltarem ao trabalho quando o filho estava doente.

Todavia, a pesquisadora surpreendeu-se ao descobrir que os pais progressivos têm uma qualidade pior em sua relação matrimonial e atribuíram notas mais baixas ao "funcionamento" de suas famílias, em comparação aos homens que assumiam o papel de pais tradicionais. Seu maior envolvimento familiar poderia ter estimulado o aumento nos conflitos sobre a criação dos filhos — o que, por sua vez, afetaria as próprias crianças.

Além do mais, o pai progressivo se mostrou inconsistente quanto ao tipo de punição que adotava: ele não apresentou uma posição firme ao impor regras e cobrar seu cumprimento. Com base em pesquisas anteriores, que alegam que os pais duvidam de sua capacidade de disciplinar os filhos, Sarah supôs que o pai progressivo tinha clareza sobre o que não deveria fazer ao castigar a criança (por exemplo, bater no filho, gritar), mas não sabia qual era a maneira certa de agir nessa situação. Realmente, a simples ideia de que ele talvez precisasse disciplinar o filho — pois a criança não nascia já moldada segundo o jeito carinhoso e complacente do pai — poderia deixá-lo sem saber o que fazer. Mais ainda, castigar o filho seria extremamente desagradável. Assim, um dia deixaria a criança sem sobremesa; no dia seguinte, a punição seria manter o silêncio e não falar com o filho; no terceiro, ameaçaria suspender a mesada dele, caso o filho reincidisse; no quarto dia, faria uma crítica psicológica, para induzir a culpa — sempre tentando adotar novas táticas e se omitindo no momento errado.

Essa inconsistência e essa permissividade levaram o estudo de Sarah a um resultado surpreendente: os filhos de pais progressivos são mais agressivos e dissimulados na escola, quase tanto quanto os filhos de pais ausentes e desinteressados.

Em alguns idiomas, havia termos antigos que designavam a pessoa com talento e habilidades para educar as crianças. Esses termos não são mais utilizados atualmente, mas podemos dizer que os pais progressivos participativos de hoje, que conseguem montar um berço portátil em 60 segundos e trocar uma fralda com uma só mão, fazem parte do grupo contemporâneo desses talentosos educadores inatos. Contudo, há que se admitir que os pais progressivos possuam pelo menos um ponto de fraqueza, como qualquer outro pai.

DEZ

Por que Hannah já fala e Alyssa ainda não?

Apesar do alerta dos cientistas, os pais continuam a gastar bilhões todos os anos em parafernálias e vídeos na tentativa de apressar o desenvolvimento da fala das crianças. Qual seria a melhor forma para alcançar esse objetivo?

Em novembro de 2007, houve uma disputa jornalística.

O conceituado jornal *Pediatrics* publicou um relatório da Universidade de Washington que atestava que as crianças pequenas que assistiam aos chamados "vídeos para bebês" apresentavam um vocabulário muito reduzido quando comparadas com aquelas que não os assistiam. Com as vendas de vídeos educativos para bebês estimadas em mais de 4,8 bilhões de dólares, só no mercado norte-americano, o setor entrou em alerta.

Robert A. Iger, diretor executivo da Disney — detentora da marca *Baby Einstein* — adotou uma estratégia incomum, depreciando publicamente a análise dos estudiosos, ao classificar suas descobertas como "duvidosas" e sua metodologia de estudo como "inadequada". Ele alegou que a declaração de apoio ao estudo divulgada pela universidade era descuidada e "completamente irresponsável".

Os pais, muito deles com os armários abarrotados com esses DVDs, ficaram também incrédulos. Um dos principais motivos para o ceticismo era o estranho e inexplicável resultado do estudo. Segundo os dados recolhidos, quase todos os demais gêneros de filmes e programas de televisão assistidos pelas crianças — desde *A pequena sereia*, da própria Disney, ao *American idol* — eram benéficos para elas. Apenas os DVDs para bebês — e somente eles — deveriam receber uma atenção especial. Iger descreveu as conclusões como simplesmente "absurdas".

Como seria possível que esses DVDs, adorados pelas crianças do mundo inteiro, pudessem prejudicá-las?

O relatório, na verdade, era uma continuação de um estudo anterior cujo objetivo era investigar se os pais usavam a televisão como babá eletrônica. A maioria dos especialistas acreditava que os pais largavam os filhos entretidos com a TV e aproveitavam para dar um telefonema ou preparar o jantar; mas, até então, nenhum deles havia tentado estabelecer um embasamento teórico para essa suposição.

Nesse estudo, os pais confirmaram que, de fato, aproveitavam os momentos em que os filhos estavam distraídos com a TV para fazer outras coisas. Mas, segundo os pais, a principal razão para deixar que os pequenos assistissem televisão — em especial vídeos como os das coleções *Baby Einstein* e *Brainy Baby* — era porque acreditavam que os programas pudessem ajudar no desenvolvimento cognitivo dos filhos.

— Alguns pais permitiam que os filhos assistissem televisão por até 20 horas durante a semana, em nome de "seu desenvolvimento cerebral" — observou o Dr. Andrew Meltzoff, um dos autores de ambos os estudos. — Os pais nos confessaram que ficavam aflitos, por não terem muito a oferecer aos filhos; e assim, eles economizavam para poder investir nos vídeos, esperando que fosse uma forma de compensação. Então, posicionavam os filhos em suas cadeirinhas para assistirem de quatro a seis horas de vídeo por semana. Segundo os pais afirmaram, eles julgavam estar fazendo o melhor por seus bebês.

Compelidos pelo esforço dramático dos pais para assegurar o desenvolvimento intelectual de seus filhos, os pesquisadores realizaram um segundo estudo — para estimar o impacto efetivo dessa exposição à televisão.

A equipe de pesquisa convocou centenas de famílias de Washington e de Minnesota, e pediu aos pais para relatar quanto tempo seus filhos assistiam televisão, dividido por tipo de programa. A seguir, os pais completavam um formulário de referência conhecido como Inventário MacArthur de Desenvolvimento Comunicativo (CDI). De forma resumida, o CDI reúne uma lista com 89 palavras mais conhecidas ou usadas por crianças menores de 2 anos. As palavras incluídas representam um conjunto de vocabulário com uma determinada complexidade linguística, com palavras que vão desde "copo" e "puxe" até "rápido" e "rádio". O CDI é um sistema de avaliação aceito internacionalmente para medir o desempenho inicial da expansão de vocabulário de crianças — suas versões traduzidas e adaptadas são aplicadas no mundo todo.

Ao analisar os dados, os pesquisadores notaram um padrão estímulo–resposta segundo o qual quanto mais as crianças assistiam aos vídeos para bebês, menor era seu vocabulário. As crianças que assistiam aos vídeos por uma hora ao dia conheciam de seis a oito palavras a menos das 89 listadas no CDI, se comparadas às crianças que não viam os DVDs para bebês. Pode parecer que não seja uma diferença significativa, mas é preciso considerar que uma criança normal de 11 meses discrimina apenas 16 palavras do CDI. Compreender menos seis a oito palavras do CDI significa baixar seu nível de conhecimento de 50% a 35% em relação aos demais bebês.

Os resultados não podiam diferir mais das declarações feitas à imprensa no lançamento da coleção *Baby Einstein*, em março de 1997:

Os estudos revelam que se esses neurônios não forem usados, podem morrer. Por meio da exposição a fonemas em sete idiomas, a coleção Baby Einstein estimula o aumento da capacidade cerebral.

Julie Aigner-Clark, criadora da coleção *Baby Einstein*, apontou os estudos da profa. Dra. Patricia Kuhl como inspiração de boa parte do conteúdo dos vídeos. Ela explicou em uma entrevista:

— Depois de ler algumas pesquisas feitas por Patricia Kuhl, da Universidade de Washington, decidi tornar a parte auditiva do vídeo multilíngue, como se mães de sete diferentes nacionalidades estivessem recitando rimas infantis e contando histórias em suas línguas nativas.

A Dra. Patricia e outros pesquisadores tinham estabelecido que, desde o nascimento, os bebês são sensíveis aos fonemas em qualquer idioma — combinações de som únicas que formam as palavras. (E cada idioma possui aproximadamente 40 fonemas, como "kuh" ou "ch".) Entre o sexto e o nono mês, o bebê começa gradualmente a perder essa sensibilidade global. Seu cérebro se especializa, sendo treinado para reconhecer os fonemas do idioma (ou idiomas) ao qual está mais exposto. Patricia descreve esse processo como sendo a razão que leva alguém a tornar-se "neurologicamente comprometido" com um idioma. As vias neurais usadas com constância no cérebro se fortalecem, enquanto as vias em desuso enfraquecem.

Julie esperava que o áudio de seu vídeo treinasse o cérebro das crianças para reconhecer fonemas de diversos idiomas — em suma, mantendo a sensibilidade global neural. Expostos a esses idiomas no início da vida, os bebês estariam aptos a aprender vários idiomas estrangeiros no futuro.

Nos idos de 1997, o produto de Julie aparentemente trilhava o rastro da pesquisa de Patricia. Mas, por ironia, nos anos que se seguiram, os novos resultados obtidos por Patricia Kuhl ajudaram a mostrar por que os DVDs para bebês *não* funcionam.

Primeiro, em um estudo longitudinal, Patricia demonstrou que o compromisso com um idioma principal não é algo negativo para os neurônios. Quanto mais "comprometido" estiver o cérebro do bebê aos nove meses, mais a sua linguagem estará desenvolvida aos 3 anos de idade. Caso contrário, a linguagem da criança progredirá mais lentamente — e esse parece ser um impacto duradouro.

Em segundo lugar, Patricia percebeu posteriormente que de forma alguma o cérebro do bebê aprende a reconhecer fonemas de idiomas estrangeiros a partir de uma gravação de áudio ou de vídeo. Só é possível aprender ao vivo, com um professor humano com quem tenham contato. Na verdade, o cérebro do bebê é tão sensível a esse contato direto com a fala humana, que Patricia pôde provar isso ao conseguir treinar bebês norte-americanos a reconhecer fonemas em mandarim. Os bebês, que jamais haviam ouvido mandarim, foram expostos a apenas doze sessões de vinte minutos cada, em que os alunos chineses de pós-graduação se sentavam diante das crianças e brincavam com elas, falando somente em mandarim. Passado um mês, com três sessões semanais, o cérebro daqueles bebês estava apto a reconhecer quase tantos fonemas em mandarim quanto o cérebro dos bebês chineses, expostos ao mandarim desde o nascimento.

Já quando Patricia colocou bebês norte-americanos para assistir a um vídeo com o áudio de alguém falando em mandarim, *apesar* do grande interesse deles pelo que estavam vendo e ouvindo, seu cérebro não retinha nada. A pesquisadora, então, concluiu:

— Os aspectos mais complexos da linguagem, como a fonética e a gramática, não podem ser adquiridos por meio da exposição televisiva.

Por fim, percebeu-se que os DVDs para bebês *não* atrasam o comprometimento dos neurônios; na realidade, eles praticamente não interferem no processamento auditivo.

E a ironia nesse caso só faz aumentar, visto que todos esses pesquisadores são da Universidade de Washington e que a Dra. Patricia e o Dr. Andrew dividem a direção do mesmo laboratório. Assim, quando o diretor executivo da Disney, Robert Iger, criticou os pesquisadores do artigo do jornal *Pediatrics*, estava atacando o mesmo laboratório e a mesma instituição elogiados por ocasião do lançamento do DVD *Language nursery*, da coleção *Baby Einstein* (ainda não lançado no Brasil).

Então, por que um bebê precisa de um interlocutor humano ao vivo para aprender a língua? Se a exposição à programação normal da TV não prejudica a linguagem dos bebês, por que eles não aprendem nada com as faixas de áudio dos DVDs feitos especificamente para eles?

Segundo as evidências encontradas, um dos fatores seria porque os DVDs para bebês apresentam narrações impessoais e que não fazem referência direta às imagens abstratas apresentadas no vídeo. Em compensação, os atores dos programas de televisão para adultos, em geral, são mostrados em close — a criança consegue ver sua feição enquanto falam. Estudos já mostraram diversas vezes que ver a feição do interlocutor faz uma diferença fundamental no processo de aprendizagem da linguagem pela criança.

Os bebês aprendem a decifrar a fala, em parte, por meio do movimento dos lábios: eles observam como as pessoas movem os lábios e a boca para produzir os sons. Uma das primeiras coisas que o bebê deve aprender — antes que ele compreenda o significado das palavras — é quando uma palavra termina e a outra começa. Sem que haja essa segmentação, as palavras de um adulto provavelmente pareceriam, para um bebê, tão indiscriminadas quanto os sons que ele próprio balbucia. Aos sete meses e meio, os bebês conseguem segmentar a fala das pessoas que eles veem falando. No entanto, se os bebês apenas escutam a fala enquanto olham para figuras abstratas, em vez de se fixar em um rosto, eles não conseguem segmentar os sons, e a fala torna-se totalmente inteligível. (Mesmo para os adultos, ver os movimentos labiais do seu interlocutor equivale a um aumento de volume da fala em 20 decibéis.)

Quando uma criança vê alguém falar e ouve sua voz, ela responde a dois estímulos sensoriais — dois eventos simultâneos que a impelem a prestar atenção ao objeto de seu interesse — nesse momento de interação humana. Dessa forma, o bebê presta mais atenção, memoriza melhor o evento e aprende mais coisas. Faça uma comparação com as narrações impessoais dissociadas das imagens dos vídeos para bebês. Em vez de se completarem, os estímulos sensoriais parecem competir entre si pela atenção do bebê.

Será, então, que os DVDs para bebês funcionariam melhor se mostrassem rostos humanos falando? É bem possível. Mas existe outro motivo ainda mais significativo para o processo de aquisição da linguagem não poder ser delegado a DVDs. O vídeo não consegue interagir com o bebê e nem responder aos sons produzidos por ele. E a importância disso merece uma explicação mais detalhada.

Interessados em ouvir o que os pais pensavam sobre a aquisição da linguagem, entrevistamos alguns deles para saber o que, em sua opinião, determinava que uma criança desenvolvesse a linguagem muito mais rápido que outra, levando em consideração, especificamente, duas crianças com condições de fala e audição normais.

A maioria dos pais admitiu não saber realmente o que determinava isso, e que seu palpite era resultado de informações adquiridas aqui e ali. Entre esses pais, estava Anne Frazier, mãe de Jon de dez meses de idade; advogada em um escritório de direito famoso de Chicago, até Jon completar um ano, ela trabalhou apenas meio período no escritório. Anne atendia vários clientes chineses e, antes de Jon nascer, às vezes, viajava para a Ásia. Ela tentou aprender mandarim, mas acabou desistindo, por se considerar velha demais — seu cérebro tinha perdido a maleabilidade necessária —, mas estava determinada a fazer o filho começar a aprender o idioma desde cedo. Enquanto ela vestia ou alimentava seu bebê, deixava a televisão ligada, ao fundo, transmitindo telejornais chineses. Eles nunca se sentavam especificamente para assistir televisão — ela não considerava isso benéfico para o filho —, mas Anne procurava assegurar que Jon ouvisse mandarim todos os dias, por 20 minutos. Ela acreditava que isso não o prejudicaria.

Anne também esperava que Jon demonstrasse alguma habilidade verbal inata — mas isso seria afetado pela enorme quantidade de linguagem a que Jon havia sido exposto. Convencida de que devia falar constantemente com o filho, Anne submetia Jon ao contato com um número enorme de palavras.

—Falo sem parar, o dia todo — confessou ela. — Enquanto fazemos compras ou passeamos, descrevo o que há nas ruas, as cores, enfim, tudo o que vejo. Não é difícil uma mãe perder a voz.

Ela pareceu esgotada ao contar isso e ainda admitiu:

— É difícil falar constantemente sozinha. O bebê não contribui em nada para a conversa.

O relato de Anne não diferia muito de outros que ouvimos. Os pais não entravam em detalhes, mas relatavam que tinham ouvido que a capacidade inata não era um fator isolado: segundo os boatos, as crianças que cresciam em uma casa onde normalmente se falavam vários idiomas atingiriam certos marcos de seu desenvolvimento com maior rapidez. Essa também é a premissa dos populares livros de orientação para pais de recém-nascidos, que costumam dedicar uma página para incentivar os pais a falarem bastante com seu bebê e ao redor dele. Uma novidade que vem fazendo cada vez mais sucesso entre os pais norte-americanos é uma espécie de "podômetro verbal", um aparelho sofisticado do tamanho de um aparelho celular, que custa em torno de US$ 699 e deve ser preso na roupa do bebê ou colocado na cadeirinha no carro, para que se possa contar o número de palavras que o bebê ouve durante um determinado período.

O podômetro verbal também é usado por muitos pesquisadores que estudam a exposição das crianças à linguagem. O aparelho foi inspirado em um famoso estudo longitudinal dos psicólogos Betty Hart e Todd Risley, da Universidade do Kansas, publicado em 1994.

Os dois pesquisadores foram até a casa de várias famílias que tinham bebês entre sete e nove meses de idade. Eles filmaram uma hora de interação familiar, enquanto um dos pais alimentava o bebê ou realizava tarefas domésticas com o bebê presente — o procedimento foi repetido, uma vez por mês, até as crianças completarem 3 anos. Ao analisar exaustivamente as gravações e registrar os dados colhidos, Betty e Todd constataram que as crianças de famílias que eram sustentadas pela previdência social ouviam aproximadamente 600 palavras por hora. Já as crianças de famílias de classe média ouviam cerca de 900 palavras por hora; as crianças de famílias de classe alta ouviam mais ou menos 1.500 palavras por hora. Essas diferenças aumentavam conforme os bebês cresciam — não porque os pais falassem mais com os filhos, e sim porque as frases ditas eram mais complexas, o que, portanto, aumentava em muito o número de palavras diferentes empregadas.

Essa farta exposição à linguagem tinha uma relação direta com o vocabulário posterior das crianças. Aos 3 anos, os filhos de pais da classe alta exibiam um vocabulário de 1.100 palavras, em média, enquanto os filhos de famílias que recebiam auxílio da previdência social demonstravam ter somente a metade dessa quantia — pronunciavam aproximadamente 525 palavras apenas.

A complexidade, a diversidade e a quantidade de palavras que a criança ouve contribuem bastante para facilitar a aquisição de sua linguagem. Contudo, não está cientificamente comprovado que apenas ouvir um grande número de palavras seja um fator crucial e predominante. Betty e Todd, por exemplo, redigiram páginas, citando muitas outras variáveis que influenciam nesse processo, *todas* elas relacionadas à rapidez com que as crianças aprendem a falar.

Além disso, as palavras que as crianças ouvem mais frequentemente são as pertencentes aos grupos de artigos, preposições, conjunções, pronomes e interjeições — denominadas palavras de *classe fechada*. No entanto, essas palavras são as que as crianças levam mais tempo para aprender. Em contraste, elas aprendem primeiramente os nomes, ainda que eles estejam entre as palavras menos mencionadas nos diálogos cotidianos entre pais e filhos.

O paradigma básico de que a quantidade de linguagem que uma criança fala está diretamente relacionada à quantidade de linguagem que ela ouve também não explica por que motivo duas crianças com experiências familiares semelhantes — por exemplo, cujas mães sejam extremamente cultas e articuladas — possam divergir quanto ao timing para o desenvolvimento da fala.

Há uma década, o trabalho de Betty e Todd era considerado pioneiro na pesquisa de linguagem. E permanece, hoje, sendo um dos estudos de referência mais citados da ciência social. Porém, de dez anos para cá, muitos outros pesquisadores passaram a estudar o que de fato acontece durante os dois primeiros anos de vida de uma criança, para que ela consiga passar do balbucio à fala fluente.

Se pudéssemos tirar uma lição importante dessa ciência inovadora, seria a seguinte: o paradigma básico sofreu uma reviravolta. O principal fluxo de informações está na mão contrária do que se acreditava. O papel fundamental de um pai ou de uma mãe não é *fazer chegar* uma quantidade enorme de palavras aos ouvidos do bebê; ao contrário, o papel fundamental de um pai é ficar atento ao que *o bebê* sinaliza — o que ele mostra com a boca, os olhos e os dedos — e responder adequadamente ao seu filho. Se nos enganarmos como Anne Frazier, achando que um bebê não contribui em uma conversa, estaremos ignorando indícios muito importantes.

Na verdade, a fala dos pais não é um dos mecanismos que ajudam um bebê a falar. Não é o que a criança *ouve* dos pais, mas o que eles conseguem estimular nela, com um carinho na hora certa, que a impulsiona a falar.

A Dra. Catherine Tamis-LeMonda, da Universidade de Nova York, dedicou-se na última década a estudar com que prontidão os pais respondem aos filhos, e a influência disso no desenvolvimento da linguagem da criança. Conjuntamente com o Dr. Marc Bornstein, do Instituto Nacional de Saúde, dos Estados Unidos, ela enviou equipes de pesquisadores até as casas de famílias com bebês de nove meses de idade. Em sua maioria, eram famílias com bom poder aquisitivo e nível cultural elevado, e que moravam nos arredores da cidade de Nova York. Os pesquisadores colocavam alguns brinquedos adequados à idade dos bebês no chão e pediam à mãe que brincasse com o filho durante dez minutos.

Todas essas interações foram filmadas e, depois, as gravações de dez minutos foram analisadas em detalhe, segundo a segundo. Tudo foi anotado, por exemplo, quando o bebê olhava para a mãe, balbuciava ou tentava pegar um brinquedo. Em média, foram feitos 65 registros para cada dez minutos, apesar de algumas crianças estarem muito sossegadas e outras muito agitadas no dia da experiência. Toda pronta resposta da mãe também era anotada. As mães diziam coisas como: "Muito bem", "Isso é uma colher" ou "Veja isto". Elas responderam em aproximadamente 60% das vezes que os bebês se expressaram. As reações tardias ou retardadas (quando passados mais de cinco segundos) eram computadas em uma categoria à parte.

Após essa primeira etapa, os pesquisadores passaram, então, a telefonar semanalmente às mães, durante o ano seguinte, para se inteirar das palavras novas que a criança havia usado em cada semana — baseados em uma relação de 680 palavras e expressões que àquela altura a criança supostamente conheceria. Isso permitiu criar um registro preciso do progresso de evolução da fala de cada criança. (Eles também fizeram uma segunda filmagem na casa da família, logo depois de o bebê completar um ano de idade, para reavaliar a prontidão de resposta da mãe.)

Em média, as crianças no estudo de Catherine proferiram suas primeiras palavras logo após o primeiro aniversário. Com um ano e meio de idade, uma criança tem, normalmente, um vocabulário em torno de 50 palavras; ela também deverá ser capaz de combinar palavras e até articulá-las para falar sobre um passado recente. No entanto, a amostragem desse estudo apresentou uma variação significativa na tarefa de atingir esse estágio do desenvolvimento da linguagem: alguns bebês o alcançaram bem cedo; outros, tardiamente.

A variável que melhor explicou essa discrepância foi a frequência de respostas rápidas da mãe às vocalizações e iniciativas do filho. As crianças cujas mães respondiam prontamente proferiam sua primeira palavra aos dez meses e aos 14 meses alcançavam outros marcos; elas mostraram estar seis meses avançadas em relação às crianças cujas mães interagiam menos.

Vale lembrar que todas as famílias analisadas eram abastadas; logo, *todos* as crianças estavam expostas ao vasto vocabulário dos pais. As crianças tiveram contato com uma linguagem bastante variada. A frequência com que uma mãe iniciava uma conversa com o filho pareceu não influir no progresso de aquisição de linguagem do bebê — o que de fato importava era a mãe responder sempre que ele iniciava um diálogo.

— Mal pude acreditar que houvesse uma variação de tempo tão grande no desenvolvimento — comentou Catherine. — A diferença era muito significativa.

Para ela, dois mecanismos podem explicar isso. Primeiro, por meio desse padrão solicitação–resposta, o cérebro do bebê assimila quais sons saídos da boca dele conseguem atrair a atração dos pais — além de perceber que a vocalização é importante e que tem um significado. Segundo, a criança precisa associar um objeto a uma palavra — por isso a palavra tem de ser ouvida assim que a criança olha para o objeto ou o apanha.

Em um artigo, a pesquisadora comparou duas garotinhas de seu estudo, Hannah e Alyssa. Aos nove meses de idade, ambas conseguiam entender sete palavras, mas ainda não falavam nenhuma. Alyssa vocalizava e fazia tentativas com o dobro da frequência de Hannah — em dez minutos de filmagem, houve cem manifestações de Alyssa. Mas a mãe de Hannah respondia à filha com uma frequência muito superior do que a mãe de Alyssa. Ela raramente perdia uma oportunidade de responder para Hannah e descrevia o dobro de vezes, tudo o que a filha estivesse observando. Na segunda filmagem, logo após o primeiro aniversário, essa diferença foi confirmada. A mãe de Hannah respondeu à filha 85% das vezes, ao passo que a mãe de Alyssa, cerca de 55%.

Enquanto isso, Hannah começava a falar pelos cotovelos. Já Alyssa progredia mais lentamente, e a diferença crescia mês a mês. Durante seu 18° mês de vida, Alyssa incorporou oito novas palavras ao seu vocabulário ativo, à medida que, no mesmo período de um mês, Hannah somou incríveis 150 palavras, sendo que 50 delas eram verbos e adjetivos.

Aos 21 meses, as falas mais complexas usadas por Alyssa eram: "Eu fiz xixi" e "Tchau, mamãe". Enquanto isso, Hannah já empregava preposições e gerúndios com regularidade, em frases como: "O Yoni estava comendo um pão de cebola". Quando Hannah completou 2 anos, ficou quase impossível acompanhar o progresso de sua linguagem, pois ela já falava praticamente tudo.

Essa variável, a forma como os pais respondem às vocalizações do filho — exatamente na hora em que elas acontecem — parece ser o mecanismo mais potente para fazer uma criança passar do balbucio à fala fluente.

Ao rever o famoso estudo de Betty Hart e Todd Risley, considerando as descobertas de Catherine, esse mesmo mecanismo se destaca. Nos resultados de Betty e Todd, os pais menos abastados iniciavam conversas com os filhos com a mesma frequência que quaisquer outros pais — cerca de uma vez a cada dois minutos. Suas iniciativas eram inclusive mais ricas em termos de linguagem do que as dos pais abastados. Mas a verdadeira diferença estava na forma como os pais *reagiam* às ações e vocalizações dos filhos.

Os pais da classe alta respondiam ao que o filho balbuciava, dizia ou fazia aproximadamente 200 vezes por hora — uma resposta vocal ou um simples toque já contavam. Cada vez que a criança falava ou fazia algo, o pai ou a mãe rapidamente retribuía. Os pais da classe baixa respondiam às palavras e atitudes dos filhos em menos da metade das vezes, sobrecarregados com o excesso de afazeres e a família numerosa. (Uma análise posterior feita pelo Dr. Gary Evans revelou que a prontidão de resposta também é prejudicada em lares com muitos moradores; um ambiente numeroso pode levar ao isolamento psicológico, diminuindo as trocas e interações entre os membros da família.)

O estudo acadêmico de Catherine Tamis-LeMonda baseia-se em correlações — não há indícios de que a prontidão de resposta dos pais isoladamente *estimule* a criança pequena a acelerar o desenvolvimento de sua linguagem. Para estabelecer definitivamente que uma desencadeia a outra, seriam necessários estudos controlados, nos quais os pais aumentassem sua quantidade de respostas, e análises posteriores para determinar se unicamente essa postura levaria a um ganho de tempo real na vocalização da criança.

Felizmente, esses estudos já foram realizados — pelo Dr. Michael Goldstein, da Universidade de Cornell. Ele consegue fazer com que bebês "falem" sons diferentes em apenas dez minutos.

Na primeira visita de uma mãe e seu bebê ao laboratório do Dr. Michael Goldstein, no prédio de psicologia do campus da Universidade de Cornell, eles não são submetidos a nenhum teste. Simplesmente seguem para uma sala silenciosa, com paredes brancas decoradas com adesivos do Ursinho Puff e carpete marrom-claro, confortável para se sentar no chão. Lá eles permanecem por meia hora, para se ambientar. No chão estão espalhados brinquedos familiares, que quase toda criança pequena tem em casa — uma lagarta colorida de pano, argolas de empilhar, um tapete com formas geométricas para encaixar e uma arca com brinquedos para explorar. Em três pontos da sala, há câmeras de vídeo instaladas na parede, cobertas por um pano branco para disfarçar. A mãe tem ciência de que está sendo observada, tanto pelas câmeras quanto por um vidro unidirecional existente na sala. Ainda assim, trata-se de uma boa oportunidade de interação entre a mãe e seu bebê — não há celular nem tarefas domésticas para desviar sua atenção. O bebê pede o colo da mãe, coloca os brinquedos que estão ao seu alcance na boca e, caso já engatinhe, vai ver o que há dentro da arca com brinquedos.

No dia seguinte, a mãe volta com o bebê. Na experiência pioneira do Dr. Michael, eles vestem um macacão de brim no bebê de nove meses, com um microfone sem fio ultrassensível embutido no bolso do peito. A mãe recebe um par de fones sem fios, do tipo que é utilizado pelos trabalhadores de aeroportos, que bloqueia todo e qualquer som externo. Eles voltam à sala com brinquedos e devem brincar durante meia hora. Passados dez minutos, a mãe começa a receber instruções passadas por um pesquisador, por meio dos fones. Ao ouvir: "Aproxime-se", a mãe deve chegar ainda mais perto do filho, para fazer um carinho, um afago ou até beijá-lo.

A mãe não sabe o que propicia essa indicação; ela apenas sabe que, nos dez minutos seguintes, ouve: "Aproxime-se" frequentemente, cerca de seis vezes por minuto. Ela pode até reparar que o bebê está verbalizando mais — ou que está agitando mais os braços e os pés —, mas não saberá ao certo qual o motivo por trás disso. Nos dez minutos finais, ela é instruída a voltar a brincar e a interagir normalmente com o filho, como no início da sessão.

Ao partir com o filho, a mãe não tem ideia do que os pesquisadores fizeram enquanto eles estavam na sala. Ela apenas brincou e falou com o seu bebê durante duas sessões de meia hora cada.

O que se passou do outro lado do vidro unidirecional foi o seguinte: durante os dez minutos intermediários, sempre que a criança emitia um sinal verbal (desde que não fosse uma tosse, um gemido ou um choramingo), esse som era ouvido claramente pelos alto-falantes da sala de observação. Imediatamente, o pesquisador instruía à mãe: "Aproxime-se"; e, em uma fração de segundo, a mãe tocava o bebê afetuosamente. Depois, naquela mesma noite, um estudante de pós-graduação analisaria a gravação e faria um levantamento, segundo a segundo, da frequência com que o bebê balbuciava e que tipo de sons ele emitia.

Apesar de os balbucios dos bebês parecerem incompreensíveis, na realidade, verifica-se uma progressão de fases superpostas, em que cada balbucio novo é mais maduro e avançado que o anterior.

— O aparelho vocal é controlado por nada menos que 80 músculos, e o bebê precisa de um ano ou mais para conseguir dominá-los — explicou Michael.

Desde o nascimento, as crianças emitem sons "quase" audíveis de vogais. Elas usam a parte posterior do aparelho vocal com a garganta fechada e necessitam de pouco apoio da respiração. Como a laringe do bebê ainda está em uma posição elevada, o ar passa pela boca e pelo nariz. O resultado é um grunhido anasalado, o que nos leva a pensar que o bebê está frequentemente irritado — mesmo não sendo verdade.

Ainda que a criança só possa avançar (fisicamente) para o som do próximo estágio depois de meses, não obstante, aquela interação com os pais é muito importante para seu desenvolvimento. Eles praticamente se revezam a "falar", como se estivessem travando um diálogo imaginário. O bebê emite um som e o pai responde: "É mesmo?". O bebê balbucia novamente e o pai então diz: "Bem, vamos perguntar à mamãe".

Apesar de a maioria dos pais parecer intuir espontaneamente sua função nessa alternância de falas — dispensando instrução de qualquer manual de orientação —, nem todos se saem bem. Um extraordinário estudo sobre o revezamento verbal revelou que quando bebês de quatro meses e seus pais apresentam uma boa sintonia rítmica nesse "diálogo", essas crianças estarão inclinadas a adquirir uma maior capacidade cognitiva no futuro.

— Esse revezamento é decisivo para o desenvolvimento vocal, induzindo os bebês a produzir sons mais sofisticados — salientou o Dr. Michael.

Os pais acabam falando com seu filho em um tom melodioso conhecido por "maternalês",* sem saber ao certo o que estranhamente os leva a falar assim. Os pais continuam falando em sua língua nativa, mas passam a empregar um tom de empolgação e esticar as vogais, adotando uma voz fina e estridente. Não é cultural — é praticamente universal — e esse aspecto fonético ajuda o cérebro da criança a discernir mais facilmente os distintos sons.

Por volta do quinto mês, o bebê já tem controle suficiente da musculatura de seu trato vocal, para abrir a garganta e forçar a passagem de ar, produzindo ocasionalmente o som de vogais *completamente audíveis*.

— Para a mãe de um bebê de cinco meses — explicou Michael —, é empolgante ouvir um som diferente sendo emitido pelo filho.

E se a resposta da mãe for imediata, o cérebro da criança percebe a atenção extra dedicada a esse novo som. Nessa fase, os pais passam a reparar menos nos sons mais antigos, que já foram ouvidos várias vezes. Por sua vez, essa resposta seletiva estimula a criança a produzir sons cada vez mais claros.

Em pouco tempo o bebê começa a adicionar *sílabas simples* e a fazer transições consonante-vogal — em lugar de "aaa" e "eee", eles fazem "báá" e "dáá", produzindo os sons na parte anterior da boca. No entanto, a transição da consoante para a vogal é prolongada, visto que a língua, os dentes e o palato superior não conseguem voltar à posição original com a rapidez necessária, distorcendo a vogal. (É

* "Maternalês", ou e em inglês, é a forma de falar que os pais costumam adotar para conversar com seus bebês, imitando o que supostamente seria a maneira de um bebê falar. (N.T.)

por isso também que as primeiras palavras pronunciadas pelos bebês geralmente começam com "b" e "d" — que são as duas primeiras consoantes que os músculos conseguem produzir.)

A partir do sexto mês — mas, em geral, somente por volta do nono mês —, os bebês começam a produzir *sílabas abertas*, formadas por uma consoante e uma vogal, que são os elementos básicos da fala adulta. A transição consoante-vogal passa a ser mais rápida e a respiração, mais curta. A criança se prepara para combinar sílabas e formar palavras.

— Optamos por bebês de nove meses de idade para a pesquisa, pois, nessa fase, eles ainda produzem naturalmente todos os quatro tipos de balbucios — explicou Michael.

Nessa idade, o balbucio de vogais (praticamente) audíveis ainda é o som emitido com mais frequência, mas as sílabas abertas já começam a ser vocalizadas, apesar dessas ocasiões serem mais raras.

Partindo dessa escala do desenvolvimento, as alterações nas vocalizações de cada bebê durante a experiência de Michael eram impressionantes. Nos primeiros dez minutos (o período de referência natural em que a mãe responde como se estivesse em casa), as crianças vocalizaram, em média, 25 vezes. A quantidade subiu para 55 vezes nos dez minutos intermediários, quando Michael instruía a mãe frequentemente falando: "Aproxime-se". A complexidade e a maturidade do balbucio também aumentaram drasticamente; quase todas as vogais passaram a ser pronunciadas claramente; a formação das sílabas progrediu. As sílabas abertas, raras na fase anterior, passaram a ser usadas em torno de metade das vezes em que o bebê se expressava.

Era incrível o que se podia ouvir — as crianças vocalizavam, literalmente, como se fossem meses mais velhas, durante o segundo período de dez minutos, em relação a como tinham se expressado no primeiro.

— O mais notável nisso tudo é que o bebê não estava imitando os sons falados pela mãe — salientou Michael.

Durantes os dez minutos intermediários, a mãe apenas acariciava o filho, como forma de recompensá-lo pelo balbucio. O bebê não ouvia a mãe falar muita coisa. Mas o toque, por si só, surtia um efeito visível na frequência e na maturidade do balbucio.

Michael reproduziu a experiência, instruindo os pais a falarem com os filhos e tocarem neles. Mais especificamente, ele pediu à metade dos pais que pronunciassem uma vogal específica; depois, instruiu a outra metade a dizer uma sílaba aberta (consoante-vogal) semelhante a uma palavra — como "ma", que lembra "mama" ou mamãe. Conforme o esperado, os bebês que ouviram vogais balbuciaram mais vogais e, por correspondência, o outro grupo produziu mais sons de sílabas abertas. Entretanto, mais uma vez os bebês não repetiram apenas a vogal ou a sílaba pronunciada pelos pais. Quem pronunciou "a" pôde ouvir o filho dizer "eee" e "ooo"; e quem pronunciou "ma" pôde ouvir "paaa" e "daaa". Isso, porque, nessa tenra idade, os bebês ainda não estão tentando imitar o som exato emitido pelos pais; eles estão aprendendo a fazer as transições entre consoante-vogal, que em breve produzirão *todas* as palavras.

De certo modo, a pesquisa de Michael Goldstein parece ter desvendado o segredo da aprendizagem da fala — mas ele apenas ofereceu a pais dedicados um caminho sobre como contribuir com o processo de aquisição da linguagem do filho. No entanto, o pesquisador é cuidadoso ao aconselhar os pais a evitarem o exagero:

— A criança precisa de intervalos, para que seu cérebro consolide o que foi aprendido. De vez em quando, ela precisa de um tempo de descanso, para brincar e, daí, balbuciar para ela mesma — recomenda Michael.

Ele ainda cita uma longa sequência de estudos acadêmicos que remonta a B.F. Skinner; esses estudos defendem que as recompensas ocasionais surtem mais efeito que as recompensas constantes.

E, para que nenhum pai ou mãe cogite tirar o filho da creche, com o intuito de garantir que ele receba a atenção devida, Michael afirma:

— A variedade de estímulos que um bebê recebe em uma creche ou escolinha de alta qualidade é provavelmente a ideal.

Catherine Tamis-LeMonda também adverte contra o excesso de estímulos. As mães que participaram de sua pesquisa também não reagiam com a mesma frequência elevada durante *todo o dia*.

— Em meu estudo, as mães recebiam instruções para se sentar e brincar com o filho e os brinquedos oferecidos. Mas a mesma mãe, ao alimentar o bebê, podia chegar a responder em apenas 30% das vezes. E quando a criança brincava no chão, enquanto a mãe cozinhava, essa percentagem caía para somente 10%. Contudo, ao lerem um livro juntas, o número de respostas era bem elevado.

Michael tem mais dois alertas aos pais entusiasmados em usar essa pesquisa para ajudar seus bebês. A principal preocupação dele é que os pais ansiosos para melhorar sua prontidão de resposta poderão errar reforçando sons menos expressivos quando um bebê já estiver pronto para progredir, e assim retardar seu desenvolvimento. O risco é recompensar o bebê por sons imaturos, e ele passar a receber atenção facilmente e sem razão. Porém, não se sabe ao certo em que medida os pais, em um ambiente normal, deveriam dosar suas respostas aos sons imaturos e se mostrarem mais seletivos ao recompensar os filhos.

O segundo esclarecimento do pesquisador baseia-se em um estudo de sua coautoria com a Dra. Jennifer Schwade, também da Universidade de Cornell. O Dr. Michael Goldstein especializou-se no primeiro ano de vida da criança; da mesma forma, a Dra. Jennifer especializou-se no segundo ano, quando a criança aprende suas primeiras 300 palavras. Uma das maneiras que os pais podem ajudar os bebês nesse processo é nomeando objetos e lhes comunicando isso, por exemplo: "Este é o seu carrinho de passeio", "Viu a flor?" ou "Olha, a lua". Os bebês aprendem mais fácil com a nomeação dos objetos quando o pai ou a mãe espera até o bebê olhar naturalmente para o objeto. A técnica é ainda mais eficiente quando o bebê olha *e* vocaliza, ou olha *e* aponta para o objeto. O ideal é que os pais não se intrometam, nem induzam a atenção do bebê — em vez disso, eles deveriam apenas seguir a deixa dada pelo filho. Quando os pais nomeiam o objeto no momento exato em que a criança volta sua atenção para ele, o cérebro do bebê associa o som ao objeto.

Mas os pais podem se equivocar de duas formas ao tentar prestar essa assistência ao filho. Primeiro, eles podem se manifestar antes de a criança demonstrar curiosidade ou interesse pelo objeto. E segundo, algumas vezes ignoram o que o filho está realmente olhando e baseiam-se *no que eles pensam que a criança está tentando dizer*.

O bebê segurando uma colher pode dizer: "Né, né" e a mãe, atenciosa, pode pensar: "Ele disse 'caneca', ele está com sede", e repete para a criança: "Caneca? Você quer sua caneca? Vou pegar sua caneca". Sem querer, a mãe acaba confundindo o bebê, ensinando-lhe que colher se chama caneca. Alguns pais, segundo a pesquisa de Michael e Jennifer, cometem equívocos de fala, como este, em 30% dos casos. Eles tomam "né" por caneca, nenê ou nanar. "Bô" é interpretado como vovô ou ovo; "ado", como gato; ou "nã", como maçã. Quando, na realidade, aos nove meses de idade, o bebê não se refere a nada disso — ele está simplesmente produzindo sílabas abertas.

Supor que o bebê esteja dizendo palavras, quando ele ainda não é capaz disso, pode inclusive ser prejudicial ao seu desenvolvimento.

Nomear os objetos de modo apropriado, quando a criança tem nove meses, pode ter uma relação extremamente positiva com o vocabulário do bebê, seis meses mais tarde — influenciando-o em 81%. A associação de nomes errados — por exemplo, dizer caneca quando o bebê segura uma colher — pode ter uma relação fortemente negativa no vocabulário desenvolvido por ele no futuro, prejudicando-o em 68%. E o que significa isso na prática? Para citar dois casos extremos da pesquisa da Dra. Jennifer, a filha da mulher que se saiu melhor ao nomear objetos, com um ano e três meses de idade, compreendia 246 palavras e reproduzia 64. Já a filha da mulher que mais fazia confusões ao interpretar o bebê e nomear os objetos compreendia apenas 61 palavras e reproduzia somente *cinco*, quando também tinha um ano e três meses de idade.

Segundo a pesquisa da Dra. Jennifer, nomear objetos é apenas uma das muitas estratégias que os adultos podem adotar para ensinar uma criança a falar e expandir seu vocabulário. Vale dizer que os pais tendem a fazer isso tudo naturalmente, mas nem sempre como deveriam. A seguir, vamos abordar cinco dessas técnicas.

Por exemplo, quando os adultos referem-se a pequenos objetos, eles costumam apertar, chacoalhar, virar o objeto para lá e para cá — em geral, acompanhados por uma melodia em maternalês. Esse recurso de sincronizar os movimentos com a fala é muito útil para ensinar o nome de um objeto a um bebê. Mover o objeto ajuda a chamar a atenção da criança, transformando a situação em uma experiência multissensorial. Mas a oportunidade para se valer dessa encenação com movimentos só é válida até o bebê ter um ano e três meses — após essa idade, a criança não precisa mais desse recurso e não se beneficia mais dele.

Outro fator que contribui tanto quanto a estimulação multissensorial é a exposição a diversos interlocutores.

Pesquisadores da Universidade de Iowa descobriram recentemente que crianças com um ano e dois meses não conseguiam assimilar uma nova palavra que ouviam de uma só pessoa, mesmo ela tendo sido repetida inúmeras vezes. O fato é que a palavra que tentava ser ensinada parecia não ser assimilada pelas crianças. Então, em vez de fazer as crianças ouvirem uma só pessoa repetindo a palavra insistentemente, os pesquisadores providenciaram para que elas ouvissem o termo pronunciado por diversas pessoas. Como resultado, elas assimilaram a palavra de imediato. Apesar dos tons de voz e das entonações diferentes, ouvir pessoas distintas falando permite às crianças perceber que os fonemas são os mesmos. Ao discriminar as diferenças, elas assimilam as semelhanças.

Uma típica criança de 2 anos de idade ouve aproximadamente sete mil expressões por dia. Mas as falas não são idênticas e é um desafio decodificar cada uma das sete mil expressões faladas. A criança já domina grande parte desse vocabulário. Na realidade, diz-se que 45% das expressões usadas pelas mães começam por uma das 17 palavras seguintes: o que, isso, aquilo, você, são/não são, eu, faz/não faz, é, um, seria, pode/não pode, aonde, lá, quem, venha, olhe e vamos.

A partir de uma lista contendo 156 combinações de duas ou três palavras, os pesquisadores conseguem estimar o início de dois terços das frases ditas pelas mães aos filhos.*

Essas combinações de palavras, que se mostraram previsíveis e repetitivas, funcionam para a fala como as palavras destacadas com marca-texto servem para um texto escrito. A criança já conhece a cadência e os fonemas da maioria das frases — somente uma pequena parcela do que lhe é dito é algo inédito.

Logo, pode-se pensar que as crianças precisam incorporar um determinado número de palavras em seu vocabulário antes de aprender qualquer regra gramatical, mas é exatamente o contrário. A gramática lhes ensina vocabulário.

Por exemplo, durante anos, pesquisadores acreditaram que a criança aprendia os substantivos antes de aprender os verbos — supunha-se que ela aprendesse os nomes dos objetos antes que pudesse compreender as ações feitas por eles. Com isso em mente, os pesquisadores foram à Coreia. Diferentemente dos idiomas ocidentais, as frases coreanas sempre terminam com um verbo, não com um substantivo ou um adjetivo. Lá, as crianças de um ano e oito meses de idade, com um vocabulário de menos de 50 palavras, conheciam mais verbos que substantivos. As primeiras palavras que as crianças pequenas aprendem são as últimas palavras que foram pronunciadas — por ouvi-las mais claramente.

Até um ano e meio de idade, a criança não consegue discriminar os substantivos colocados no meio de uma sentença. Por exemplo, um bebê pode conhecer todas as palavras na seguinte frase: "A princesa colocou o brinquedo debaixo da cadeira". Mas, ao ouvi-la, ele pode acabar sem saber o que aconteceu ao brinquedo, isso porque a palavra brinquedo foi pronunciada no meio da frase.

As combinações das palavras tornam-se uma referência determinante. Quando a criança ouve: "Olhe a XX", ela prontamente compreende que XX

* Estudo feito com famílias norte-americanas; sendo assim, o levantamento foi feito a partir de frases em inglês pronunciadas pelas mães. (N.T.)

refere-se a algo novo para ver. Ou então, seja lá o que vier depois de "Não", ela sabe que é algo que deve ser interrompido — independentemente de ela não conhecer as palavras toque e tomada.

Sem a combinação previsível, a criança acaba vivendo em um universo de palavras conhecidas, mas descontextualizadas, que ela pode ou não conseguir encaixar em seu contexto apropriado.

Esse conceito-chave — usar a repetição para destacar a variação — também se aplica à variação gramatical.

Na mesma linha de pensamento das combinações estão os "conjuntos de variação", nos quais o contexto e o significado da mensagem são mantidos ao longo de uma *série* de frases, mudando apenas o vocabulário e a estrutura gramatical. Um exemplo de conjunto de variação seria o seguinte: Raquel, traga o livro para o papai. Traga o livro para ele. Entregue-o para o papai. Obrigada, Raquel, você deu o livro para o papai.

Desse modo, Raquel aprende que "livro" também pode ser representado por "o", e que outra palavra para "papai" pode ser "ele". Ou que tanto "trazer" quanto "dar" envolvem a ação de mover um objeto. Gramaticalmente, ela ouviu a forma do verbo "dar" no passado; que é possível um substantivo passar a ser objeto direto (e vice-versa); além de que os verbos podem indicar uma instrução para agir (entregar) ou descrever uma ação já realizada (deu).

Conjuntos de variação são a especialidade de Heidi Waterfall, uma colega da Dra. Jennifer, da Universidade de Cornell. E ela pode afirmar, simplesmente, que os conjuntos de variação ajudam de fato a ensinar tanto a semântica quanto a sintaxe — e quanto maior a quantidade de variações (de substantivos, verbos, conjugações e posição), melhor.

Da fala sincronizada com movimentos aos conjuntos de variação — cada elemento expressado indica à criança o que é um sinal e o que é um ruído na mensagem transmitida. Mas não haveria melhor modo de ilustrar a utilidade de saber no que se concentrar e o que ignorar do que por meio da pesquisa sobre "formas preconcebidas".

O mundo apresenta exemplos confusos para muitos dos nomes de objetos que a criança está tentando aprender. Coisas corriqueiras como caminhões, cachorros, telefones e casacos podem apresentar todo o tipo de cor, tamanho e textura imagináveis. A partir de um ano e três meses de idade, a criança passa a compreender o mundo baseando-se nas formas comuns dos objetos e evitando distrair-se com outros detalhes. No entanto, algumas crianças ficam perdidas, sem saber ao que dar atenção, e sua falta de conceito de uma forma preconcebida retarda o progresso de sua linguagem.

Mas isso também pode ser aprendido. Em um experimento, a Dra. Linda Smith e a Dra. Larissa Samuelson receberam crianças de um ano e cinco meses em seu laboratório para um treinamento de sete semanas sobre pré-concepção de formas. As sessões eram rapidíssimas — com duração de meros cinco minutos cada, em que as crianças aprendiam a identificar apenas quatro formas novas ("Isto é um... Você consegue achar um...?"). Isso era tudo, mas o resultado foi espantoso. A lista de nomes de objetos que aquelas crianças dominavam aumentou vertiginosos 256%.

Uma criança de nove meses tem um desenvolvimento considerado normal se souber falar uma única palavra. E, com o estímulo adequado, ela pode expandir seu vocabulário com 50 a 100 palavras novas em poucos meses. Aos 2 anos, ela estará falando em torno de 320 palavras; alguns meses mais tarde, cerca de 570. A partir daí, seu vocabulário deslancha. Aos 3 anos, a tendência é ela estar produzindo frases completas. E, até os 5 anos de idade, seu vocabulário deve ultrapassar dez mil palavras.

Uma coisa foi aprender sobre essas técnicas de estímulo com os psicólogos Michael e Jennifer — mas testemunhar seu poder em ação foi algo totalmente fantástico.

Ashley teve essa chance pouco depois de regressarmos de Cornell, quando foi jantar com um casal de amigos, Glenn e Bonnie Summer, e sua filhinha de 1 ano de idade, Jenna, em Westwood, um centro comercial a leste de Los Angeles. Ashley, que considera Jenna como uma sobrinha, havia comprado um moletom de capuz vermelho da universidade para ela. Durante o jantar, Ashley não resistiu e experimentou algumas das técnicas de estímulo na pequena Jenna.

Toda vez que Jenna prestava atenção em algo, Ashley instantaneamente o nomeava para a menina. "Ventilador", Ashley disse, quando Jenna fitou o ventilador no teto sentindo o ar no rostinho. "Telefone", ela pronunciava, sempre que a menina olhava para o aparelho instalado na pizzaria ao ouvi-lo tocar. Quando Jenna balbuciava, Ashley imediatamente respondia com uma palavra ou um toque. Foi perceptível a evolução de Jenna pelos estágios de balbucio.

Jenna virou-se para a mãe e gesticulou indicando que queria mais; para isso usou um gesto típico dos bebês — bater as pontas dos dedos na palma da mão. Ela queria um outro pedaço de maçã, que Bonnie havia trazido para ela.

Depois de dar a fruta à filha, Bonnie reclamou:

— Esse é o único gesto de bebê que Jenna sabe fazer. Ela aprendeu com uma amiga minha e agora não consigo fazê-la dizer: "mais". Antes, ela tentava pronunciar a palavra, mas agora só gesticula. Isso me deixa louca.

Ashley sentiu-se um pouco culpada, pois ela também estava interferindo no desenvolvimento da linguagem de Jenna. No entanto, a culpa desapareceu quando ela percebeu que a menina estava balbuciando bem mais que antes. Jenna passou a olhar diretamente para Ashley, enquanto verbalizava, usando mais combinações de consoante/vogal nos momentos adequados. Ashley ficou em êxtase. Ali, em um restaurante em Westwood, ela e a sobrinha haviam replicado as descobertas do Dr. Michael, dentro, inclusive, do mesmo intervalo de dez minutos.

Confiante, Ashley consultou os pais da menina se poderia experimentar mais uma técnica. Jenna dizia aproximadamente dez palavras — leite, livro, mamãe, tchau, entre outras. Mas os pais ainda não tinham conseguido ensiná-la uma nova palavra diretamente. E, como a experiência de Michael havia dado tão certo com Jenna, Ashley resolveu experimentar o que aprendera sobre movimentação de objetos com a Dra. Jennifer. Ela pegou um pequeno pedaço de maçã e agitou-o lentamente no ar, enquanto dizia:

— Fruu-taa, Jen-na, fruu-taa!

A menina acompanhou tudo com os olhos bem atentos.

— Agora é a vez de vocês — Ashley instruiu Glenn e Bonnie.

— Fruuuuuuu-ta! — disse Glenn, balançando o pedaço de maçã para cima e para baixo. O tom dele lembrava mais um filme de assombração do que o maternalês. Ashley o corrigiu, pedindo que fosse mais melodioso e acompanhasse o ritmo com o movimento da mão. Glenn tentou novamente:

— Fruu-taa — e colocou o pedaço de maçã em frente à filha.

— Uutaaa! — ressoou Jenna, pegando a fruta da mesa.

Glenn começou a rir, virou-se para Ashley e disse:

— Não imaginava que fosse funcionar tão depressa!

Nem a própria Ashley esperava isso. Jenna continuou a repetir a nova palavra até terminar de comer todos os pedaços de maçã. Dá para imaginar que até o fim do jantar, os pais da menina estavam nomeando duas vezes mais os objetos e fazendo o dobro de movimentos com eles. No dia seguinte, eles usaram a técnica para ensinar Jenna a falar meia e sapato. Desde então, passaram a responder com maior prontidão aos balbucios de Jenna e puderam comprovar a diferença.

Nas décadas de 1950 e 1960, o linguista Noam Chomsky, do MIT (Instituto de Tecnologia de Massachusetts), alterou o rumo da ciência social com sua teoria da gramática gerativa transformacional. Ele atestava que a combinação entre o que é ensinado à criança e o que ela ouve e vê era demasiadamente segmentada e despadronizada para determinar com que rapidez se daria a aquisição de sua linguagem. Para ele, a quantidade de linguagem absorvida não justificava as falas pronunciadas pelas crianças. Chomsky ressaltava o fato de a criança pequena estar apta a fazer muito mais do que se restringir a repetir as frases que ouvia. Mesmo sem lhe ensinarem as regras gramaticais, ela era capaz de produzir frases inéditas que beiravam a perfeição da gramática. Portanto, ele deduziu que todo bebê era dotado de uma estrutura inata, altamente especializada, uma espécie de percepção subjacente da sintaxe e da gramática.

Na década de 1980, Chomsky consagrou-se o acadêmico vivo mais citado de toda a ciência social, mantendo esse status até a virada do milênio.

Todavia, ao longo das décadas seguintes, as várias fases do processo de aquisição da linguagem foram sendo não só parcialmente desvendadas, mas profundamente desmistificadas. Em lugar da atuação de um modelo inerente, agora, acredita-se que cada fase da aprendizagem da linguagem seja desencadeada por estímulos auditivos e visuais, respostas aleatórias e estímulos intuitivos; sendo que todos eles convergem a atenção da criança para um padrão relevante. Mesmo o próprio Chomsky vem considerando a importância dos recém-descobertos mecanismos de desenvolvimento da linguagem em seus estudos. Em 2005, Chomsky e colegas escreveram, de forma um tanto enigmática: "Uma vez [a capacidade da linguagem tendo sido] desmembrada em mecanismos componentes (um processo vital, mas custoso), adentramos em uma esfera que nos permite questionar empiricamente todos os níveis dos mecanismos específicos... Esperamos encontrar respostas diferentes, conforme este programa de pesquisa avançar".

Isso não exclui a possibilidade de que parte da capacidade de linguagem seja inerente, mas a parte que ainda nos é desconhecida — e, portanto, atribuída à gramática generativa — está diminuindo rapidamente.

É possível aplicar um argumento semelhante para contrapor a ideia vigente de que os desempenhos verbais e de leitura dependem da capacidade verbal inata. Para os pais, essas habilidades *parecem* inatas, visto que desde o momento em que seu filho começou a falar, ele se revelou precoce — produzindo frases completas até os 2 anos, lendo palavras aos 3 e livros, aos 4. Contudo, os pais ignoram a própria influência nos primeiros dois anos de vida do filho.

— Quando os pais veem o progresso dos filhos, eles estão observando somente o resultado, e não os mecanismos que o antecedeu — salientou o Dr. Michael. — Reparamos apenas nas mudanças significativas, por isso os pais estão inclinados a pensar "deve ser algo inato". Acredito que as pessoas não estejam cientes de sua contribuição para com os bebês.

Segundo um estudo aprofundado comparando gêmeos idênticos a gêmeos fraternos, liderado pelo Dr. Philip Dale, da Universidade do Novo México, apenas 25% da capacidade de aquisição da linguagem se devem a fatores genéticos.

Portanto, será que as crianças que começam a se desenvolver em vantagem conseguem mantê-la no futuro? Falar cedo, de fato, fará com que a criança seja uma excelente leitora no ensino fundamental? Ou será que outras crianças logo a alcançarão, depois de passarem pela fase de explosão de vocabulário?

Os cientistas tendem a afirmar que *ambas* as hipóteses são verdadeiras. A vantagem é real; ainda assim, outras crianças conseguem se equiparar às que se desenvolveram primeiro, sem apresentar qualquer prejuízo. O Dr. Bruce Tomblin, diretor do Centro de Pesquisa de Linguagem Infantil da Universidade de Iowa, ressalta que os índices da capacidade da linguagem, que até a idade escolar são instáveis, com o ingresso no ensino fundamental, se tornam plenamente estáveis.

— A trajetória do desempenho futuro da linguagem é uma incógnita — afirma Bruce. — O único aspecto previsível sobre o desenvolvimento dessa capacidade é a sua variabilidade.

Segundo a Dra. Catherine Tamis-LeMonda, isso é ainda mais evidente entre os bebês que demoram mais a falar, mas que, no entanto, compreendem um grande número de palavras desde cedo.

— Muitas vezes, a criança que aparentemente teria se equiparado, na realidade, nunca esteve atrasada. Seu vocabulário receptivo se deu em bom ritmo; ela só não falava muito, por timidez ou por não ter desenvolvido ainda o controle motor necessário.

A Dra. Jesse Snedeker, da Universidade de Harvard, investigou o progresso de crianças estrangeiras adotadas, que viviam nos Estados Unidos. Em geral, essas crianças passavam seu primeiro ano de vida, ou mais, em orfanatos ou sob guarda provisória, para só então ir viver com sua família norte-americana, geralmente bem próspera. Algumas delas tinham, de fato, um déficit de aprendizagem, mas, como a Dra. Jesse concluiu: "As crianças adotadas, que tinham um desenvolvimento normal (...) alcançavam seus colegas norte-americanos em apenas três anos". Isso se confirmou tanto nos casos de crianças que foram adotadas com 1 ano, quanto com 5 ou, até mesmo, com 10 anos de idade.

Ainda assim, a tendência geral é perceptível — uma vantagem precoce na linguagem pode ter grande importância, pelo menos, durante os primeiros anos do ensino fundamental. Revendo o famoso estudo de Betty Hart e Todd Risley, na Universidade do Kansas, a Dra. Dale Walker investigou o desempenho escolar das referidas crianças seis anos mais tarde — quando estavam no 3° ano e com 9 anos de idade. Os dados mensurados até as crianças completarem 3 anos de idade, sobre a extensão de seu vocabulário falado e a duração média de suas frases proferidas, conseguiram de fato prever seu desempenho de linguagem no 3° ano da escola. A relação mais estreita refere-se à capacidade de expressão verbal; mas a leitura, a ortografia e outras características vinculadas à habilidade verbal também apresentaram forte correspondência. A falta de influência no campo da matemática não surpreendeu, pois se presume que essa dianteira na linguagem não afeta todas as funções cognitivas.

É importante caracterizar desde o início a precocidade no desenvolvimento da linguagem pelo que ela realmente é: uma vantagem, jamais uma garantia.

— A infância não é o único período de desenvolvimento em nossas vidas — salientou Catherine Tamis-LeMonda. — A cada fase surgem competências novas e nosso vocabulário tende a se expandir continuamente.

CONCLUSÃO

O mito das supervirtudes

Quando começamos a escrever este livro, Ashley e eu nos propusemos firmemente a não prestigiar apenas a capacidade intelectual das crianças. Não queríamos escrever um livro sobre gênios prodigiosos; pelo contrário, buscávamos uma perspectiva mais abrangente sobre as crianças, incluindo o desenvolvimento de seus valores morais, seu comportamento junto aos colegas da mesma idade, seu autocontrole e sua honestidade.

Escolhemos esse tema em um momento especialmente propício. Na última década, deu-se o surgimento de um novo ramo da psicologia. Em vez de estudar pacientes clínicos com patologias, alguns cientistas se dedicaram a estudar indivíduos saudáveis, felizes e prósperos, para traçar os hábitos, os valores e a neurociência que propicia um bem-estar maior. Esse novo ponto de partida nos levou a entender melhor o poder das emoções positivas, como a persistência, a felicidade e a gratidão.

Em um exemplo célebre, o Dr. Robert Emmons, da Universidade da Califórnia, em Davis, pediu a um grupo de estudantes universitários que escrevessem um diário de gratidão — durante dez semanas, os alunos deveriam relacionar cinco acontecimentos vividos em cada semana que lhes foram muito gratificantes. Os resultados foram surpreendentemente significativos — durante o estudo controlado, os estudantes que fizeram o diário se mostraram 25% mais felizes, tornaram-se mais otimistas em relação ao futuro e adoeceram menos. Eles inclusive passaram a se exercitar mais.

Robert repetiu o estudo, mas, dessa vez, solicitou aos universitários que, por duas semanas, escrevessem diariamente em seu diário da gratidão. Além disso, enviou questionários sobre os participantes aos amigos mais próximos deles, pedindo que analisassem o participante conhecido em diversos aspectos. O pesquisador queria saber se a melhoria no bem-estar das pessoas analisadas era mais do que um simples estado de espírito, se de fato aquilo estava influenciando sua interação com os demais. A resposta foi um grande sim, dado com muita segurança. Os amigos haviam realmente notado que os participantes estavam mais prestativos e solidários.

Há muito que os filósofos tratam da importância da gratidão. Cícero afirmou que a gratidão era a origem de todas as virtudes. Já Shakespeare não só comparou a ingratidão com um demônio com coração de mármore, como ainda a descreveu nas crianças como mais horripilante que um monstro marinho. Contudo, antes da pesquisa de Robert, era difícil afirmar se a gratidão promovia o bem-estar, ou se ela, na verdade, era uma simples decorrência dele. Sem dúvida ambos caminham juntos, mas Robert demonstrou que a gratidão pode ser lapidada à parte e seu progresso pode gerar um bem-estar ainda maior.

Fora de contexto, isso não é nada de extraordinário, mas na esfera das teorias da felicidade, o significado é grande. Em 1971, os pesquisadores Philip Brickman e Donald Campbell descreveram a condição humana como uma "esteira hedonista". A teoria dizia que, basicamente, temos de continuar a nos esforçar apenas para manter nossa posição relativa na sociedade. Mesmo quando nossa situação melhora, a sensação de satisfação é apenas temporária, já que nossos desejos e expectativas hedonistas se multiplicam ao ritmo das circunstâncias que nos dão prazer. Brickman e Campbell constataram que ganhar na loteria não garantiria ao ganhador uma felicidade mais duradoura do que àqueles que não ganharam nada; ou que os paraplégicos, por sua vez, não eram menos felizes do que as pessoas sem problemas de locomoção. Eles argumentavam que se manter em um certo padrão de bem-estar era inevitável, devido às nossas ligações neurais. Nosso cérebro era configurado para estar atento a estímulos novos e ignorar os mais corriqueiros e previsíveis, eles diziam. As mudanças relativas e recentes eram as que despertavam nosso interesse e nos afetavam. Mas, assim que tudo se estabilizasse, retomaríamos o referencial de bem-estar.

O fato de sermos flexíveis se mostrava uma vantagem. Pois, quando a vida saía do eixo, conseguíamos nos adaptar com facilidade — as mudanças circunstanciais não necessariamente nos deixariam incapacitados. Todavia, quando nossa vida era agraciada, e tudo caminhava bem, uma espécie de desvio moral nos inclinava a menosprezar o lado bom das coisas.

Nos últimos 40 anos, foram descobertas diversas falhas na teoria da esteira hedonista de Brickman e Campbell. Primeiro, embora a maioria das pessoas possua uma meta para alcançar a felicidade, esse estado não é neutramente monótono; pelo contrário, na verdade é um estado bastante positivo. No mundo todo, 80% das pessoas se consideram felizes ou muito felizes. E, apesar de paraplégicos e ganhadores da loteria conseguirem voltar ao seu estado referencial de felicidade, pessoas em outras situações jamais se recuperam — é o caso de viúvos, divorciados e desempregados há bastante tempo.

O trabalho de Robert abriu mais uma brecha na teoria da esteira hedonista. Ele demonstrou que nossa rede neuronal pode ser conscientemente burlada: ao forçar alunos universitários a prestar atenção a gratificações do seu dia a dia, eles escaparam da armadilha sensorial da esteira.

Um dos muitos especialistas inspirados pela pesquisa de Robert foi o Dr. Jeffrey Froh, professor-assistente de psicologia na Universidade Hofstra, em Long Island. Ele também atuou como psicólogo da diretoria de ensino de Half Hollow Hills, passando um bom tempo em cursos preparatórios e escolas de ensino médio. Jeffrey ficou estarrecido com o excesso de materialismo e presunção dos jovens ricos de Long Island.

Segundo ele contou, o estacionamento da escola de ensino médio de lá ficava repleto de BMWs e Mercedes. E eles se esforçavam para manter as aparências. Vestiam-se impecavelmente, com calças jeans de centenas de dólares e camisetas caríssimas, fazendo questão de salientar para os colegas que as roupas eram originais, não haviam sido compradas em *outlets* nem eram pirateadas. Também era grande o interesse em exibir em qual faculdade tinham sido aceitos, mas não pelo valor acadêmico, e sim pelo prestígio e status associados ao nome da universidade.

Então, Jeffrey enxergou no trabalho de Robert um possível antídoto para tudo isso.

Ele não estava sozinho em suas conclusões. Institutos de educação, colunistas de jornal e orientadores educacionais, todos recomendavam que os jovens adotassem os diários de gratidão. Muitas escolas incluíram exercícios de gratificação na grade curricular. Contudo, Jeffrey julgava que o passo seguinte era comprovar cientificamente os dados. E, com a orientação de Robert, ele deu início ao primeiro estudo controlado sobre gratidão, com um grupo aleatório de crianças em idade escolar.

Com a esperança de poder intervir, antes que as crianças se tornassem adolescentes materialistas, ele elegeu a escola de ensino fundamental Candlewood, em Dix Hills, Nova York, para aplicar sua pesquisa. Lá, Jeffrey pediu a colaboração de três professores que lecionavam "economia doméstica" para alunos de 6º e 7º anos. No total, 11 turmas participaram do estudo, somando 221 alunos, o que assegurou uma amostragem variada de toda a escola, incluindo alunos superdotados e alunos com necessidades especiais. Quatro das turmas receberam um diário de gratidão; todos os dias, por duas semanas, eles deveriam fazer uma reflexão dos acontecimentos da véspera e teriam de relacionar até cinco fatos pelos quais se sentiam gratificados. Essa atividade tomava uns poucos minutos no início das aulas.

Algumas das respostas foram bem específicas: "Estou grato porque minha mãe não ficou zangada por eu ter quebrado, sem querer, a mesa do jardim"; outras mencionavam uma determinada ocasião, mas sem detalhar muito: "Meu técnico me ajudou no treino de futebol"; muitas continham generalizações: "Minha avó tem boa saúde, minha família é unida, meus parentes se dão muito bem e nos divertimos todos os dias". Jeffrey ficou muito satisfeito por haver poucas menções às posses materiais das crianças. Foram raras as demonstrações de materialismo e, mesmo quando ocorreram, faziam referência a alguma excentricidade, por exemplo, um aluno que se sentia gratificado por ter a coleção de livros de *Star Wars*. Os inventários de gratidão, supostamente, estavam redirecionando o foco das crianças.

Antes, durante e depois daquelas duas semanas, os professores também aplicaram questionários sobre o grau de satisfação dos alunos em relação a sua realidade, gratificação e emoções. Três semanas depois, os questionários foram repetidos, para verificar se os benefícios tinham sido duradouros. Como os professores ignoravam o objetivo do estudo, não puderam influenciar os resultados. Eles apenas seguiram as diretrizes passadas por Jeffrey.

Enquanto isso, foram selecionadas três turmas como grupos de controle; nessas turmas, os alunos se restringiram a preencher os questionários e nada mais. As últimas quatro turmas foram orientadas a completar os questionários e realizar mais uma pequena tarefa diária: fazer uma lista de cinco aborrecimentos ocorridos no dia. Jeffrey classificou essas turmas como uma espécie de grupo de controle inverso, para avaliar os efeitos de se lidar com aspectos negativos.

Ao final, qual foi o impacto de listar suas gratificações?

Nenhum.

Os alunos das quatro turmas que listaram suas gratificações não demonstraram um bem-estar maior do que o grupo de controle — não durante as duas semanas do exercício, nem logo depois disso, nem três semanas depois. Preencher o diário de gratidão não surtiu o efeito esperado. Em todas as fases, as três turmas do grupo de controle — que se limitaram a responder os questionários — demonstraram os maiores índices de gratidão entre os três grupos. Ao realizar o exercício de preencher o diário, os alunos não se tornaram mais amigáveis nem mais solidários com os colegas. Eles não se sentiram mais completos nem mais realizados em sua vida por conta disso.

O curioso, no entanto, é que esses resultados frustrantes não diminuíram a satisfação gerada com o estudo de Jeffrey. A impressão que se tinha era que o diário de gratidão *deveria* ser o tipo de atividade indispensável a qualquer criança. Todos os envolvidos queriam que ele funcionasse e contavam com seu sucesso. Com tamanha expectativa, todos estavam predispostos a considerar que a intervenção havia sido bem-sucedida, independentemente dos resultados obtidos.

A conclusão do estudo foi publicada em um respeitado jornal. A própria escola Candlewood ficou tão satisfeita com o exercício que o aplicou em todos os seus mais de mil alunos.

Vários artigos de jornais trataram do estudo de Jeffrey, dando a entender que ele havia conseguido de fato reproduzir os resultados das experiências que Robert Emmons havia feito com estudantes universitários. Nenhum dos artigos fez qualquer menção sobre a fragilidade dos resultados. Um ano mais tarde, por ocasião do dia de ação de graças — que reacendeu o tema —, os mesmos créditos à pesquisa voltaram à tona.

Uma das explicações para essa posição da imprensa seria por conta de uma conclusão um tanto equivocada, surgida a partir da distração criada pelos resultados finais relativos ao grupo de controle inverso — as quatro turmas que se ocuparam dos aborrecimentos diários. Como esperado, esses alunos tiveram índices um pouco piores, estatisticamente, que os outros grupos. Mas, se comparado ao grupo de controle, não houve quase nenhuma evidência que comprovasse que escrever um diário de gratidão promovesse o bem-estar da pessoa. A única coisa comprovada pelo estudo foi que, ao nos concentrarmos nos aspectos negativos de nosso dia a dia, podemos ficar mais tristes.

Por que esses resultados diferiram tanto da experiência que Robert havia feito com os estudantes universitários?

Jeffrey não sabia ao certo e ficou incomodado com isso. Então, deixou de lado a análise quantitativa e se ocupou em ler o que os alunos haviam escrito nos diários. Não demorou para ele perceber que aquelas crianças estavam simplesmente entediadas com a gratidão.

— Eles escreviam todo dia a mesma coisa: "Meu cachorro, minha casa, minha família" — apontou Jeffrey. — Pensando agora, teria sido muito melhor se os professores tivessem estimulado as crianças a variarem as respostas, refletirem profundamente a questão, em vez de preencherem tudo rapidamente, para voltar logo às atividades da aula.

Ele percebeu que sua próxima pesquisa deveria cuidar desse aspecto também.

À primeira vista, o estudo de Jeffrey é mais um exemplo clássico de uma boa intenção confundida com uma boa ideia. Mas a história desse estudo não acaba aqui.

Para entender de fato o que aconteceu, Jeffrey precisou renegar suas principais suposições.

Em primeiro lugar, teve de abandonar sua expectativa de que os alunos do ensino fundamental reagiriam do mesmo modo que os estudantes universitários à intervenção de gratidão. Se ele insistisse nisso, estaria fadado a pensar que havia algo de errado em seu estudo — e que somente se conseguisse identificar esse erro seria possível alcançar o resultado esperado.

No entanto, era possível que não houvesse erro algum. Talvez ele tivesse feito tudo certo e os resultados obtidos correspondessem à realidade. Mas como ele não estava tendo uma visão ampla o suficiente da situação, não conseguia perceber o que os resultados comprovavam efetivamente.

Oito anos de desenvolvimento separam os alunos da segunda metade do ensino fundamental dos universitários. Haveria algo nesse período que justificasse por que o exercício não beneficiou aqueles pré-adolescentes? Conforme constatamos com a experiência de Nancy Darling sobre a adolescência, a sede pela autonomia atinge seu ápice aos 14 anos; e é mais intensa aos 12 anos do que na idade em que os jovens ingressam na faculdade (principalmente, porque um universitário já conquistou a autonomia desejada).

A reação dos alunos do ensino fundamental não poderia, então, advir de sua necessidade por autonomia? Ou seria uma diferença na capacidade cognitiva? Examinando a fundo o impacto da gratidão, Jeffrey constatou que uma criança só sente gratidão quando ela reconhece três aspectos nas recompensas que ganha ao longo da vida: que a ação foi *intencional*, *onerosa* e *benéfica*. A criança precisa perceber que a boa vida que leva não é obra do acaso, mas sim fruto do esforço de seus pais e professores que se sacrificam pelo bem dela — que, por sua vez, tira muito proveito disso.

Mas será que uma criança seria capaz de perceber tudo isso?

Jeffrey então concebeu um novo estudo para avaliar o impacto da idade em sua pesquisa. Dessa vez resolveu trabalhar com alunos do 3º e 8º anos do ensino fundamental e do 3º ano do ensino médio, de um colégio religioso.

Ele acertou ao escolher um colégio religioso. O fato de o tema sacrifício ser abordado nas aulas de religião poderia ter criado uma consciência maior do que é gratidão nos alunos. Ele sabia que esses alunos eram frequentemente doutrinados a agradecer pelas bênçãos recebidas em suas preces.

Para inovar, em vez de pedir aos alunos que relacionassem cinco coisas boas diariamente, Jeffrey pediu para que eles escolhessem alguém que fazia parte de suas vidas — alguém por quem eles nunca tivessem realmente expressado todo o seu carinho — e redigissem uma carta de agradecimento a essa pessoa. Eles trabalharam na redação da carta em classe, três vezes por semana, durante duas semanas, aprimorando o texto e elaborando os sentimentos que queriam expressar. Na última sexta-feira, deveriam marcar um encontro com o destinatário da carta, para ler o agradecimento em voz alta, pessoalmente.

Todas as cartas eram comoventes e sinceras, revelando uma dedicação não verificada no estudo anterior.

— Foi um exercício extremamente emotivo para eles — contou Jeffrey. — A experiência foi de fato muito intensa. Eu ficava com um nó na garganta cada vez que lia uma carta.

Mas, ao analisar os resultados, Jeffrey voltou a se deparar com o mesmo problema — em âmbito geral, a intervenção tinha sido infrutífera para os alunos. Para resolver isso, ele precisava se desfazer de mais uma de suas suposições.

Ele acreditava que as emoções positivas, como a gratidão, eram naturalmente protetoras — elas deixariam os jovens a salvo de quaisquer desvios de comportamento e evitariam uma conduta negativa ou depressiva. Ele não era o único a pensar dessa maneira; na realidade, essa é a bandeira principal dos estudiosos do campo da psicologia positivista.

Por conta disso, Jeffrey esperava encontrar a relação inversa entre gratidão e emoções negativas — como sofrimento, vergonha, nervosismo, hostilidade e medo. Ou seja, mesmo se ele não pudesse mudar a intensidade de gratidão da forma que Robert havia conseguido, Jeffrey continuava acreditando que algumas crianças pudessem nutrir uma profunda gratidão, enquanto outras, pouca ou nenhuma. Ele pensava que os alunos que se sentissem muito gratificados estariam menos expostos a rompantes de mau humor ou de sensações ruins. O bom sentimento deveria protegê-los. Mas os dados de seus múltiplos estudos não indicaram isso. Os jovens que se mostravam felizes e gratificados estavam tão sujeitos a uma enxurrada de emoções — muitas delas negativas — quanto os jovens apáticos e alheios à gratidão.

Nesse estágio da pesquisa, a interpretação de Jeffrey foi influenciada por alguns estudiosos que se ocupavam em redefinir a teoria da esteira hedonista.

Eles argumentavam que a felicidade não é um conceito isolado — Jeffrey explicou. — É possível viver bem e feliz e, ao mesmo tempo, sofrer com o nervosismo e o estresse. Uma pessoa pode se sentir muito melhor, mas nem por isso seu estresse diário desapareceu. Do ponto de vista de um especialista, isso significa que quando se analisa o impacto positivo, o impacto negativo e a satisfação de vida, pode-se descobrir quem nem sempre eles fluem na mesma direção.

Jeffrey analisou atentamente os dados relativos às emoções dos alunos, durante o segundo estudo. De maneira geral, redigir a carta de agradecimento beneficiou somente um pouco os alunos, assim como no primeiro estudo. Mas a análise conjunta de todos os dados acabou mascarando o que realmente aconteceu. Isto é, alguns alunos *foram*, sim, favorecidos pelo exercício, mas outros não. E, ao computar tudo, um resultado anulou o outro.

Os que mais se beneficiaram com o estudo foram os jovens que costumavam experimentar poucos sentimentos positivos — eles raramente sentiam emoções como entusiasmo, esperança, persistência, interesse e inspiração. Redigir a carta de agradecimento e apresentá-la ao pai, à mãe, ao técnico ou a um amigo realmente os encheu de gratidão e gerou uma grande satisfação em relação a sua própria vida.

— Esses foram os jovens que realmente tiraram proveito dos exercícios de gratidão — salientou Jeffrey. — Os jovens que são alheios ou desinteressados raramente estavam satisfeitos ou alegres.

Contudo — e essa foi a revelação surpreendente —, para os jovens que normalmente viviam repletos de esperança e entusiasmo, o estudo teve um efeito contrário. Eles se mostraram menos contentes, menos esperançosos e menos agradecidos.

E por que o exercício de gratidão os levou a se sentirem *pior*? Que tipo de *prejuízo* a gratidão poderia lhes causar?

Bem, para adolescentes e pré-adolescentes, sedentos por autonomia e independência, pode ser frustrante reconhecer o quanto são dependentes dos adultos. Certamente, eles perceberam pelo estudo que estão sendo guiados pelas mãos dos adultos — que controlam o que eles comem, o que estudam, o que podem vestir e com quem podem andar. Provavelmente, os jovens se sentiram mais impotentes do que agradecidos. Essa sensação de independência, que eles tanto buscam, pode até ser uma ilusão, mas ela é indispensável para seu equilíbrio psicológico e seu desenvolvimento futuro, rumo à verdadeira independência. A ingratidão aparece, provavelmente, como um subterfúgio utilizado pelos jovens para manter viva essa ilusão e supostamente deter o controle da própria vida.

Jeffrey acredita que sua intervenção levou-os a perceber o quanto eles dependiam das vontades e dos sacrifícios de outros. E não lhes agradou em nada perceber que eles só têm o que têm pois há alguém fazendo coisas por eles o tempo todo. Ao contrário, eles se sentiram incapazes.

A lição que podemos tirar do estudo de Jeffrey Froh *não* é que a sociedade deva desistir de estimular a gratidão nas crianças. Sem dúvida, algumas crianças e adolescentes se beneficiaram com os exercícios. (Aliás, Froh continua tão empenhado nisso, que um de seus alunos da faculdade iniciou recentemente um teste-piloto de um programa escolar de gratidão com cinco semanas de duração.) Entretanto, para a maioria das crianças, nutrir a gratidão é uma tarefa muito elaborada e devemos levar em conta que elas não podem assumir o lugar de outras necessidades psicológicas, apenas porque desejamos que sintam isso.

Porém, o verdadeiro significado do trabalho de Jeffrey vai além das considerações sobre gratidão. Nós o incluímos aqui, porque achamos que todo esse processo ilustra uma questão ainda mais ampla.

Refletindo agora sobre a imensa pesquisa que originou este livro, identificamos um padrão interessante. Muitos dos conceitos fundamentais sobre o desenvolvimento infantil só foram definidos quando os pesquisadores abandonaram esses mesmos dois preceitos dos quais Jeffrey foi obrigado a abdicar. Ou, de uma forma ainda mais dramática, a arca do tesouro do conhecimento sobre o mundo infantil está à espera daqueles que conseguem abrir mão desses dois pré-conceitos dominantes.

A primeira suposição é que as crianças funcionam da mesma forma que os adultos. O nome cunhado para esse conceito, utilizado comumente como referência, é mito do efeito da semelhança.

Neste livro, capítulo após capítulo, pudemos perceber que os grandes avanços se deram quando os pesquisadores abandonaram esse preceito. Tomemos a pesquisa sobre o sono como exemplo. Por muito tempo prevaleceu a suposição de que a falta de sono afetava a criança da mesma forma que o adulto — cansava-a, mas era algo suportável. Todavia, quando se decidiu pesquisar essa questão a fundo, os especialistas constataram que o impacto era maior sobre as crianças e que isso lhes causava sérios danos.

Da mesma forma, deduzíamos que, como os níveis de inteligência são estáveis nos adultos, eles deveriam ser também estáveis nas crianças. Porém, isso não confere com a realidade infantil — há períodos de estabilidade e de aumentos súbitos nesses níveis. Além disso, como o adulto é capaz de captar uma mensagem subliminar em ambientes culturalmente diversos, presumíamos que a criança também o era. Isso era um equívoco — elas dependem de ouvir declarações explícitas sobre o quanto é errado discriminar as pessoas pela cor da pele, por exemplo.

Relatamos outro caso que espelha o mito do efeito da semelhança. No trecho sobre o programa Ferramentas do Cérebro, contamos como o faz-de-conta é um meio importante para a criança pequena dominar a representação simbólica que, mais adiante, irá se tornar indispensável para seu desempenho escolar. Contudo, esse fator crucial jamais vem à tona quando a sociedade debate a importância do lazer, ou a necessidade do intervalo entre as atividades escolares. Em vez disso, as discussões giram sempre em torno dos exercícios para estimular as competências sociais na criança. Isso porque, para um adulto, a brincadeira é uma oportunidade de extrapolar a energia e relaxar com os amigos. Embora esses aspectos também sejam relevantes para uma criança, nosso padrão de referência nos leva a ignorar o objetivo primordial da brincadeira infantil.

O mito do efeito da semelhança também nos ajuda a entender por que a sociedade age equivocadamente ao elogiar as crianças. Diversos estudos apontam a eficácia do elogio feito ao adulto em seu ambiente de trabalho. Adultos gostam de receber elogios. Se para a criança o elogio pode minar sua motivação natural, para os adultos esse efeito não se aplica. Na verdade, o efeito é justamente o contrário — ser elogiado por um superior *fomenta* a motivação natural do adulto, especialmente no ambiente corporativo. (Apenas em determinadas circunstâncias, especialmente entre os trabalhadores de base, o elogio pode ser interpretado como algo questionável ou uma ferramenta de manipulação.) Justamente por gostarmos tanto de sermos elogiados é que presumimos que inundar nossos filhos com elogios poderá ser benéfico.

O segundo preceito a abandonar, como ilustrado no relato sobre Jeffrey, é que as virtudes necessariamente contrapõem o comportamento negativo na criança. Daremos o nome a essa suposição de o mito da dicotomia entre o bem e o mal.

A tendência a taxar as coisas como benéficas ou maléficas para a criança é comum em nossa sociedade. Estamos inclinados a pensar que o comportamento correto, os sentimentos positivos e os bons resultados fazem parte do mesmo pacote: somados, os bons aspectos protegerão a criança de qualquer desvio de conduta, a exemplo de: roubar, excluir os demais, antecipar a vida sexual, sucumbir à pressão dos amigos e nutrir sentimentos negativos, como tédio ou estresse.

Quando Ashley e eu iniciamos este livro, fizemos uma relação das supervirtudes que queríamos que nossos filhos apresentassem — gratidão, honestidade, empatia e justiça. Afinal, nosso desejo secreto era que eles fossem dotados dessas supervirtudes, para poder desviar dos problemas, tal qual o Super Homem desvia das balas de um revólver.

Então, Victoria Talwar nos mostrou que a desonestidade infantil era sinal de inteligência e desenvoltura social. Nancy Darling explicou como a dissimulação dos adolescentes era praticamente um componente indispensável ao desenvolvimento da identidade deles. A pesquisa de Laurie Kramer nos mostrou como um conceito rígido de igualdade pode prejudicar o relacionamento entre irmãos. Patricia Hawley e Antonius Cillessen revelaram que a empatia pode estar a serviço do mal: as crianças mais populares são as que têm uma percepção mais apurada de seus amigos — e usam esse talento em benefício próprio. E, é claro, tomamos conhecimento do estudo que demonstrou que os detentos são dotados, em média, de uma inteligência emocional superior à da população em geral.

Não que, agora, tivéssemos abandonado nosso desejo de que as crianças sejam honestas e adquiram outras virtudes. (Continuamos a ensinar nossos filhos a dizer "obrigado" e a pedir que sejam justos.) Porém, não mais encaramos essas características como supervirtudes — que teriam a função de um colete à prova de balas morais.

Os pesquisadores chegaram à conclusão de que o bom e o mau não são extremos opostos de um único espectro. Eles são o que chamamos de elementos ortogonais — mutuamente independentes.

E, por causa disso, as crianças correm o risco de tornarem-se verdadeiras contradições ambulantes. É provável que apresentem um turbilhão de sentimentos positivos *e* um turbilhão de sentimentos negativos, simultaneamente — portanto, o fato de um adolescente ficar feliz com um namoro novo não invalida o estresse com a escola. Pode haver um verdadeiro abismo entre as opiniões afirmadas pelos jovens e suas ações, bem como uma criança pode saber que as frutas são gostosas e benéficas à saúde, mas isso não implicará que ela passe a comer mais maçãs.

Da mesma forma, diversos fatores da vida de uma criança — como as interações com os irmãos, a pressão entre os colegas, os conflitos conjugais dos pais ou, mesmo, o sentimento de gratidão — podem causar, concomitantemente, um impacto positivo *e* um impacto negativo.

Apesar dessas contradições, a busca para tentar compreender profundamente as crianças não é um esforço em vão. Na verdade, é estudando bem de perto essas aparentes contradições que conseguiremos compreender realmente as crianças.

Isso porque, quando as crianças nos parecem mais enigmáticas, é que nós, seus responsáveis e educadores, podemos aprender algo novo sobre elas.

AGRADECIMENTOS

Queremos agradecer a Adam Moss e Hugo Lindgren, da *New York Magazine*, por nos incentivar a incluir em nossas histórias muitos dados de pesquisas técnicas, seguros de que o amplo embasamento científico agradaria em cheio nosso público-leitor. Muitas outras pessoas da *New York* também merecem crédito — em especial, Lauren Starke, Serena Torrey e nosso ex-editor, Adam Fisher.

Na editora, Twelve, nosso agradecimento especial a Jon Karp, Jamie Raab e Cary Goldstein. A orientação de Peter Ginsberg, da Curtis Brown Ltd., foi fundamental. Também temos uma dívida com Nathan Bransford, Shirley Stewart e Dave Barbor.

Sem dúvida, somos também enormemente gratos a vários pesquisadores e a todos os outros que foram decisivos colaboradores em nossa pesquisa. O capítulo sobre o elogio — que deu origem ao nosso primeiro artigo sobre a ciência infantil para a *New York Magazine* — não teria sido possível sem a cooperação de Carol S. Dweck, da Universidade de Stanford. O capítulo "Por Que as Crianças Mentem?" jamais seria o mesmo sem a colaboração de Victoria Talwar e todos em seu laboratório na Universidade McGill — em especial, Cindy M. Arruda, Simone Muir e Sarah-Jane Renaud. Do mesmo modo, o capítulo sobre linguagem tem uma dívida especial para com Michael H. Goldstein e Jennifer A. Schwade, da Universidade de Cornell, e os demais integrantes do laboratório B.A.B.Y. Deborah J. Leong,

Elena Bodrova e Amy Hornbeck nos mostraram o programa Ferramentas do Cérebro em atividade. Laurie Kramer e Mary Lynn Fletcher, da Universidade de Illinois, em Champaign-Urbana, enfrentaram a neve por dias, levando-nos a toda parte de carro, enquanto nos explicavam seu estudo sobre o relacionamento entre irmãos. Somos também eternamente gratos a muitas famílias que conversaram conosco e permitiram que acompanhássemos a participação de seus filhos em experiências de laboratório.

Dezenas de pesquisadores gentilmente nos concederam entrevistas. E muitos outros nos enviaram rascunhos de artigos e apresentações ainda em andamento. Importunamos muitos pesquisadores em conferências. Aborrecemos diversas pessoas com infindáveis trocas de e-mails e telefonemas, sempre nos desculpando por nossa insistência, mas pedindo para que elas confirmassem aqueles números uma vez mais... E mesmo assim, todos foram absolutamente gentis.

Obrigada a Mary A. Carskadon, Judith Owens e Monique K. LeBourgeois, da Universidade Brown; Douglas K. Detterman, da Universidade Case Western Reserve; e ainda, B.J. Casey, Marianella Casasola, Gary W. Evans, Jeffrey T. Hancock e Heidi R. Waterfall, também da Universidade de Cornell; Jeanne Brooks-Gunn e Geraldine Downey, da Universidade de Colúmbia; Kenneth A. Dodge, Jennifer E. Lansford e James Moody, da Universidade Duke; Roy F. Baumeister e Stephen I. Pfeiffer, da Universidade Estadual da Flórida; David S. Crystal, da Universidade de Georgetown; Mahzarin R. Banaji, Kurt W. Fischer e Jesse Snedeker, da Universidade de Harvard; Linda B. Smith, da Universidade de Indiana; Douglas A. Gentile, da Universidade Estadual de Iowa; Cynthia L. Scheibe, do Ithaca College; A. Margaret Pevec e Rhonda A. Richardson, da Universidade Estadual de Kent; Robert D. Laird, da Universidade Estadual de Louisiana; Kay Bussey, da Universidade MacQuarie; Dan Ariely, do Instituto de Tecnologia de Massachusetts; Judith S. Brook e Catherine S. Tamis-LeMonda, da Universidade de Nova York; Frederick W. Turek, da Universidade de Northwestern; Nancy Darling, do Oberlin College; Christopher Daddis e Sarah J. Schoppe-Sullivan, da Universidade Estadual de Ohio; Jeane Coperhaven-Johnson, da Universidade Estadual de Ohio, em Mansfield; Marjorie Taylor, da Universidade do Oregon; Duane F. Alwin, Clancy Blair, Linda L. Caldwell, Pamela M. Cole e Douglas M. Teti, da Universidade Estadual da Pensilvânia; Shawn Whiteman, da Universidade Purdue; W. Steven Barnett, da Universidade Rutgers; Jean M. Twenge, da Universidade Estadual de San Diego; Jamie M. Ostrov, da Universidade Estadual de Nova York, em Buffalo; Tabitha R. Holmes, da Universidade

Estadual de Nova York, em New Paltz; Avi Sadeh, da Universidade de Tel Aviv; Cecil R. Reynolds, da Texas A&M University; Birgitte Vittrup, da Universidade Feminina do Texas; Laurence Steinberg, da Universidade Tufts; Noel A. Card e Stephen T. Russell, da Universidade do Arizona; Adele Diamond, da Universidade de British Columbia; Silvia A. Bunge, Elliot Turiel e Matthew P. Walker, da Universidade da Califórnia, em Berkeley; Richard J. Haier, da Universidade da Califórnia, em Irvine; Abigail A. Baird, Adriana Galvan, Michael Prelip e Gary Orfield, da Universidade da Califórnia, em Los Angeles; Bella M. DePaulo, da Universidade da Califórnia, em Santa Barbara; Claire Hughes, da Universidade de Cambridge; Susan Goldin-Meadow, da Universidade de Chicago; Antonius H. N. Cillessen, da Universidade de Connecticut; David F. Lohman e Larissa K. Samuelson, da Universidade de Iowa; Patricia H. Hawley e Dale Walker, da Universidade do Kansas; Frederick W. Danner, da Universidade de Kentucky; Rochelle S. Newman e Nan Bernstein Ratner, da Universidade de Maryland; Linda R. Tropp, da Universidade de Massachusetts, em Amherst; Ronald D. Chervin, Jennifer Crocker, Denise Kennedy e Louise M. O'Brien, da Universidade de Michigan; Kyla L. Wahlstrom, da Universidade de Minnesota; Alan L. Sillars, da Universidade de Montana; E. Mark Cummings, da Universidade de Notre Dame; April Harris-Britt e Jane D. Brown, da Universidade da Carolina do Norte, em Chapel Hill; David F. Dinges, da Universidade da Pensilvânia; Ronald E. Dahl, da Universidade de Pittsburgh; Judith G. Smetana, da Universidade de Rochester; Rebecca S. Bigler, Elizabeth A. Vandewater e Mark Warr, da Universidade do Texas, em Austin; Joseph P. Allen, da Universidade da Virginia; Steven Strand, da Universidade de Warwick; Andrew N. Meltzoff, da Universidade de Washington; C. Robert Cloninger, da Universidade de Washington, em Saint Louis; e Peter Salovey, da Universidade de Yale.

Também gostaríamos de agradecer a Deborah Linchesky, da Academia Americana de Pediatria; Stephen C. Farrell, da escola Choate-Rosemary Hall; Brian O'Reilly, do Conselho Universitário de Edina; Donald A. Rock, do Educational Testing Service; Anna Hogrebe, da Elsevier B.V.; Lawrence G. Weiss, da Harcourt Weiss/Pearson; Mark W. Mahowald, do Centro Médico Hennepin; Lauri Kirsch, das escolas públicas de Hillsborough County; Lisa Smith e Stacy Oryshchyn, da Secretaria de Educação do condado de Jefferson, em Denver, Colorado; Gigi Ryner e Jackie Gleason, da Escola de Educação Infantil Stony Creek, em Littleton, Colorado; Thomas D. Snyder, do Centro Nacional de Estatísticas da Educação; Jay N. Giedd e Marc Bornstein, do Instituto Nacional de Saúde;

Lisa Sorich Blackwell, da New Visions for Public Schools; Richard L. Atkinson, da Obetech LLC; Sally Millaway e Kathleen Thomsen, das escolas de Neptune, em New Jersey; Erin Ax, da Effective Educational Practices; Judy Erickson, da Sage Publications; a toda equipe que trabalha na Sociedade para a Investigação para o Desenvolvimento da Criança; Jessica Jensen e Debbie Burke, da Van Arsdale Elementary School, em Arvada, Colorado; e Bethany H. Carland, da Wiley-Blackwell. Por fim, agradecemos à Joan Lawton, à equipe e aos clientes do clube Magic Castle, em Hollywood, Califórnia; e à Rose M. Kreider, do United States Census Bureau.

NOTAS

PREFÁCIO

Cary Grant abre a porta: Diversos frequentadores do Magic Castle se lembram de Cary Grant se passando por porteiro, ou por costumar ir ao clube noturno na mesma época em que Grant andava por lá, ou por ter ouvido algum membro do clube contar. À parte os membros do clube, a história foi se aprimorando ao longo dos anos; há, inclusive, quem afirme que Grant às vezes chegava a usar um traje de porteiro quanto ficava na entrada. Nossa versão do caso é baseada nas lembranças de Joan Lawton, que ela gentilmente nos confiou em entrevistas. (E não, Joan não se lembra de tê-lo visto vestindo o tal traje. Ele normalmente usava terno, e, às vezes, smoking.)

INTRODUÇÃO

Rede neural ativada na criação de filhos: As partes do cérebro relacionadas a vínculo, amor e prontidão de resposta paternal ou maternal incluem: córtex cingulado anterior, ínsula anterior, córtex pré-frontal medial, córtex orbitofrontal direito, substância cinzenta periaquedutal, hipotálamo, tálamo, núcleo caudado, núcleo accumbens. Bartels et al. (2004); Lorberbaum et al. (2002); Noriuchi et al. (2008); Swain et al. (2007).

O texto do livro é fruto de colaboração mútua: Do início ao fim, da pesquisa à redação, o livro é um esforço conjunto. Contudo, nas partes do texto referentes à narração de experiências pessoais, foi preciso identificar os autores isoladamente. No texto, o emprego do pronome "eu" é uma referência às experiências pessoais de Po Bronson, enquanto o uso de "Ashley" indica as experiências pessoais dela. Ainda assim, essas passagens de texto foram compostas e editadas por ambos os autores.

CAPÍTULO 1 – O poder inverso do elogio

Identificação de alunos superdotados: As exigências exatas para programas para portadores de altas habilidades variam, mas a maioria deles classifica uma criança como superdotada com base em resultados de testes de inteligência ou teste de desempenho igual ou superior a 90%.

Má autoavaliação das competências realizada por alunos avançados: Diversos estudos, incluindo Cole et al. (1999), Phillips (1984) e Wagner e Phillips (1992), apontam que os superdotados menosprezam sua capacidade. O método de avaliação mais usado nesses estudos é solicitar aos alunos uma descrição de seu aproveitamento em uma determinada disciplina escolar e, em seguida, confrontar essas autoavaliações dos alunos com seu real desempenho nos testes da disciplina.

As garotas mais brilhantes sucumbem após uma bateria de testes fracassada: Uma das revelações da pesquisa de Carol S. Dweck é o fato de não existir nada de frágil ou dramático em ser abençoado com um cérebro desenvolvido, mas são os elogios que vulnerabilizam as crianças mais inteligentes.

Inusitadamente, a Dra. Carol constatou em um de seus estudos que, após falhar em uma bateria de testes, todas as garotas se abatiam, e quanto mais elevado seu QI, pior elas iam nos testes subsequentes — chegando ao ponto inconcebível em que, na última etapa de testes, as garotas com QIs elevados tiveram resultados piores que as garotas com QIs mais baixos. Ao explicar o fato, a pesquisadora considerou: "As meninas estão acostumadas a serem perfeitas. E elas consideram a opinião e o feedback das outras pessoas como um modo válido de reconhecer suas habilidades. Os meninos, pelo contrário, sempre se tratam mutuamente chamando-se de 'estúpidos'. Por isso, não consideram que outra pessoa possa lhe dar um veredicto final sobre suas capacidades".

Isso pode explicar as constatações de Henderlong: ela identificou as discrepâncias de gênero e idade em versões próprias de experiências sobre o elogio, indicando que os meninos podem reagir de forma diferente a elogios personalizados como: "Você é esperto". Henderlong Corpus e Lepper (2007).

Avaliação de Baumeister sobre seus achados em relação à autoestima: O desapontamento de Baumeister em relação às suas constatações foi originalmente relatado por Ahuja (2005).

Autoestima elevada desencadeia mais agressividade: Desde o artigo de Baumeister, a relação entre autoestima elevada e agressividade foi destacada no estudo do comportamento infantil. Em 2008, um grupo de pesquisadores apresentou um estudo em que crianças jogavam no computador, certas de estarem disputando contra outras crianças — quando, na realidade, jogavam contra o próprio computador. Sua derrota já estava preestabelecida. Após analisar o modo como as crianças atacavam seus supostos adversários, os pesquisadores concluíram que não havia prova empírica de que as crianças com baixa autoestima seriam mais agressivas; entretanto, encontraram subsídios para afirmar que as crianças com uma autoestima elevada eram mais agressivas e narcisistas. Eles, inclusive, sugeriram que os esforços para melhorar a autoestima tendem a realçar — em vez de diminuir — a agressividade de jovens em situações de risco. Thomaes et al. (2008).

Artigo sobre 150 estudos do elogio: Henderlong e Lepper (2002).

Cloninger identifica localização do circuito de persistência no cérebro: Cloninger submeteu indivíduos à ressonância magnética para medir a atividade cerebral deles, enquanto olhavam uma série de 360 fotografias, por exemplo, de acidentes de carro e de pessoas com crianças no colo. Os participantes deveriam classificar as fotos como agradáveis, neutras ou desagradáveis. Os mais persistentes (com base em um teste de personalidade com sete tópicos, realizado anteriormente) foram os que apresentaram maior atividade cerebral no córtex frontal lateral orbital e medial, e também no estriato ventral. Curiosamente, eles também avaliaram um maior número de fotos neutras como sendo agradáveis, e mais fotos desagradáveis como sendo neutras. Em outras palavras, os indivíduos persistentes realmente encaram o mundo de uma maneira mais positiva — e menos coisas os perturbam.

CAPÍTULO 2 – A hora perdida

A falta de percepção dos pais para avaliar o sono ou a fadiga dos filhos: Diversos especialistas se propuseram a avaliar o desempenho dos pais ao tentar estimar a quantidade de sono de seus filhos, cruzando as informações dos relatos dos pais, dos relatos dos filhos e das medições científicas (feitas com um actígrafo). Os pais, com frequência, superestimam o tempo que seus filhos dormem em pelo menos meia hora — podendo chegar a uma hora e meia. Consulte, por exemplo, Fundação Norte-americana do Sono (2006) e Werner et al. (2008).

Alunos do ensino médio relatam que dormem pouco: Dormir pouco na adolescência não é um problema local: adolescentes do mundo todo se sentem exaustos. Em um estudo com alunos do ensino médio cingapurense, 96,9% afirmaram não dormir o suficiente — e somente 0,5% desses jovens já haviam conversado com um médico sobre os problemas decorrentes da falta de horas dormidas. Lim et al. (2008).

Embasamento da uma hora perdida de sono das crianças: É consenso geral que as crianças atualmente dormem menos do que alguns anos atrás. Contudo, discute-se ainda sobre quanto tempo a menos elas estão dormindo. Embasamos nossa "uma hora de sono perdida" em levantamentos que fizemos analisando estudos sobre o sono e sobre a utilização do tempo em geral. Optamos por estimar um valor, digamos, conservador.

Segundo um relatório de 1997, as crianças de 3 a 5 anos dormiam em média 10,8 horas por noite, enquanto as crianças de 6 a 8 anos tinham 10,1 horas de sono. Em 2004, a Fundação Norte-americana do Sono descobriu que crianças de 3 a 5 anos estavam dormindo apenas 10,4 horas e crianças de 6 a 8 anos, somente 9,5 horas. Compare Hofferth e Robinson (1997) com o levantamento de 2004 da Fundação Norte-americana do Sono.

Durante o mesmo período, a Universidade Brown apurou que, em 1997, as crianças de 9 a 12 anos dormiam cerca de 9,6 horas, mas, em 2004, essa quantidade diminuiu para 8,3 horas de sono — uma diferença de 1,3 hora. Carskadon (2004) e levantamento *Sleep in America* (2006).

Mais informações sobre a hora perdida de sono podem ser encontradas em uma pesquisa de referência com crianças suíças. Segundo essa pesquisa, durante a década de 1990, a duração do sono das crianças de todas as idades diminuiu — ou seja, uma criança de 2 anos dormia menos em 1986 do que o fazia em 1974; e um jovem de 14 anos dormia menos em 1986 do que o fazia em 1974. A maior redução no tempo de sono, na verdade, ocorreu entre as crianças mais novas. Bebês de seis meses de idade, nascidos em 1993, estavam dormindo duas horas e meia a menos que os nascidos em 1978; enquanto para jovens de 16 anos, a diferença era de uma hora. Iglowstein et al. (2003).

Em 2005, o grupo de pesquisa da Academia Norte-americana de Pediatria sobre o sono em adolescentes e jovens adultos juntamente com o comitê da adolescência da instituição emitiram um parecer técnico ressaltando a importância do estudo de Iglowstein, que passaria a servir de referência sobre o sono dos jovens nos Estados Unidos. Os especialistas, inclusive, acreditavam que os resultados em seu país seriam mais radicais que os da Suíça. Millman et al. (2005). E Landis e colaboradores acreditam que há respaldo de dados para demonstrar que houve uma queda de duas horas no tempo de sono dos jovens nas últimas duas décadas. Landis et al. (2008).

Outros estudos que apontam uma tendência internacional na redução da duração do sono, incluindo: Landhuis et al. (2008); Van Cauter et al. (2008); Taheri (2006); e Spiegel et al. (2005).

Estudo feito em Rhode Island, EUA, que verifica que os adolescentes estipulam sua hora de dormir: Wolfson e Carskadon (1998).

O impacto da falta de sono no desenvolvimento e na estabilidade emocionais: Sobre transtorno do déficit de atenção com hiperatividade (TDAH), há as entrevistas dos autores com Ronald Chervin e Louise O'Brien; Chervin et al. (2005); Chervin et al. (2002); e Chervin et al. (1998). Sobre estabilidade emocional dos adolescentes, há as entrevistas dos autores com Ronald Dahl, David Dinges e Frederick Danner; além de Dahl (1999); e Danner e Phillips (2008).

Alteração experimental da duração do sono infantil e desempenho em testes: A partir do estudo de Sadeh, Tzischinsky e colaboradores basicamente reforçaram as descobertas anteriores ao fazer com que alguns alunos do 8º ano dormissem uma hora a mais que o normal. Essa hora adicional de sono melhorou muito o desempenho dos alunos em testes de matemática e de atenção. Tzischinsky et al. (2008).

Estudos relatando a correlação entre sono e série escolar: Veja, por exemplo, Danner e Gilman (2008); Warner et al. (2008); Bachmann e Ax (2007); e Fredriksen et al. (2004).

Interferência da falta de sono nos mecanismos cerebrais: Durmer e Dinges (2005).

Sono de ondas lentas e aquisição de vocabulário pela criança: Backhaus et al. (2008).

Pontuação no teste do SAT, em Edina, Minnesota, EUA: O *The New York Times* havia noticiado, anteriormente, um aumento no desempeno no teste do SAT, da cidade de Edina; todavia, o artigo divulgou dados incorretos. O jornal apresentou números inferiores aos obtidos pelos alunos. Kyla Wahlstrom havia requisitado a correção à época, mas não obteve resposta. A nosso pedido, Kyla conferiu os dados que haviam sido fornecidos anteriormente ao *Times*, para confirmar a veracidade do aumento.

O'Reilly, do Conselho Universitário, explicou-nos em entrevista que, de fato, o aumento da pontuação indica também dois fatos mais impressionantes ainda. Primeiro, as notas que incluímos no texto são baseadas no teste de 1.600 pontos — isso significa que o aumento de 155 pontos correspondeu a 9,66% da pontuação total. Segundo, a maior parte dos alunos de Minnesota costuma fazer o teste ACT; só os alunos de mais destaque optam pelo SAT. Sendo assim, segundo O'Reilly, os alunos que se classificaram entre os melhores 10% no teste do SAT, de Edina, estariam na verdade entre os melhores 1% da média nacional. Notamos ainda que o aumento nas notas, após a mudança do horário de início das aulas, equivale, aproximadamente, à melhora de desempenho prometida por cursos preparatórios para o teste do SAT.

A mudança do início do horário das aulas, para mais tarde, propicia mais horas de sono e maior participação nas atividades escolares: Htwe et al. (2008); Danner e Phillips (2008); e entrevistas de Kyla Wahlstrom.

Prevalência de um horário mais cedo para iniciar as aulas em escolas de ensino médio: Wolfson e Carskadon (2005).

Artigo de McMaster sobre os programas de prevenção da obesidade: Thomas (2006). Autoridades britânicas realizaram um estudo similar, em larga escala, de programas de prevenção da obesidade e chegaram à mesma conclusão — de que são mínimas as evidências da efetividade desses programas. BBC News (2007). Stice e colaboradores também julgaram como insignificante a eficácia da maioria dos programas. Stice et al. (2006).

Assistir TV e outras atividades sedentárias para crianças: Vandewater não é o único pesquisador que contesta a premissa de que as crianças fazem menos atividade física porque assistem muita TV. Taveras e colegas concluíram que se a criança assistir a uma hora semanal a menos de TV, isso não implicará no aumento de sua atividade física. Taveras et al. (2007). E outros pesquisadores avaliaram o tempo gasto pela criança fazendo o dever da escola, usando o computador, lendo, praticando hobbies, brincando com amigos e até sentada no carro no trajeto da escola; quando esses fatores são considerados, a televisão ocupa um pouco mais que a terça parte das atividades sedentárias dos jovens. Biddle et al. (2008); Biddle (2007); e Utter et al. (2003).

Estudos mostram a relação entre a falta de sono e a obesidade infantil: Além de estudos norte-americanos, australianos, canadenses e japoneses terem apontado a ligação entre a redução do sono das crianças com a obesidade, foi encontrado o mesmo tipo de relação por especialistas da França, Alemanha, Portugal, Tunísia, China, Taiwan, Brasil e Nova Zelândia, onde especialistas apuraram que a privação de sono em crianças do ensino fundamental prognosticava a obesidade aos 32 anos. Estudos relatando a correlação incluem: Landuis et al. (2008); Nixon et al. (2008); Taveras et al. (2008); Lumeng et al. (2007); Eisenmann et al. (2006); Chaput et al. (2006); Gupta et al. (2002); e Sekine et al. (2002).

Duas meta-análises também confirmaram a relação entre o sono das crianças e a obesidade: Cappuccio et al. (2008); Chen et al. (2008).
Embora alguns especialistas (como, Hassan et al., 2008; e Horne, 2008) continuem reticentes sobre a relação entre falta de sono e obesidade infantil, a publicação *Pediatrics* confirmou que existem dados suficientes para estabelecer a relação entre a privação de sono e o sobrepeso em crianças, e que o sono deve ser levado em consideração ao se diagnosticar problemas de sobrepeso infantil. Krebs et al. (2007). Outros especialistas acreditam ainda que os dados já sejam consistentes o bastante para declarar a relação da falta de sono e a obesidade como um problema de saúde pública. Young (2008).

Posição do Centro para Controle e Prevenção de Doenças e do Departamento de Agricultura (ambos dos EUA) sobre as crianças e o sono: Park (2008); Schoenborn e Adams (2008); Redding (2007); e Hensley (2007).

CAPÍTULO 3 – Por que os pais não falam sobre preconceito?

A percepção infantil das diferenças raciais: Kelly e colegas estabeleceram que crianças pequenas começam a identificar os aspectos visíveis das diferenças raciais, aproximadamente, entre o terceiro e o sexto mês de idade. Kelly et al. (2007).

Estudo com grupos multirraciais: Rooney-Rebeck e Jason (1986).

Formação de grupos em escolas japonesas: Parcialmente baseado na entrevista feita pelos autores e na troca de correspondências com David Crystal, além de Crystal et al. (2000).

Tentativas de impedir que as crianças falem sobre raça: Em um caso que chegou até nós, uma professora de educação infantil mal tinha começado sua explanação sobre Martin Luther King Jr., quando foi interrompida por uma das crianças: "A mamãe diz que não se deve falar sobre cor de pele". Polite e Saenger (2003).

Estudo sobre alunos do ensino médio de Detroit: Oyserman et al. (2006).

Papai Noel negro e Papai Noel branco: Os relatos são baseados na entrevista feita pelos autores e na troca de correspondências com Coperhaven-Johnson, e seu artigo, Coperhaven-Johnson (2007).

CAPÍTULO 4 – Por que as crianças mentem?

Admiração do adulto pela honestidade infantil: A análise de uma pesquisa norte-americana, realizada durante 20 anos, destinada a saber dos pais quais as virtudes que eles queriam que seus filhos tivessem, mostrou que "honestidade" venceu disparado — nada chegou nem perto de seu índice de preferência. Alwin (1989).

Depoimentos de cem mil crianças: Depois das descobertas de Victoria Talwar sobre como as crianças entendem a mentira e sob quais circunstâncias elas estão mais inclinadas a mentir, o parlamento canadense revisou o procedimento que costumava utilizar para determinar se uma criança poderia ou não testemunhar nos tribunais. Talwar et al. (2002b); e Bill C-2 (2004).

Detectores de mentira: Em uma extensa avaliação de 150 estudos sobre detecção de mentira, o prof. Aldert Vrij, da Universidade de Portsmouth, concluiu: "Não existe sequer uma única indicação verbal, não verbal ou fisiológica que delate a mentira. Em outras palavras, não existe nada parecido com o nariz de Pinóquio crescendo". Vrij (2004a). Talvez a crença mais comum sobre como detectar a mentira é de que a pessoa desvia o olhar ao mentir. Mas uma sucessão de estudos mostrou que o ato de evitar o olhar tem pouquíssima relação, se tiver alguma, com o fato de a pessoa estar mentindo — especialmente no tocante às crianças: elas sempre fixam o olhar ao longe, em vez de no interlocutor, quando estão tentando se concentrar. Veja, por exemplo, Talwar (2002a) e Vrij et al. (2004b).

Curiosamente, em 2006, em um estudo com mais de 11 mil participantes de 57 países, 64% dos participantes disseram que desviar o olhar é indicação de mentira. Porém, especialistas teorizam que o mito da aversão ao "olho no olho" deve-se a um estado emocional completamente diferente: em todo o mundo, as pessoas olham para o chão em sinal de vergonha. Assim, os especialistas sugerem que, popularmente, há uma conceituação (equivocada) de que os mentirosos têm vergonha de sua falsidade e por isso desviam o olhar. Global Deception Research Team (2006).

Falta de habilidade dos pais em detectar as mentiras contadas pelos filhos: Victoria Talwar, há tempos, estuda a dificuldade dos pais para identificar as mentiras contadas pelos filhos; seu primeiro artigo sobre o tema foi publicado em 2002. E ela não é a única: os especialistas Angela M. Crossman e Michael Lewis chegaram a resultados parecidos em seus estudos, nos quais os pais tiveram um desempenho inferior a 50% ao tentar discriminar as mentiras contadas por seus filhos. Crossman e Lewis (2006).

No mais novo estudo de Victoria, ela investigou se algumas pessoas têm mais capacidade para perceber a mentira contada por outras pessoas. Ela constatou que apenas 4% dos participantes se saíam consistentemente melhor nessa tarefa. Leach et al. (2009).

Prevalência de crianças que espiam e negam: A porcentagem de crianças que trapaceiam e mentem em um jogo de adivinhar, conforme relatamos, tem base no primeiro estudo de Victoria Talwar, de 2002. Talwar e Lee (2002b). No entanto, desde então, ela repetiu esse padrão em muitos outros estudos subsequentes: a porcentagem de crianças que espiam e negam tê-lo feito permanece, surpreendentemente, significante. Ademais, outros especialistas replicaram versões próprias do jogo de adivinhar, desde então.

Relação da mentira com a inteligência: Victoria Talwar descobriu que crianças com função executiva e memória mais desenvolvidas mentem melhor. Ela também estabeleceu uma relação entre as mentiras das crianças e a teoria da mente — a habilidade de compreender e acompanhar os pontos de vista de múltiplas pessoas.

***As crianças mentem para contentar os pais*:** Acompanhando o trabalho de Victoria Talwar, a pesquisa de Bussey aventa essa possibilidade. Quando Bussey contava histórias fictícias às crianças e pedia que elas identificassem se o protagonista estava sendo sincero ou não, as respostas dadas em parte foram determinadas pelo fato de ter ficado claro, ou não, se o protagonista seria punido pela travessura ou por admiti-la. Bussey ainda demonstrou que só após os 8 anos de idade a criança passa a acreditar que dizer a verdade pode trazer uma sensação de bem-estar. Bussey (1999); e Wagland e Bussey (2005).

Além disso, um estudo da Universidade do Texas, de 2007, em El Paso, apresentou um interessante resultado ao ser baseado no cruzamento das conclusões concebidas nos estudos de Victoria Talwar, de que as crianças mentem para contentar os adultos, e da Dra. Carol Dweck, sobre as crianças viciadas em elogio. No estudo da Universidade do Texas, crianças pequenas tiveram de responder se haviam visto alguém pegar o brinquedo do pesquisador. Algumas crianças ouviam: "Obrigada, você ajudou muito"; ao responderem "sim" a qualquer pergunta do examinador. Em menos de quatro minutos, metade das crianças que haviam sido elogiadas começou a fazer confissões falsas. Na verdade, ela acabaram mentindo sobre atos errados supostamente presenciados por elas e cometidos por outras crianças, só para continuarem a receber elogios. Billings et al. (2007).

***Frequência com que as crianças mentem*:** Wilson et al. (2003); e Wilson et al. (2004).

***Intriga*:** O primeiro estudo a abordar a questão da intriga entre crianças foi conduzido por Irene M. den Bak-Lammers e Hildy S. Ross. den Bak e Ross (1996); e Ross e den Bak-Lammers (1998). Friman e colaboradores também trazem contribuições, especialmente ao revelar que alunos do 4º ano consideravam a intriga um ato de agressividade, se comparado a roubar ou destruir a propriedade alheia. Friman et al. (2004).

***Frequência com que os adultos mentem*:** Segundo se supõe popularmente, um adulto mente, no mínimo, duas vezes durante uma conversa de dez minutos. Contudo, essa estatística está baseada em um experimento realizado com uma situação totalmente manipulada — em que se pediu a dois estranhos que se sentassem e um deles foi instruído a falar coisas que fizesse o outro gostar dele. Mesmo nesse ambiente artificial, 40% dos indivíduos do teste não mentiram. Já os dados obtidos por DePaulo e Hancock sobre a frequência de mentiras não foram baseados na manipulação experimental, mas em pesquisas que analisaram o cotidiano — indivíduos registraram diariamente as mentiras que contavam. Nos estudos de DePaulo e Hancock, a população em geral mentiu apenas uma vez ao dia — estudantes universitários, o dobro disso, duas vezes ao dia. DePaulo et al. (1996); e Hancock et al. (2006).

CAPÍTULO 5 – A busca por vida inteligente na educação infantil

Teste de inteligência modelo: Nossa versão de teste de inteligência baseia-se em manuais de formação, apresentações e exemplos de perguntas, divulgados e distribuídos publicamente. As questões que usamos foram retiradas de amostras de testes de inteligência e de desempenho variados. Os testes em si, na verdade, são guardados a sete chaves: os editores costumam vendê-los apenas para psicólogos registrados e para a direção das escolas. (Há, também, alguns manuais de testes que circulam clandestinamente por aí.)

A correlação entre as notas de crianças de educação infantil e de alunos do 3º ano do ensino fundamental: Um cálculo matemático baseia o índice de correlação de 40% — a relação estatística entre o desempenho das crianças no teste de QI na educação infantil e seu desempenho no mesmo teste realizado quando elas cursavam o 3º ano do ensino fundamental. Lohman (2006); Lohman e Korb (2006); e Lohman (2003).

Com relação à eficiência dos resultados do teste WPPSI para antever o desempenho futuro das crianças, uma pesquisa prévia mostrou que dos resultados do WPPSI (aplicado quando as crianças têm entre 4 e 6 anos de idade), apenas de 7% a 24% correspondeu ao desempenho desses mesmos alunos nos testes do SAT, 11 ou 12 anos mais tarde. Assim, ao menos 76% do resultado do teste de um jovem no SAT não têm ligação com sua inteligência quando pequeno. Spinelli (2006); e Baxter (1988).

Esforço de autores e editores de testes de inteligência para eliminar o preconceito etnicorracial: Dietz (s/d); Rock e Stenner (2005); e Lohman e Lakin (2006).

Eficácia de testes de inteligência em outros países: Veja, por exemplo, Barber (2005).

QI na graduação e no doutorado: Colom (2004).

Índice de progresso de alunos superdotados da Califórnia: California Energy Commission (2003).

Estudo realizado na Carolina do Norte comparando os testes de inteligência aplicados precocemente com o desempenho posterior dos participantes: Kaplan (1996).

Um terço dos alunos mais brilhantes do 3º ano do ensino fundamental obteve resultados abaixo da média em testes aplicados antes da educação infantil: Lohman (2006).

Uso de teste único para a seleção para programas de superdotados: Além da unanimidade dos pesquisadores, que defendem que a seleção de crianças superdotadas para um programa não deve se basear exclusivamente em um único teste, a mesma recomendação partiu dos próprios autores e editores dos testes. Em um manual clínico editado pelo diretor-presidente da Pearson Assessment, os psicólogos e educadores são advertidos de que o resultado de um único teste não pode servir como parâmetro isolado para classificar uma criança como superdotada nem indicar a aceitação, ou não, da criança em uma determinada escola. Sparrow e Gurland (1998).

A declaração de Reynolds comparando a seleção de crianças superdotadas com a seleção de alunos para a educação especial: Reynolds faz referência ao fato de alunos candidatos a vagas no ensino especial norte-americano serem testados e retestados, antes da seleção final, e terem seu progresso avaliado constantemente no decorrer do programa.

Seleção de alunos superdotados na Carolina do Sul: VanTassel-Baska et al. (2007); VanTassel-Baska et al. (2002); e South Carolina Department of Education Criteria (2004).

Cancelamento do esforço legislativo para realização de avaliação de periódicos na Flórida: Legislative Update (2008).

Programas para portadores de altas habilidades da cidade de Nova York: New York City Public Schools Press Release (2008); e New York City Gifted and Talented Proposal (2007).

Inteligência emocional — Salovey* versus *Goleman: A equipe que originalmente cunhou o termo "inteligência emocional" incluía: John D. Mayer, Peter Salovey e David R. Caruso.

Em uma sala lotada, na convenção de 2008 da Associação Americana de Psicologia, Salovey chamou a atenção dos colegas para uma frase do livro de Goleman, de 1995: "(...) os dados levantados indicam que a [IE] pode ser tão ou mais poderosa que o QI". Salovey explicou que em 1995 se sabia "zero" sobre IE — quer dizer, não existia dado algum quando Goleman escreveu aquela alegação. Na época, a equipe de Salovey acabara de propor a existência da teoria da inteligência emocional: sequer haviam formulado um modo de medi-la. A proposição de Goleman, em 1998, de que "cerca de 90% da diferença entre desempenhos de destaque comparados a desempenhos medianos se devia à IE" também não era fundamentada cientificamente. Desde então, Salovey e outros constataram que em algumas áreas, a inteligência emocional pode ser uma vantagem, mas, em outras, pode ser uma desvantagem. Entre os agentes de seguros, por exemplo, os que têm maior sensibilidade emocional são menos eficientes e produtivos, por estabelecer laços emocionais com os clientes.

Obviamente, Salovey, Mayer e Caruso continuam certos da existência da chamada inteligência emocional, e das vantagens que ela representa. Mas continuam na busca de compreendê-la de fato e de descobrir em que implica possuí-la. Todavia, sentem-se frustrados pelos questionamentos frequentes de outros cientistas, por conta das afirmações feitas por Goleman e outros estudiosos, e não em função de seus próprios apontamentos.

E, no tocante à possibilidade de as escolas estimularem o desenvolvimento da inteligência emocional infantil, continua em andamento o primeiro estudo efetivo que investiga se a inteligência emocional pode ser desenvolvida ou não, e se pode gerar alguma vantagem acadêmica. Notas dos autores sobre a Conferência da AAP de 2008; Mayer et al. (2008); e Salovey (2008).

Inteligência emocional entre a população carcerária: Hemmati et al. (2004).

"Um teste de conhecimento emocional": Izard et al. (2008).

Desempenho acadêmico e traços de personalidade: Newsome et al. (2000).

Desenvolvimento do córtex cerebral e das sinapses: Para se ter uma ideia da gigantesca organização que ocorre no cérebro durante o desenvolvimento de uma pessoa, uma criança chega a perder até 30 mil sinapses por segundo até a adolescência. Para mais referências sobre o desenvolvimento do córtex e das sinapses cerebrais, veja Shaw (2007); Giedd (2008); Shaw et al. (2006); Lenroot e Giedd (2006); Lerch et al. (2006); e Spear (2000).

Organização do cérebro: A mielinação, um processo que transforma a substância cinzenta do cérebro em substância branca, afeta especificamente os processos cognitivos, como o desenvolvimento da memória de curto prazo. A organização das fibras cerebrais, conhecidas por axônios, impacta drasticamente na velocidade em que o cérebro processa as informações recebidas. Lerch et al. (2006); Nagy et al. (2004); Barnea-Gorlay et al. (2005); Schmithorst e Holland (2007); Schmithorst et al. (2007); e Schmithorst et al. (2006).

A pontuação de QI de dois terços das crianças irá sofrer uma alteração de mais de 15 pontos, para mais ou para menos: Em seu trabalho, Sontag e McCall analisaram dados do estudo longitudinal Fels. Os participantes do estudo Fels foram submetidos a testes de QIs a cada seis meses, desde quando tinham 2 anos e meio até completarem 6 anos de idade. A partir dessa idade, os testes passavam a ser feitos anualmente, até que as crianças tivessem 12 anos; e, depois, uma vez aos 14, aos 15 e aos 17 anos. McCall descobriu que o QI de crianças comuns alterava 28,5 pontos, em média, entre os 2 anos e meio e os 17 anos de idade. Além disso, durante o mesmo intervalo de idade, mais de uma criança, em cada três, apresentou um aumento superior a 30 pontos de QI no desempenho dos testes. Alguns estudiosos defendem que o desempenho do QI é estável ao longo da infância, especialmente, após os 6 anos de idade; no entanto, McCall alega que as correlações apresentadas como evidências desse alto índice de estabilidade são um tanto ilusórias. As análises, que serviam de base para aquelas correlações, comparavam a variação de resultados individuais com a mais ampla variação obtida entre todos os testes de QIs realizados com pessoas. Então, quando essas correlações foram divulgadas, a variação de um resultado individual pareceu relativamente pequena — mas os resultados brutos dos testes de uma criança, obtidos ao longo de todos os anos de sua infância, revelam uma realidade diferente. Veja Sontag et al. (1958); McCall et al. (1973); e Sternberg et al. (2001).

Um estudo realizado anteriormente com crianças se propôs a analisar seus testes de QI feitos desde a mais tenra infância até elas completarem 16 anos de idade. Foi verificado que o QI de mais da metade dessas crianças sofreu uma variação significativa — e não somente uma vez, mas três vezes ao longo de todos os anos do estudo. Schwartz e Elonen (1975).

O QI dos superdotados é mais variável: Sparrow e Gurland constataram que, "dos participantes de uma amostra padrão do WISC-III, 45,8% das crianças que tinham resultados superiores a 125 [considerando os pontos totais de QI] apresentaram discrepâncias de 11 pontos ou mais [entre as duas maiores partes do teste]". Sparrow e Gurland (1999). Entre os outros especialistas que tratam da variação no desempenho de testes de inteligência entre crianças estão: Robinson e Clinkenbeard (1998); e Robinson e Weimer (1991).

A localização das áreas cerebrais responsáveis pelo amor, pela religiosidade e pela percepção do perigo: O perigo é mais facilmente percebido pela amídala, pelo hipocampo, pela ínsula, pelo córtex frontal, pelo córtex pré-motor estriado e anterior cingulado. Ler passagens bíblicas ativa o córtex dorso lateral frontal, o dorso medial frontal e medial parietal. O amor romântico é sentido na ínsula medial, no córtex anterior cingulado, no giro dentado, no hipotálamo, no hipocampo, no putâmen, no globo pálido e, nas mulheres, no genu. Phelps et al. (2001); Williams et al. (2001); Azari et al. (2001); Bartles e Zeki (2000); e Bartles e Zeki (2003).

Mudanças no processamento cerebral provocadas pelo desenvolvimento das crianças: Alguns estudos tratam essas alterações nos processos que ocorrem no cérebro ao longo do amadurecimento das crianças, entre eles: Casey et al. (2005); Colom et al. (2006a); Colom et al. (2006b); Haier (1990); Johnson et al. (2008); Paus et al. (2005); Paus et al. (1999); Rubia et al. (2006); Scherf et al. (2006); Schlaggar et al. (2002); e Thomas et al. (2008).

CAPÍTULO 6 – A influência dos irmãos

Aumento de famílias com filho único: Curiosamente, apesar do aumento no número de famílias com filho único, apenas 3% dos norte-americanos acreditam que esse tipo de família seja o ideal. Mancillas (2006).

Frequência das discussões entre irmãos: Kramer (1999).

Descobertas de Kramer sobre a aceitação dos pais diante dos conflitos entre irmãos: Kramer e inúmeros especialistas argumentam que a conivência parental na disputa entre irmãos de fato contribui para uma maior incidência de conflitos: ao encará-los como inevitáveis, eles se preocupam menos em evitá-los. Os especialistas também rejeitam a ideia de que a disputa entre irmãos seja algo certo, indicando relações fraternais amistosas em outras culturas, em que o irmão mais velho é tido como um protetor do caçula.

O papel dos pais na prevenção e na resolução dos conflitos: Outro motivo pelo qual a abordagem de Kramer é tão inovadora, é que as pesquisas sobre as tentativas dos pais de resolverem os conflitos entre irmãos estão, nitidamente, divididas. Julie Smith e Hildy Ross tiveram algum sucesso em treinar os pais para mediar as disputas entre irmãos. (O programa fazia parte da tese de doutorado de Smith — e Kramer integrava a banca examinadora.) Smith e Ross (2007). Mas sem aquele treino, Ross e outros especialistas notaram que a intervenção dos pais em um conflito dos filhos pode, na verdade, piorar a situação. Com frequência, forçam as crianças a compartilhar o brinquedo que era motivo da disputa ou desviam a atenção de um deles do brinquedo. Mas, assim, os pais privam os filhos da oportunidade de aprenderem a negociar e a respeitar as necessidades do outro. A situação fica ainda pior quando o pai ou a mãe simplesmente põe um fim na discussão dizendo algo como: "Já chega, vocês dois acabaram com a minha paciência". Porque, assim, os pais estariam recorrendo justamente ao mesmo tipo de conduta utilizado pelas crianças: autoritarismo e injustiça. Veja, por exemplo: Kramer (1999); Perlman (2007); Ross et al. (2006); e Ross (1996).

As causas das brigas entre irmãos: McGuire et al. (2000).

CAPÍTULO 7 – A ciência da rebeldia adolescente

Números dos fatos da vida: Sobre a probabilidade da dissolução do casamento, consulte Bramlett e Mosher (2002). Sobre a expectativa de vida nos Estados Unidos, consulte as perguntas frequentes do Centro Norte-americano de Estatísticas de Saúde. Em 2008, o número de candidatos aprovados na primeira tentativa em que prestavam o exame da Ordem dos Advogados de Nova York foi, pela primeira vez, de 83% — acima dos 79,1% do ano anterior; ao passo que, em 2008, o número recorde de candidatos a Harvard (27.462) resultou em uma queda de 7% na taxa de aprovação — a menor na história da universidade. New York State Bar Examiners (2008); e *Harvard Gazette* (2008).

O tédio e o consumo de álcool/drogas: O Centro Norte-americano Contra a Dependência e o Abuso de Drogas constatou que adolescentes entediados estão 50% mais inclinados a fumar, embebedar-se e a consumir drogas ilegais. Caldwell e Smith (2006).

O levantamento da Harris Poll sobre pais de adolescentes: "Wake up parents" (2008).

Ao dizer: "Não é da sua conta", um adolescente expressa a sua busca por autonomia: O adolescente não busca autonomia completa na sua vida — os jovens não costumam exigir um controle de todos os aspectos em suas vidas. Ao contrário, a especialista Judith Smetana concluiu que os adolescentes dividem seu mundo em certas esferas de controle: eles acreditam que há coisas sobre as quais os pais têm o direito de controle; em compensação, há outras coisas que são do estrito controle dos próprios jovens. A tensão se instala quando pais e filhos adolescentes divergem sobre a divisão de categorias.
Por exemplo, pai e filha podem concordar que ele pode determinar regras referentes à condução de veículo, pois se trata de uma questão de segurança. Mas o pai também pode achar que ele tem o direito de aprovar os amigos da filha, algo de que ela discorda veementemente, por acreditar que a escolha de seus amigos seja de sua total responsabilidade. Outro exemplo: os pais podem ficar furiosos com a recusa do filho em arrumar seu quarto ou cuidar de seus pertences, mas o jovem encara essa conduta como algo que afeta somente a ele próprio, e não compreende o porquê da contrariedade dos pais.

Acreditava-se que os adolescentes mais novos aceitassem melhor o controle dos pais, mas a Dra. Darling apurou que, na verdade, ocorre o contrário: os adolescentes mais novos almejam maior controle sobre sua vida do que os jovens que já estão no fim da adolescência.

Centro de recompensa do cérebro: O estudo de Galvan foi concebido especialmente para avaliar como as recompensas são processadas no núcleo accumbens e no córtex orbital frontal — essas regiões do cérebro são particularmente sensíveis ao recebimento constante de recompensas. O corpo estriado ventral e o tálamo também participam da percepção e da resposta do cérebro às recompensas. Veja Izuma et al. (2008); e Galvan et al. (2005).

Discussões com os pais: O auge das discussões dos primogênitos com os pais se dá no início da adolescência, entre os 11 e os 14 anos. No caso do caçula, esse período de auge de conflito acontece entre os 9 e os 11 anos, com a mãe; e ainda mais cedo com o pai, entre os 7 e os 9 anos. Shananan et al. (2007).

O mito da rebeldia adolescente: Nossa análise sobre a precária pesquisa inicial em relação à rebeldia juvenil foi baseada em Steinberg (2001). Os levantamentos atuais sugerem que a rebeldia contra os pais acontece de fato em apenas 5% a 15% dos casos. Smetana, Campione-Barr e Metzger (2006). O mito da rebeldia juvenil não é o único folclore a rondar a figura dos adolescentes; a suposição de que os adolescentes sejam movidos por rompantes hormonais também não tem respaldo científico. Spear (2000).

Alunos universitários com DPs: A Califórnia não é o único estado norte-americano com alunos universitários que precisam de aulas de recuperação. A Pensilvânia estima que um terço dos universitários de suas faculdades estaduais também carreguem DPs ao longo do curso. Agência Californiana de Análise Legislativa (2003); Reitoria da Universidade Estadual da Califórnia (2008); e Barnes (2007).

Contudo, esses números relativos às DPs (ou aula de reforço) escondem algo: hoje, nos Estados Unidos, há menos estudantes com DPs do que na década de 1980. Do total de alunos que se formaram em 1982, 42% haviam pegado alguma DP durante a faculdade, incluindo 29% dos estudantes que faziam parte do grupo dos 20% melhores alunos norte-americanos. Em 1992, a porcentagem de alunos em recuperação diminuiu para 26%, e apenas 9% dos melhores alunos pegaram alguma DP. Desde então, essa porcentagem se manteve em torno de 28%. Inclusive, atualmente, menos universidades oferecem aulas de recuperação, em comparação ao que ocorria na década de 1980. Adelman (2004); e Pasard e Lewis (2003).

Aumento de alunos que frequentam aulas avançadas de matemática e de ciências; e aumento do número de inscrições para faculdade: Entre 1999 e 2004, houve um aumento de 20% na participação dos alunos nas aulas de estudos avançados de matemática e ciências. Esse não é o único indicador de que os alunos estão frequentando mais cursos avançados: de 1996 a 2007, o número de alunos inscritos em exames de admissão avançada (tentando obter créditos para as faculdades, ainda durante o ensino médio) triplicou, chegando a 1,5 milhão. Mais alunos estão cumprindo a grade de aulas recomendadas ou estendendo ainda mais os anos de estudo do ensino médio ao cursar matérias-chave para seu futuro. Morisi (2008); e Instituto de Pesquisa de Educação no Ensino Médio: "Forty Year Trends" (2007).

Sem dúvida há espaço para o aprimoramento — os números das reprovações e o índice do abandono escolar nos Estados Unidos ainda são inaceitáveis. Mas, de modo geral, milhões de crianças da nova geração apresentam um desempenho acadêmico muito superior ao que era obtido em outras épocas.

Números de inscritos em faculdades: Centro Norte-americano de Estatísticas Educacionais (2008).

Levantamentos sobre calouros universitários: Retiramos os dados apresentados do levantamento anual do Higher Education Research Institute, "The American Freshman", de 2007 e 2009.

CAPÍTULO 8 – O autocontrole pode ser ensinado?

Ineficiência dos cursos de autoescola: Mayhew et al. (1998); Vernick et al. (1999); e Williams (2006).

Fracasso dos programas de prevenção do consumo de drogas e de combate ao abandono escolar nos Estados Unidos: O General Accounting Office — GAO (Ministério das Finanças) dos Estados Unidos comunicou a ineficácia do programa D.A.R.E. e a revisão de outros programas de prevenção do consumo de drogas em um relatório apresentado ao senador Richard J. Durbin (Illinois). Kanof (2003). Avaliações semelhantes foram incluídas em um relatório enviado ao Congresso norte-americano pelo Instituto Nacional de Justiça. Sherman et al. (1998). Pesquisas acadêmicas incluem: Lynam et al. (1999); e Shepard (2001).

Intervenções e dimensões do impacto: Para um panorama sobre como as dimensões do impacto se processam em intervenções específicas, consulte: Ammerman et al. (2002); Snyder et al. (2004); Welsh e Farrington (2003); Stice et al. (2006); e Wilfey et al. (2007).

Aprendizagem usando o discurso interno: Um estudo da Universidade Vanderbilt demonstrou, recentemente, o poder do discurso interno. Crianças de 4 e 5 anos deveriam escolher um padrão de cores e formas e adivinhar qual seria o padrão seguinte. O grupo de controle era apenas ensinado a como analisar o padrão; já as crianças do grupo experimental foram orientadas a repetir para si mesmas, em voz alta, a descrição do padrão. As crianças treinadas com o discurso interno se saíram 300% melhor na realização da tarefa em relação às crianças do grupo de controle. Rittle-Johnson et al. (2007).

A maleabilidade do autocontrole: Masicampo e Baumeister (2008); e Baumeister et al. (2007).

CAPÍTULO 9 – Relacionando-se bem com os outros

Reação dos especialistas aos resultados de Dodge: Baseado nas notas dos autores sobre os comentários feitos por Dodge, Lansford e público presente durante a apresentação de Dodge e colegas no congresso bianual da Sociedade para a Investigação do Desenvolvimento da Criança, realizado em Boston, Massachusetts, em 2007.

Diferenças etnicoculturais na aplicação de castigos físicos: É importante notar que, mesmo para as famílias que recorrem aos castigos físicos, ele é um recurso utilizado raramente; e nós nos referimos a somente umas poucas palmadas, de leve, utilizadas como repreensão. Não estamos nos referindo a abusos. E, para salientar mais uma vez o que traz o texto, Dodge e seus colaboradores não acreditam que seu trabalho possa encorajar alguém a recorrer aos castigos físicos. Ao contrário, segundo eles, é preciso considerar a forma como os pais e as diferentes culturas encaram o castigo — seja lá qual for a sua forma — para poder avaliar, com propriedade, seus efeitos nas crianças.

Uso da punição física por protestantes conservadores e outras crenças religiosas: Gershoff et al. (1999); Gershoff (2002); e Regnerus et al. (2003).

***Inquérito britânico sobre o* bullying**: Casa dos Comuns (2007).

O aumento da "tolerância zero": Skiba et al. (2006) e entrevistas dos autores com Cecil Reynolds, chefe do grupo de pesquisa sobre "tolerância zero" da Associação Americana de Psicologia — APA (em inglês).

Popie-jopie*:* Entrevistas dos autores com Cillessen; e deBruyn e Cillessen (2006).

Estudos relacionando a popularidade ao consumo exagerado do álcool: Consulte, por exemplo, Allen et al. (2006) e Allen et al. (2008).

Crianças "muito solicitadas socialmente": Entrevista dos autores com Claire Hughes.

Estimativa de que uma entre cada seis crianças possa ser um controlador biestratégico: Jacobs et al. (2007).

Tempo de interação dos adolescentes com adultos e com seus colegas: Spear (2000); trocas de correspondência e entrevistas dos autores com Baird e Allen.

CAPÍTULO 10 – Por que Hannah já fala e Alyssa ainda não?

Estudos da Universidade de Washington sobre a linguagem das crianças e a utilização de vídeos para bebês: Zimmerman (2007a); e Zimmerman (2007b).

Medição da linguagem dos bebês – Inventário MacArthur de Desenvolvimento Comunicativo: Os estudos de Zimmerman e colaboradores utilizaram a lista reduzida do Inventário MacArthur de Desenvolvimento Comunicativo (CDI), uma lista com 89 palavras referenciais para mensurar a amplitude do vocabulário da criança. A versão completa do CDI é uma lista de todas as palavras que possam estar no universo infantil; seu objetivo é oferecer um índice em tempo real de todo o vocabulário infantil. Dependendo da idade da criança, a aplicação do teste completo de CDI, por pesquisadores treinados, pode levar de duas a três horas de duração. Portanto, em consultas telefônicas, como as realizadas pela Universidade de Washington, a forma reduzida do teste é a única alternativa viável — e seus resultados são confiáveis o bastante para satisfazer os especialistas na área. Na verdade, alguns consideram o CDI completo como o ideal para os cientistas, mas extenuante para os pais e a criança. As notas do autor são da Conferência do Comitê de Pronunciamentos Contábeis Internacionais (IASCL, em inglês), em Edimburgo, Escócia (2008); e Fenson et al. (2000).

Aigner-Clark credita Kuhl: Burr (1997); e Morris (1997).

Segmentação da linguagem infantil: Jusczyk (1999); Newman et al. (2006); e Newman et al. (2003).

Simultaneidade do estímulo sensorial: Bahrick e Lickliter (2002); Bahrick e Lickliter (2000); Gogate e Bahrick (1998); e Hollich et al. (2005).

Aquisição de substantivos e palavras de classe fechada no vocabulário infantil: Goodman et al. (2008).

Sincronização entre a movimentação de objetos e a pronúncia de palavras novas: Schwade et al. (2004).

Importância de múltiplos falantes no aprendizado da linguagem:Rost e McMurray (2008).
Estudo a respeito de que 45% das vocalizações de uma criança com 2 anos de idade incluem 17 palavras: Cameron-Faulkner et al. (2003).

Comparação da aquisição de vocabulário nos idiomas europeu e coreano:Bornstein et al. (2004).

Uso de combinações de palavras e de conjuntos de variação: Em um estudo de dois anos de duração com crianças de um ano e dois meses a dois anos e meio de idade, verificou-se que os bebês cujos pais haviam usado mais conjuntos de variação apresentavam, aos dois anos e meio de idade, um maior desenvolvimento linguístico — tanto em número de palavras que conheciam quanto em complexidade de estrutura sintática que produziam. Fernald e Hurtado (2006); Bornstein et al. (1999); Waterfall (2009); e Waterfall (2006).

Formas preconcebidas: Entrevistas dos autores com Samuelson e Smith. Além de: Samuelson (2008); Samuelson e Horst (2004); Samuelson (2002); Samuelson (2000); Smith (2008); e Smith et al. (2002).

Expansão do vocabulário infantil: Goodman et al. (2008).

CONCLUSÃO

Avaliação de estudiosos sobre a esteira hedonista: Diener et al. (2006).

Impacto do elogio em adultos: Veja, por exemplo, McCausland et al. (2007); e Earley (1986).

Desenvolvimento ortogonal infantil da virtude e do vício: Temos outro exemplo de Laura Padilla-Walker — ela notou que os esforços dos pais para incutir nos filhos valores pró-sociais têm efeito sobre as atitudes e os comportamentos pró-sociais da criança, mas não obtêm êxito em modificar seus comportamentos ou atitudes antissociais. Padilla-Walker (2007a); e Padilla-Walker (2007b).

Saber que a fruta é gostosa não leva as crianças a consumirem mais maçãs: Infelizmente, não estamos falando hipoteticamente. Uma equipe da Universidade da Califórnia (UCLA), em Los Angeles, foi contratada para avaliar a eficácia do Nutrition Network, um programa aplicado em 325 escolas pertencentes à delegacia de ensino da grande Los Angeles, para promover hábitos alimentares saudáveis em sala de aula. Os pesquisadores entrevistaram cerca de mil alunos do 3º, 4º e 5º anos do ensino fundamental. Foi apurado que quase todas as crianças, dentro ou fora do programa, reconheceram que as frutas são saborosas e benéficas. (As crianças também conheciam as vantagens dos legumes e verduras, apesar de o sabor não lhes agradar.) Mas, mesmo cientes disso, as crianças não comiam diariamente mais do que uma porção de fruta e nem chegavam a comer uma porção completa de legumes todos os dias. Os pesquisadores quiseram saber se o preço dos vegetais frescos era um obstáculo para o consumo, mas menos de 1% dos alunos confirmou que os pais não tinham recursos financeiros suficientes para comprar vegetais frescos. A principal razão porque as crianças não comiam a quantidade diária recomendada de frutas e legumes era o simples fato de preferirem comer outra coisa. Prelip et al. (2006).

ESTE LIVRO FOI COMPOSTO
EM GARAMOND PREMIER E NEWS GOTHIC
PARA A LEYA EM MAIO DE 2010.